LES RÈGLES
DE LA MÉTHODE
SOCIOLOGIQUE

ÉMILE DURKHEIM

LES RÈGLES DE LA MÉTHODE SOCIOLOGIQUE

PRÉCÉDÉES DE

Les règles de la méthode sociologique
où l'instauration du raisonnement
expérimental en sociologie

PAR

Jean-Michel BERTHELOT
Professeur à l'université de Toulouse II

Flammarion

ISBN : 2-08-081198-3

À la mémoire de Raymond LEDRUT

Fondateur de l'Institut de sciences sociales
et du Centre de recherches sociologiques
de l'université de Toulouse.

Les règles
de la méthode sociologique
ou l'instauration
du raisonnement expérimental
en sociologie

> « La sociologie n'a pas à prendre parti
> entre les grandes hypothèses qui divisent
> les métaphysiciens. Tout ce qu'elle
> demande qu'on lui accorde, c'est que le
> principe de causalité s'applique aux phé-
> nomènes sociaux. Encore ce principe
> est-il posé par elle, non comme une
> nécessité rationnelle, mais seulement
> comme un postulat empirique, produit
> d'une induction légitime. Puisque la loi
> de causalité a été vérifiée dans les autres
> règnes de la nature, que, progressive-
> ment, elle a étendu son empire du
> monde physico-chimique au monde bio-
> logique, de celui-ci au monde psycholo-
> gique, on est en droit d'admettre qu'elle
> est également vraie du monde social. »
>
> DURKHEIM,
> *Les règles de la méthode sociologique.*

Les règles de la méthode sociologique paraissent en
1894 dans les tomes 37 et 38 de la *Revue philosophique*.
Cette revue, fondée en 1876 par le psychologue Ribot
se donnait pour objectif de « dresser un tableau
complet du mouvement philosophique actuel, sans
exclusive d'école [1] » et, plus précisément, « de venir en
aide à tous ceux qui pensent que pour trouver il ne
suffit pas de se renfermer en soi-même, en leur
fournissant ce qu'elle demande avant tout à ses collaborateurs : des faits et des documents [2] ».

À cette ligne générale, que l'on pourrait qualifier de positiviste, le texte de Durkheim semble bien correspondre, suscitant dès sa parution les critiques[3]. L'affirmation centrale selon laquelle « il faut considérer les faits sociaux comme des choses » entraînera de telles oppositions, que Durkheim sera obligé d'y revenir à de multiples reprises, notamment dans les préfaces des deux éditions de 1895 et de 1901. Or s'est nouée là une sorte de malentendu historique, dont on trouve divers échos dans la tradition sociologique ultérieure[4].

De fait cet ouvrage de Durkheim aura une destinée assez particulière. Pour les sociologues il comptera beaucoup moins que les grandes études sur la division sociale du travail, le suicide, ou le système clanique, tout en étant une référence obligée[5]. Pour les philosophes il sera à l'inverse la manifestation d'une position épistémologique, que la critique des sciences humaines d'inspiration marxiste ou phénoménologique tendra largement à invalider. Enfin les férus de méthodes y trouveront peu de matière, déroutés par la généralité des règles avancées et par l'anachronisme du vocabulaire et des références employés. Tel que, voici donc un ouvrage qui a conforté l'image d'un Durkheim positiviste, dont les intentions et les intuitions épistémologiques s'embourbaient dans les lourdeurs du biologisme et de l'empirisme de la fin du XIXe siècle.

À l'inverse, *Les règles* nous semblent être aujourd'hui, par l'esprit qui les anime, d'une réelle actualité. Cette affirmation peut paraître paradoxale au moment où la sociologie française privilégie à divers niveaux une inspiration différente — en renouant avec les méthodes qualitatives, en restaurant la tradition compréhensive et phénoménologique[6] — et tend parfois à ne plus accorder à Durkheim qu'un intérêt historique. L'interrogation épistémologique actuelle qui travaille cette discipline est une recherche de paradigmes alternatifs à ce qui, sous les noms de « déterminisme », d' « objectivisme », de « naturalisme » désigne un paradigme antérieur dont Durkheim est tout naturellement institué comme le représentant[7]. De référence obligée positive, *Les règles*, malgré une révérence apparente, peuvent tendre d'autant plus facilement à devenir une référence obligée négative, qu'on se donne moins la peine de les lire. À l'opposé, nous défendrons l'idée centrale que **le texte de Durkheim pose un principe incontournable de scientificité et en propose simultanément une modalité décisive de réalisation.** Ce principe, de nature épistémologique et non théorique, portant d'abord sur la sociologie comme entreprise de pensée, est **l'exigence de la preuve, et sa modalité de mise en œuvre le raisonnement expérimental.**

Or il y a là une difficulté. L'exigence de la preuve est trop souvent assimilée à la mise en place de telle ou telle technique, et de la confusion de ces deux niveaux naissent des affirmations aussi péremptoires que rapides. L'exigence de la preuve constitue un impératif fondamental de la pensée scientifique. Elle surgit avec elle. En revanche les modalités de la satisfaire, les méthodes à mettre en œuvre et les critères à retenir sont des inventions historiques tout imprégnées du complexe de procédures techniques, de représentations et de croyances propres à une époque donnée. Il y a une épaisseur et un enracinement de l'esprit scientifique qui instaurent en lui une dialectique du rationnel et de l'irrationnel, du conceptuel et de l'imaginaire. Durkheim est, à ce titre, situé à un moment charnière de l'histoire de la pensée scientifique : à celui où l'exigence de la preuve semble avoir trouvé dans la méthode expérimentale son procédé fondamental et dans le principe de l'induction sa justification logique. Ironie de l'histoire : cette méthode, d'abord issue de la mécanique classique parut dans un premier temps difficilement applicable à d'autres phénomènes plus complexes, tels ceux de la vie. Or par l'intermédiaire de la physiologie, la biologie du XIXᵉ siècle se met à son tour à l'école de la méthode expérimentale[8] ; l'évolutionnisme de Darwin lui permettant en outre d'inscrire son objet dans le devenir, la biologie devient la discipline de référence des philosophes dont l'influence sur les sciences humaines en gestation sera la plus grande : Comte et Spencer. Mais cette fin de siècle, qui voit le triomphe du biologisme, perçoit mal l'extraordinaire révolution scientifique qui est en train de se nouer du côté de la logique, des mathématiques et de la physique. Au moment où la méthode expérimentale classique, issue de la physique, semble à la fois conforter définitivement ses positions et justifier pleinement le déterminisme qui lui est associé, surgit du sein de cette même discipline une injonction nouvelle appelée à bouleverser non seulement le paysage scientifique mais à remettre en cause les bases mêmes de l'épistémologie classique[9].

L'exigence de la preuve va amener Durkheim à appliquer systématiquement aux phénomènes sociaux, non pas directement la méthode expérimentale (qui implique que l'on reproduise artificiellement les faits étudiés en laboratoire) mais **le raisonnement expérimental** : c'est un progrès décisif, une rupture épistémologique accomplie en pleine conscience. Mais cet effort va s'appuyer sur un certain état de l'esprit scientifique, sur un paradigme naturaliste, associant analogie biologique, logique inductive, causalisme que la révolution physique et axiomatique du XXᵉ siècle va bouleverser de fond en comble. Ce qui nous paraît alors à la fois décisif et exemplaire dans le texte de Durkheim tant pour l'histoire de la sociologie que pour celle des sciences, c'est que l'exigence fondamentale de la preuve, bien que devant recourir à des matériaux inégaux et précaires, ne s'y réduit jamais à leur historique fragilité. Elle fraye la voie à la raison expérimentale dans les sciences humaines.

Si l'on peut ainsi définir le sens et la portée de cette œuvre, il importe de les mettre au jour à partir de l'étude systématique d'un texte souvent ardu, qui porte jusque dans son économie la marque de l'unité solidaire et contradictoire à la fois, de son vecteur épistémologique et de son étayage paradigmatique.

I. ANALYSE SCIENTIFIQUE ET ANALYSE IDÉOLOGIQUE

Le titre de l'ouvrage sonne aujourd'hui autrement qu'il y a un siècle. Dans les diverses sciences humaines, la méthodologie est devenue objet de recherche et d'enseignement et tend souvent à organiser l'usage rationnel et systématique de techniques diverses. À la fin du siècle dernier, la connotation majeure du terme restait cartésienne : une manière de conduire sa pensée. Durkheim est à l'articulation de cette tradition philosophique et de sa transformation scientifique. L'introduction le dit clairement : tant que la sociologie ne se pose que des problèmes généraux « des procédés spéciaux et complexes ne sont pas nécessaires » et peuvent rester indéterminés « les précautions à prendre dans l'observation des faits, la manière dont les principaux problèmes doivent être posés, le sens dans lequel les recherches doivent être dirigées, les pratiques spéciales qui peuvent leur permettre d'aboutir, les règles qui doivent présider à l'administration des preuves » (p. 94). À l'inverse une étude scientifique en nécessite l'éclaircissement.

Tel est donc l'objet de l'ouvrage : **établir les règles du travail scientifique en sociologie.** Mais ce qui peut apparaître de l'ordre de la méthodologie, même entendue au sens large, est simultanément de l'ordre de l'épistémologie. Il ne s'agit pas seulement « d'établir une méthode », mais, simultanément, de **fonder la légitimité d'une science.** Cette préoccupation déterminante constitue une ligne de force commandant partiellement l'économie du texte.

1.1. *Le rejet de l'analyse idéologique.*

C'est dans le chapitre II, « Règles relatives à l'observation des faits sociaux » qu'est explicitée cette préoccupation, déjà annoncée, comme nous venons de le voir, dans l'introduction. Aller à cette explicitation c'est se donner le moyen de comprendre l'attaque du texte et une partie de son organisation.

« Jusqu'à présent la sociologie a plus ou moins exclusivement traité non de choses, mais de concepts » (p. 112).

Voici la phrase décisive. La sociologie existe au moment où Durkheim écrit. Elle est représentée par divers contemporains, qu'il ne citera que peu et par deux auteurs de référence : Auguste Comte et Herbert Spencer. C'est par rapport à eux que se situe sa réflexion ; non par rapport à leurs théories particulières, mais par rapport à leur conception fondamentale du social telle qu'elle s'exprime dans leur manière d'appréhender les phénomènes. À l'un et à l'autre, mais également à des branches particulières des sciences sociales, comme la morale ou l'économie politique, Durkheim va reprocher de substituer l'analyse des concepts à l'étude des choses, d'aller « des idées aux choses, non des choses aux idées » (p. 109).

Est donc ainsi définie une approche des phénomènes que diverses touches successives vont caractériser tant sur le plan de la philosophie de la connaissance que sur celui de la logique. Les concepts préexistent à la science car ils répondent d'abord aux besoins de la pratique. « Les hommes n'ont pas attendu l'avènement de la science sociale pour se faire des idées sur le droit, la morale, la famille, l'État, la société même ; car ils ne pouvaient s'en passer pour vivre » (p. 111). Mais la finalité pratique d'une représentation n'implique pas sa pertinence théorique. Le sociologue, comme avant lui le physicien ou l'astronome doit rompre avec ces notions du sens commun, avec ce que Bacon appelait les *praenotiones*. Premier niveau donc où la nécessité d'opérer une démarcation avec les idées existantes sur l'objet trouve un langage de référence dans l'empirisme de Bacon. Ainsi Comte comme Spencer se voient reprocher de substituer aux phénomènes l'idée qu'ils s'en font. Mais la critique va bien plus loin et engage un second niveau, d'ordre logique : en substituant à la réalité sociale les termes et les idées par lesquels elle est désignée, la sociologie substitue une analyse d'idées à une étude des faits. L' « **analyse idéologique** » dont parle Durkheim n'a ici rien à voir avec ce que la tradition marxiste a introduit sous ce terme. Il s'agit d'une analyse qui se donne comme objet des idées et qui, par là même, adopte la logique des rapports entre idées, c'est-à-dire la logique de la contradiction et de la déduction.

Prendre les choses pour des idées c'est croire que « par une simple inspection » (p. 114) de nos contenus mentaux nous pouvons parvenir à connaître le réel. « Au lieu d'observer les choses, de les décrire, de les comparer, nous nous contentons alors de prendre conscience de nos idées, de les analyser, de les combiner » (p. 108). Cela sécrète l'illusion que par une « simple analyse logique » (p. 118) le social soit décryptable, que « la nécessité logique » (p. 120) vaille comme nécessité naturelle. Durkheim multiplie les oppositions binaires de ce type. On les retrouvera au chapitre v lorsqu'il s'agira du mode d'explication des faits sociaux, de même qu'elles s'annonçaient dans l'introduction. On a donc là une ligne de démarcation et d'organisation fondamentale qui s'instaurc au double niveau de **la définition de l'objet et du rapport de connaissance qu'il commande.** En dernière analyse, l'approche régnante constitue le social comme « le simple développement d'une idée initiale » (p. 116), légitimant par là même le recours exclusif au raisonnement idéologique. De quoi servent les faits dans cette affaire ? « D'exemples ou de preuves confirmatoires » (p. 109).

On comprend alors qu'avant d'énoncer des règles de saisie et d'analyse des phénomènes il faille à Durkheim **fonder la légitimité d'une sociologie scientifique sur une théorie de l'autonomie et de l'extériorité de son objet.** Tel est en fait l'enjeu du chapitre I « Qu'est-ce qu'un fait social » et le sens décisif de la règle énoncée au départ du chapitre II : « La première règle et la plus fondamentale est de considérer les faits sociaux comme des choses. »

1.2. *Théorie de l'objet.*

Il est toujours intéressant, face à un texte, d'envisager d'autres choix que l'auteur aurait pu faire. Cela permet de mieux appréhender la ou les logiques auxquelles il s'est soumis.

Nous venons de voir pourquoi Durkheim devait commencer par une théorie de l'objet : ou le social a une existence propre, autonome par rapport à l'humain et une science en est possible, ou il se résout en une expression de l'humain, en une incarnation matérielle de l'essence et de la destinée de l'homme, et il ressortit à la philosophie. Cette alternative même n'est d'ailleurs pas sans problème. D'une part elle induit un modèle de scientificité — existence d'un ordre de phénomènes autonome —, calqué sur celui des sciences de la nature, d'autre part elle pose un difficile problème de démarcation ; car enfin, et Durkheim le répétera à diverses reprises, il n'y a pas de sociétés sans hommes !

Laissons de côté, pour l'instant, le modèle de scientificité à l'œuvre, pour nous concentrer sur l'objet. Durkheim aurait pu se contenter d'énumérer diverses institutions, comme l'État, la famille, l'école, etc., afin de rendre sensible l'objet d'une science sociale. Or il procède autrement : excluant que tout ce qui se passe dans la société soit de l'ordre du social, il pose l'exigence d'un critère permettant de donner à la sociologie « un objet qui lui soit propre » (p. 95).

Ce critère, extériorité et contrainte comme marques de la réalité *sui generis* des phénomènes sociaux, est, de façon très remarquable, introduit non pas à **partir des choses** mais à **partir du sujet,** en ce que l'on peut appeler une sorte de **cogito sociologique.** Lorsque Durkheim inaugure sa théorie de l'objet par les phrases suivantes : « Quand je m'acquitte de ma tâche de frère, d'époux [...], quand j'exécute les engagements que j'ai contractés [...] » (p. 95), il part du sujet humain pour montrer **qu'il existe en lui un ordre de choses qui ne sont pas de lui.** L'homme, l'individu, est le support vivant des faits sociaux, non leur substrat. La réflexion sur soi, à l'intérieur de soi, oblige à sortir de soi, à aller à l'extérieur de soi. L'exercice philosophique de l'inspection de soi et de la déduction du général au particulier, le cheminement cartésien des *Méditations* (Durkheim est agrégé de philosophie) tourne court, s'arrête dès qu'entamé pour rencontrer l'altérité. Il suffit de prendre pour critère l'origine de nos comportements et la règle qu'ils suivent pour découvrir, derrière notre assentiment et notre conviction, la contrainte sociale : « je ne suis pas obligé de parler français avec mes compatriotes, ni d'employer les monnaies légales ; mais il est impossible que je fasse autrement » (p. 97).

Sont ainsi fondées l'existence autonome d'un domaine du réel et la légitimité de son investigation scientifique. Cette fondation s'opère cependant au moyen et au prix de ce que Durkheim appelle fort justement une **dissociation** entre l'individuel et le social : si la majeure partie des phénomènes sociaux consistent en « des manières de faire » (p. 105), il faut rigoureusement distinguer leur réalité sociale de leurs « incarnations individuelles » (p. 100). Il y a, quelles que soient les « manifestations » ou les « répercussions individuelles » (p. 101) des phénomènes sociaux une « dualité de nature » (*id.*) entre eux et les phénomènes individuels.

Cette théorie de l'objet, par la dissociation qui la commande va fortement déterminer la théorie Durkheimienne du collectif (notamment la distinction entre « âme collective » et « consciences individuelles ») et s'articuler avec une ontologie plus ou moins implicite, exprimée par le concept de « vie sociale ». Mais il s'agit là d'une autre ligne de force que nous explorerons plus loin. Telle quelle, cette théorie en fondant la légitimité de l'entreprise sociologique sur l'extériorité et l'autonomie de l'objet induit un mode d'investigation qui en respecte à la lettre le statut.

1.3. *Théorie du rapport à l'objet.*

Le chapitre II et sa fameuse règle tirent ainsi la conséquence du statut accordé à l'objet de la sociologie. Car dire que les faits sociaux constituent une réalité *sui generis,* une « espèce nouvelle » (p. 97), ne signifie rien d'autre qu'affirmer leur réalité objective, leur statut d'objet irréductible au sujet, ce que Durkheim désigne par le terme de « choses ».

L'essentiel est alors la seconde partie de la phrase suivante où, dans le chapitre II, après avoir décortiqué l'analyse idéologique, Durkheim déclare : « Et cependant les phénomènes sociaux sont des choses et doivent être traités comme des choses » (p. 120). Il ne s'agit bien évidemment pas d'une affirmation d'être mais d'une exigence épistémologique. Celle-ci se déploie dans les développements qui suivent : les phénomènes sociaux sont des « données », des *data* » susceptibles non de déduction (analyse idéologique) mais d'observation. Ils sont « la réalité phénoménale » (p. 121) par laquelle s'exprime le social sur lequel a priori nous ne savons rien. Durkheim applique ainsi ce qu'il conçoit clairement comme étant en dernière analyse un **principe de non transparence de l'objet,** valable quelle que soit, en définitive, la nature de celui-ci : « Alors même que, finalement, ils [les phénomènes sociaux] n'auraient pas tous les caractères intrinsèques de la chose, on doit d'abord les traiter comme s'ils les avaient » *(id.).*

Appliquer cette approche aux phénomènes sociaux consiste enfin à « introduire en sociologie » une « réforme » « en tous points identique à celle qui a transformé la psychologie dans ces trente dernières années » (p. 122). Quelle réforme ? Considérer les états de conscience « du dehors », c'est-à-dire rompre avec la simple introspection. Cette « grande révolution » qu'il convient d'introduire également en sociologie touche au fondement même de la discipline puisqu'elle concerne tant la définition de l'objet que le principe de sa connaissance. Il s'agit donc bien de ce que Bachelard appellera une rupture épistémologique. Durkheim, cependant, ne la précise pas autrement, dans le texte, que par la référence à l'extériorité et au contrôle (logique de la preuve), insistant plutôt sur le fait que l'entreprise doit être plus facile en sociologie qu'en psychologie puisque, dans le premier cas, les phénomènes sont donnés comme extérieurs, alors que dans le second il faut pour cela les « torturer avec ingéniosité » (p. 124). Mais quelle est donc enfin la réforme qu'a connue la psychologie ? Celle de **l'introduction de la méthode expérimentale,** donnant lieu en Allemagne, en France, aux États-Unis à la mise en place des premiers laboratoires, et à la discussion, dans les revues scientifiques, et notamment dans la *Revue philosophique* de Ribot, des premiers résultats, de leur fondement et de leurs implications. D'ailleurs, en cette même année 1894 où Durkheim publie *Les règles* Beaunis et Binet fondent *L'Année psychologique,* et Binet sort chez Alcan une *Introduction à la psychologie expérimentale.*

La rupture qu'il s'agit donc d'introduire en sociologie, et qui organise fondamentalement l'exposé de Durkheim, n'est autre que **l'instauration du rationalisme expérimental.**

II. LE RATIONALISME EXPÉRIMENTAL

Dans la préface à la première édition des *Règles,* Durkheim rapporte que s'il s'est vu affublé de diverses étiquettes, une seule lui convient, celle de rationaliste : « Notre principal objectif, en effet, est d'étendre à la conduite humaine le rationalisme scientifique » (p. 74). Qu'entend-il par là ?

2.1. *Rationalisme et connaissance.*

En divers lieux du texte des *Règles* affleure un thème définissant, par spécifications successives, le rationalisme scientifique évoqué dans la préface.

Si Durkheim oppose fondamentalement analyse scientifique et analyse idéologique, cette distinction s'opère au sein du rationalisme, et se situe en aval d'une opposition antérieure entre la raison et ce qui est appelé dans le texte le « mysticisme ». Celui-ci intervient une première fois dans le chapitre II. Le mysticisme repose sur le sentiment. Or dans les choses sociales, nous nous passionnons pour nos diverses croyances et certains voient dans ces sentiments une source de connaissance. La réponse de Durkheim est brève et sans appel : « Le sentiment est objet de science, non le critère de la vérité scientifique » (p. 127). Il ne procède d'aucune espèce « d'anticipation transcendantale de la réalité » (*id.*) et ne peut satisfaire que ceux qui « préfèrent les synthèses immédiates et confuses du sentiment aux analyses patientes et lumineuses de la raison » (*id.*). Le choix est clair : raison et sentiment ne se conjuguent pas. Cette position sans appel, conforme à la tradition philosophique française, est à l'opposé de celle adoptée à la même époque par le courant compréhensif dans les sciences sociales allemandes [10] et ne se laissera pas davantage entamer par le succès contemporain de la philosophie de Bergson.

L'analyse idéologique est donc située du côté du rationalisme. Cela est clairement affirmé au début du chapitre III, où le problème du mysticisme est reposé. Cependant il s'agit d'un **rationalisme logique,** ne reconnaissant comme seuls critères de vérité que les règles de développement des concepts. Le **rationalisme scientifique** s'en distingue par son souci de partir des choses. Mais cela n'est pas non plus si simple. Car la science est obligée de désigner et de classer les faits dont elle traite, sous peine d'être confrontée à une poussière de phénomènes inintelligibles. Elle ne peut donc, tout en partant des choses, se passer de concepts. La tradition philosophique antérieure a, à cet égard, formalisé clairement les positions : ou bien les concepts sont donnés d'abord et sont comme le bagage primordial de la raison, qu'il suffit de dégager de la gangue qui peut les recouvrir, ou bien ils sont construits après, à partir des données de l'expérience. Une telle alternative semble contraindre Durkheim à la seconde position et de fait certaines formulations, dégagées de la logique qui les sous-tend semblent d'un empirisme naïf : « La science pour être objective, doit partir, non des concepts qui se sont formés sans elle, mais de la sensation. C'est aux données sensibles qu'elle doit directement emprunter les éléments de ses définitions initiales » (p. 136).

Or ce que cette tradition ne parvient pas à penser réellement c'est **la distinction entre logique inductive et logique expérimentale.** On ne peut guère lui en vouloir si l'on sait que les solutions qui ont pu être proposées au cours de ce siècle, notamment celle de Popper [11], restent objet de polémiques. L'intérêt de la position de Durkheim est qu'il opère cette distinction en toute conscience, même s'il est obligé souvent de recourir à un vocabulaire insatisfaisant. Ceci apparaît dans deux textes où le problème posé nécessite que cette question soit abordée : si le savant ne doit pas partir des idées mais des choses, une fois établi qu'il y a bien un ordre de choses qu'il puisse étudier (chapitre I), il lui faut préciser comment il définira les faits sur lesquels il travaillera (chapitre II), et comment il les classera (chapitre IV). Ces deux opérations liminaires à l'explication scientifique nécessitent non seulement une méthode, mais une logique. A l'approche inductive Durkheim oppose clairement l'approche expérimentale, désignant bien par là son rationalisme scientifique comme un **rationalisme expérimental.**

Comment procéder pour constituer des « espèces sociales », c'est-à-dire pour opérer une classification des phénomènes ? s'interroge Durkheim au début du chapitre IV. La réponse qui semble aller de soi consiste

à passer en revue les diverses sociétés particulières :
« N'est-ce pas une règle de s'élever au général après
avoir observé le particulier, tout le particulier ? »
(p. 171). Or cette règle est celle de la logique inductive, la seule qui semble possible à partir du moment
où l'on ne part pas des concepts mais des choses.
« Mais en réalité cette circonspection n'a de scientifique que l'apparence. [...] La vraie méthode expérimentale tend plutôt à substituer aux faits vulgaires [...]
des faits décisifs et cruciaux, comme disait Bacon »
(p. 172).

Mais que peut signifier, en sociologie, la référence à
la méthode expérimentale ? Cette dernière s'élabore
avec la physique classique. Elle gagne au XIXe siècle la
chimie et la biologie et introduit dans celle-ci une
rupture décisive avec l'observation des phénomènes
pratiquée jusque-là [12]. De la physiologie, où elle
s'impose grâce à Claude Bernard elle gagne la psychologie, opérant cette révolution évoquée plus haut. Mais
en quoi consiste-t-elle ? Le petit manuel d'Alfred Binet
sur la psychologie expérimentale, paru la même année,
en donne une idée assez précise. Il s'agit de décomposer et d'isoler les phénomènes à étudier, de mettre au
point des méthodes formalisées d'enregistrement, de
recensement et de comparaison des faits, d'étudier
enfin comment les variations de tel ou tel élément sont
sous la dépendance de tel ou tel autre : on peut ainsi,
par exemple, rechercher l'influence de l'état émotionnel sur la mémoire, le développement que lui procure
un apprentissage particulier, etc. (Binet, p. 84, p. 87).
« [L'expérimentation] suppose qu'on a constaté une
liaison, une relation entre le phénomène psychologique
et un autre phénomène sur lequel on a prise ; l'expérimentation consiste à exploiter cette liaison de phénomènes, en cherchant à modifier l'un des deux termes
pour connaître les effets de cette modification sur
l'autre » (*id.* p. 20).

Or la sociologie ne peut ni reproduire en laboratoire
les phénomènes comme le physicien ni en créer
d'autres, en soumettant un élément à l'action de divers

facteurs comme le physiologiste ou le psychologue de l'époque. Cette « expérimentation proprement dite » (p. 217) lui étant impossible, il ne lui reste qu'à pratiquer une « expérimentation indirecte » (*id.*), fondée sur la **comparaison méthodique** des variations des phénomènes étudiés. En introduisant cette idée dans le dernier chapitre de l'ouvrage, Durkheim en donne la clef. Au terme de méthode expérimentale il substitue alors systématiquement celui de **raisonnement expérimental,** entendant et montrant par là qu'il s'agit de retenir de la méthode de l'expérimentation scientifique non des techniques et des procédures, mais **une logique de pensée,** d'autant plus impérative que l'application des techniques se révèle, du fait de la nature de l'objet, difficile, voire impossible. **C'est cette logique qui, fondamentalement, organise l'économie du texte et qui, en commandant chaque opération décrite, lui assure par sa solidarité avec l'ensemble du raisonnement, sa validité.**

2.2. *Définir, classer, expliquer, prouver : le raisonnement expérimental à l'œuvre.*

Une fois les préalables épistémologiques de la légitimité de l'objet et de l'objectivité de l'approche posés (chapitre I et II), le raisonnement expérimental peut déployer ses divers moments logiques : définition (chapitre II), classification (chapitre IV), explication (chapitre V) et preuve (chapitre VI). Nous avons bien là le principe fondamental de l'économie du texte, principe néanmoins insuffisant puisque le chapitre III (distinction du normal et du pathologique) s'en trouve laissé de côté.

La définition est une opération classique de la logique. Mais comment définir ce que l'on ne connaît pas ? Si l'on se contente d'une critique rapide ou d'une rectification des termes dont use le sens commun, on construit la science sur des prénotions. Si l'on rompt radicalement avec ces dernières quel critère peut-on adopter ? Puis-je étudier le crime sans donner une

première définition des phénomènes que j'aurai à
considérer ? Mais à partir de quoi puis-je la construire
si je m'interdis la référence à tout contenu notionnel
antérieur ? La réponse de Durkheim occupe toute la
seconde partie du chapitre II. Elle consiste à établir, au
départ de la science, des définitions provisoires,
n'ayant pas pour objet d'exprimer l'essence encore
inconnue des choses étudiées, mais d'organiser une
investigation méthodique. Ainsi conçue, la définition
est inscrite explicitement au départ du raisonnement
expérimental : « La première démarche du sociologue
doit donc être de définir les choses dont il traite, afin
que l'on sache et qu'il sache bien de quoi il est
question. C'est la première et la plus indispensable
condition de toute preuve et de toute vérification »
(p. 127).

Ainsi **la définition préalable** — qu'il s'agisse du
crime, du suicide, de la famille — **n'a de sens
qu'intégrée à un raisonnement soumis à la logique de
la preuve.** Par là même le choix du critère à partir
duquel se fera la définition s'impose de lui-même : il
ne peut s'agir que d'un critère externe, suffisamment
général pour impliquer tous les phénomènes relevant
de l'objet, précis pour exclure ceux qui n'en relèvent
pas et neutre pour n'introduire aucune théorie préalable quant à sa nature. Ainsi « nous appelons crime
tout acte puni » (p. 129), « on appelle suicide tout cas
de mort qui résulte directement ou indirectement d'un
acte positif ou négatif, accompli par la victime elle-
même et qu'elle savait devoir produire ce résultat » (*Le
Suicide*, introduction).

L'objectivité postulée d'un tel critère peut aujour-
d'hui faire sourire. Plus précisément nous savons que
toute opération de définition engage simultanément
une entreprise de théorisation, et que c'est cette théorie
même qui, à travers la définition et les opérations
ultérieures, va devoir faire la preuve de sa pertinence.
Mais il fallait pour acquérir cette connaissance épistémologique que soient tirées les conséquences des
révolutions de la physique moderne, soumettant à la

rigueur combinée de l'axiomatisation et de l'expérimentation l'arbitraire et le pari de l'invention théorique initiale. Il s'en est fallu d'ailleurs d'assez peu, puisque le mouvement moderne de critique des sciences débutera quelques années plus tard, avec les prises de position de Le Roy, de Poincaré et de Duhem [13].

Ce n'est donc pas à l'aune d'un rationalisme expérimental qu'ignorait Durkheim qu'il faut juger son apport, mais à celle d'une entreprise dont la tâche était d'autant plus ardue qu'elle se posait un problème à la fois crucial et insoluble : trouver des critères objectifs de définition, puis de classification, n'induisant aucune théorisation préalable. Problème crucial, parce qu'il importe de rompre avec les certitudes de l'approche idéologique dont l'exemple de la criminologie italienne montre qu'elles véhiculent l'ethnocentrisme le plus plat ; problème insoluble puisque toute détermination de critère engage un choix théorique. Or il est assez remarquable que Durkheim ait poussé le plus loin possible cette recherche du critère objectif, en faisant appel dans un cas à la sensation, dans l'autre à la combinatoire.

Cette sensation, dont il a déjà été fait mention plus haut, évoquera irrésistiblement l'empirisme le plus vulgaire, à tout le moins l'influence dominante de l'école anglaise de Mill et Spencer. Or à considérer étroitement le texte qui achève le chapitre II, cette « sensation » n'implique pas une prise de position philosophique mais désigne simplement le donné sur lequel travaille nécessairement toute science expérimentale et qu'il faut distinguer des simples impressions sensibles : « C'est ainsi que le physicien substitue aux vagues impressions que produisent la température ou l'électricité la représentation visuelle des oscillations du thermomètre ou de l'électromètre » (p. 137). C'est ainsi que le sociologue, opérant le même départ, devra prendre comme données, non pas les récits de voyageurs, descriptions littéraires et autres témoignages, mais les systèmes juridiques, les règles successorales,

les proverbes, etc., toutes manifestations collectives, lui permettant d'avoir « un critère objectif, qui sans être infaillible préviendra bien des erreurs » (p. 139).

Si définir l'objet peut ainsi se faire à partir d'un critère externe, en va-t-il de même lorsqu'il s'agit de classer ? Définir est le point de départ : il permet de déterminer l'ordre de phénomènes à explorer. Classer est l'opération suivante : au sein de cet ordre elle permet de définir des genres et des espèces visant à organiser la diversité empirique afin de préparer l'étape ultérieure de l'explication : « Elle doit avant tout avoir pour objet d'abréger le travail scientifique en substituant à la multiplicité indéfinie des individus un nombre restreint de types » (p. 172). La zoologie et la botanique fournissent, traditionnellement, le modèle de cette opération, et le terme d' « espèces sociales » dont use Durkheim dès le chapitre III est d'autant moins neutre que, nous le verrons plus loin, l'analogie biologique constitue un étayage fondamental de l'ensemble du texte. Cependant, lorsque se pose à Durkheim le problème d'un critère de classification général des sociétés, c'est à un argument de combinatoire qu'il va avoir recours. Les sociétés se construisent par combinaisons successives de segments élémentaires, le plus simple étant nécessairement celui « qui se résout immédiatement en individus ». Ce thème d'un passage du simple au complexe est, comme précédemment celui de la neutralité du critère, marqué historiquement. Il réfère à ce que Bachelard appelait l'épistémologie cartésienne, que l'on peut également désigner comme un paradigme analytique. Bien loin de réduire le complexe au simple, l'épistémologie moderne lit le complexe au sein du simple. Cependant si ce thème de la composition du complexe à partir du simple apparaît aujourd'hui caduc, le raisonnement durkheimien garde sa pertinence ; son argument réside en dernière analyse dans la combinatoire suivante, où chaque niveau tire ses traits caractéristiques de la nature de ses composants et de la modalité de leur association (par juxtaposition ou par fusion) :

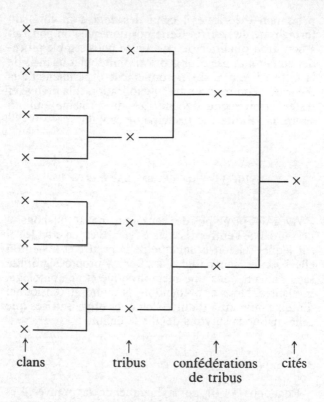

↑	↑	↑	↑
clans	tribus	confédérations de tribus	cités

Se donner comme seuls éléments des unités élémentaires rigoureusement identiques (à partir du postulat de la simplicité) et deux règles exclusives de composition (par juxtaposition ou par fusion), participe fondamentalement, indépendamment de la pertinence de l'opération quant à l'objet, d'une pensée de type structural.

Il y a donc en fait un parti pris anti-théorique dans les deux premières opérations du travail scientifique, telles que les décrit Durkheim. Ce parti pris s'exprime, de la définition à la classification, par le recours à deux pôles non théoriques : celui des *data* d'un côté, du formalisme de l'autre. Cette position que l'on pourrait à bon droit qualifier de positiviste nous semble procéder en fait non pas d'un a priori philosophique mais de la mise en œuvre du raisonnement expérimental : la théorie va commencer avec l'explication et la preuve et rester étroitement dépendante du principe qui en assure la validité : le principe de causalité.

III. LE PRINCIPE DE CAUSALITÉ

Avec le principe de causalité, nous touchons à l'essentiel de l'entreprise des *Règles*. Il est en effet le sol sur lequel s'assoit la logique de la preuve et le lieu où elle bascule, incapable d'assurer sa propre légitimité sans s'ancrer dans une métaphysique et une ontologie implicites. Nous appréhendons là un noyau tensionnel du texte ouvrant à d'autres logiques organisatrices que celle que nous suivons depuis le début.

3.1. *Explication, preuve, causalité.*

Renouons le fil de la logique de la preuve. Les opérations de définition et de classification ne constituent qu'un « acheminement à la partie vraiment explicative de la science » (p. 182). Or celle-ci est également lieu d'opposition entre l'analyse idéologique et l'analyse scientifique, la « sociologie rationnelle » (p. 142) et la sociologie expérimentale. Le chapitre v développe longuement la nature logique de l'explication à l'œuvre dans la sociologie de Comte et de Spencer : que ce soit en privilégiant l'utilité des phénomènes sociaux (ce « à quoi ils servent », le « rôle qu'ils jouent » p. 182), en en faisant le simple, quoique complexe, développement de la nature humaine, ou, enfin, en les constituant comme la réalisation d'une

« tendance » historique (loi des trois états de Comte, évolutionnisme de Spencer) on met en avant le même mode logique d'explication : le finalisme.

Or trois arguments militent contre l'instauration d'un tel finalisme en sociologie :

a) les phénomènes sociaux manifestent une régularité, une uniformité, une généralité de formes au sein des peuples les plus divers appartenant au même type social, qui contredisent la contingence et la diversité inhérentes à la finalité (p. 187, 188);

b) expliquer par une « tendance » ou un sens l'histoire des sociétés, c'est référer des effets à une cause inassignable, simplement postulée : « Cette tendance qui est censée être la cause de ce développement n'est pas donnée; elle n'est que postulée et construite par l'esprit d'après les effets qu'on lui attribue » (p. 210);

c) expliquer le social par l'humain et par le psychologique, c'est oublier que les phénomènes sociaux sont extérieurs à l'individu et s'imposent à lui, c'est donc les « dénaturer » : « Une explication purement psychologique des faits sociaux ne peut donc manquer de laisser échapper tout ce qu'ils ont de spécifique, c'est-à-dire de social » (p. 199).

Mais ces arguments impliquent-ils que le seul mode d'explication des faits sociaux soit leur soumission au principe de causalité efficiente, selon lequel « la cause déterminante d'un fait social doit être cherchée parmi les faits sociaux antécédents » (p. 202)? Nous savons aujourd'hui que l'antinomie classique « cause finale/cause efficiente », postule un univers homogène, soumis à une légalité unique et ignore aussi bien d'autres possibilités de causalité que la simple relation $\{X \Rightarrow Y\}$, que l'existence de relations « téléonomiques »[14] dépourvues de finalité consciente. Au moment historique où se situe Durkheim, cette ouverture des formes logiques de l'explication n'est pas encore réalisée. D'où trois conséquences passionnantes :

1° Durkheim va s'en tenir à une définition stricte du principe de causalité, tel qu'il est à l'œuvre dans la méthode expérimentale et tel que, seul, il peut être le fondement de la preuve. Le chapitre VI (« Règles relatives à l'administration de la preuve ») va suivre cette voie en présentant effectivement et pour la première fois des procédures d'analyse des faits constituant ce que l'on appelle aujourd'hui l'analyse causale.

2° Simultanément ce principe va s'asseoir sur un fondement métaphysique ; il va être l'expression de la « nature des choses », c'est-à-dire l'expression de ce qui n'étant pas réductible à l'humain est du même ordre que la nature physique ou que toute réalité spécifique extérieure à l'humain. En langage kantien (et cette référence n'est pas accidentelle), si le social n'est pas de l'humain, il appartient à l'ordre de légalité de la nature, c'est-à-dire à celui des rapports constants et nécessaires entre les choses.

3° Enfin nous en arrivons à une complication décisive : si le social appartient à la nature, il y occupe une place particulière ; à diverses reprises Durkheim évoquera « la complexité » des phénomènes sociaux. Cette place particulière va avoir une double conséquence. D'une part, elle va nécessiter l'**ouverture de l'analyse causale** à d'autres types d'explication (par la fonction, par la concomitance des déterminants), qui explicitement soumis au principe de causalité vont opérer une sorte d'élargissement de celui-ci. D'autre part, elle va nécessiter l'usage de ce que nous pourrions appeler un **opérateur de pensée,** en l'occurrence un réducteur de tension : l'analogie biologique, induisant elle-même une ontologie naturaliste.

Suivons ces pistes que l'on peut ramener à deux : analyse causale et causalité élargie ; de la « nature des choses » au naturalisme.

3.2. *Analyse causale et causalité élargie.*

Si fondamentalement l'explication scientifique consiste à montrer qu'un phénomène est cause d'un autre, et par conséquent à établir ainsi des relations constantes que l'on pourra qualifier de lois, comment peut-on opérer cette démonstration ? Cette question est celle même de la preuve et se trouve résolue dans le chapitre VI. Le développement de celui-ci se fait en trois temps, à partir d'une prémisse qui rappelle que hors le rationalisme expérimental il n'est pas possible d'établir de relations de causalité :

a) si l'expérimentation directe n'est pas possible en sociologie, l'usage du raisonnement expérimental l'est, malgré ce que soutient l'empirisme logique de Mill ; sinon seraient mises en doute la validité du principe de causalité et la possibilité de la science comme telle. « Or il n'y a que les philosophes qui aient jamais mis en doute l'intelligibilité de la relation causale. Pour le savant, elle ne fait pas question, elle est supposée par la méthode de la science » (p. 219). Le lien causal « consiste en un rapport qui résulte de la nature des choses » (*ibid.*) ;

b) le procédé du raisonnement expérimental applicable à la sociologie est celui de la comparaison des co-variations entre facteurs étudiés, ce que Mill appelle « la méthode des variations concomitantes » (p. 222)[15] ;

c) la méthode à suivre en sociologie consiste à constituer des séries dont la composition dépendra de la nature de l'objet étudié.

Le premier point explicite le nœud évoqué plus haut entre logique et métaphysique en fondant la méthode sur la nature des choses, selon une construction verticale assez caractéristique :

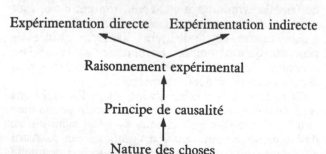

Expérimentation directe   Expérimentation indirecte

Raisonnement expérimental

Principe de causalité

Nature des choses

Les deuxième et troisième points inaugurent véritablement en sociologie une réflexion méthodologique,
c'est-à-dire une réflexion sur les procédés nécessaires
en vue d'obtenir un résultat de connaissance donné.

Que le langage de Mill et sa typologie des procédés
de l'investigation expérimentale puissent être considérés comme largement dépassés est une chose.
Réduire l'apport de Durkheim à ce langage est une
erreur. Là comme en d'autres moments, les matériaux
historiquement datés d'une époque et d'une histoire
sont au service d'une pensée qui s'en dégage. Il suffit
pour s'en convaincre, de voir que les procédures
décrites par Durkheim peuvent être rigoureusement
formalisées, ce qu'avait déjà souligné avec force
R. Boudon dans sa thèse sur l'*Analyse mathématique des
faits sociaux*. Par contre Boudon s'appuyait sur l'application de cette méthode dans *Le suicide*, et estimait que
Durkheim était plus sûr dans la mise en œuvre de
l'analyse causale que dans sa théorisation [16].

Or, si on laisse de côté tant l'étayage métaphysique
du texte que son vocabulaire souvent emprunté à Mill,
il apparaît que ce que présente ici Durkheim c'est, en
toute rigueur, le paradigme de l'analyse causale en
sociologie, que la tradition ultérieure, à part quelques
exceptions, tendra plutôt à obscurcir par l'accumulation de techniques statistiques, qu'à épurer par l'usage
du formalisme logique.

Durkheim rappelle d'abord que, contre une tendance, très forte à son époque, d'accumulation aveugle
de faits (la criminologie italienne, souvent citée, était
avec des auteurs comme Lombroso, Ferri, Niceforo
passée maître en la matière) l'analyse causale ne
nécessite qu'un nombre restreint de faits pour être
probante. Encore faut-il qu'ils soient méthodiquement
choisis et correctement interprétés.

Cette analyse, en effet, s'appuie sur des variations
concomitantes : un facteur Y varie comme un facteur X, c'est-à-dire qu'à chaque variation significative
de Y correspond une variation significative de X. Ainsi
« on peut établir de la manière la plus certaine que la

tendance au suicide {Y} varie comme la tendance à l'instruction {X} » (p. 224). Voici une relation constante, de même forme logique que les lois de la nature énoncées par les sciences physiques (si Y varie comme X, nous sommes dans un cas général dont la fonction mathématique y = f (x) est un cas particulier). Cependant avant d'interpréter la relation constatée comme étant un rapport de causalité, il faut la soumettre à réflexion. Le rapport de co-variation peut être artificiel, X et Y étant tous deux sous la dépendance d'un troisième facteur : ainsi, ce n'est pas la tendance à l'instruction qui est cause de la tendance au suicide, mais l'affaiblissement du traditionalisme religieux qui entraîne comme conséquences l'individualisme, l'esprit d'examen, le désir d'instruction et le suicide. Il faut donc (et c'est ce qu'aujourd'hui les enseignants de méthodologie apprennent aux apprentis sociologues) distinguer corrélation et causalité. Mais comment passer de l'une à l'autre, c'est-à-dire de la constatation d'un lien à son explication ? Réponse de Durkheim : « On cherchera d'abord à l'aide de la déduction, comment l'un des deux termes a pu produire l'autre ; puis on s'efforcera de vérifier le résultat de cette déduction à l'aide d'expériences c'est-à-dire de comparaisons nouvelles. Si la déduction est possible et si la vérification réussit, on pourra regarder la preuve comme faite » (*id.*). Mais que signifie ici « déduire » ? Durkheim n'insiste pas. Or déduire ne peut signifier ici rien d'autre qu'établir la compossibilité théorique de X et Y : je peux déduire que la réussite scolaire sera favorisée par la possession d'une bibliothèque, je ne déduirai pas qu'elle le sera par celle d'un congélateur, or il y a de fortes chances que les **deux relations soient significatives. Le raisonnement expérimental n'est donc pas un empirisme : il ne se contente pas de lire les faits ; il retient et travaille les relations qui peuvent être théoriquement significatives.**

Ce rôle de la théorie, bien que n'apparaissant qu'en creux dans le texte, est donc pour Durkheim au cœur de l'analyse causale et permet cette « intelligibilité interne » (p. 219 et 222) dont il dote le rapport de causalité. Il est également décisif dans l'autre aspect de la mise en œuvre de la méthode : la sélection des données.

Si accumuler des faits à l'aveuglette ne sert à rien, se contenter de « concordances sporadiques et fragmentaires » (p. 227) est tout aussi inutile : « Illustrer une idée n'est pas la démontrer. » Aussi Durkheim insiste-t-il sur la nécessité de constituer des « séries de variations régulièrement constituées » seules capables d'exprimer clairement « la manière dont [un phénomène] se développe dans des circonstances données » (*id.*). Or c'est, en dernière analyse, la détermination du statut épistémique du phénomène qui va commander la sélection des séries pertinentes. Le théorique, ainsi, se soumet à l'exigence de la preuve sans abolir la nécessité de son travail.

Trois niveaux vont être distingués selon la logique suivante :

Phénomène étudié	*Séries nécessaires*
a) Courants sociaux variant au sein d'une société donnée : (suicide)	appui sur des séries statistiques : co-variations selon le moment, le lieu, le sexe, l'âge...
b) Institutions, règles de droit, coutumes, identiques à soi au sein d'une société	appui sur des comparaisons réglées entre variations parallèles du même phénomène au sein de sociétés différentes de même type.
c) Institutions fondamentales (famille, école, division du travail...)	comparaison des diverses formes prises par ces institutions dans les diverses espèces sociales (méthode génétique)

Cette méthode va donc faire appel à des faits auxquels on demandera seulement qu'ils soient suffisamment établis pour qu'on puisse saisir et comparer leurs transformations. Alors que, par la suite, l'analyse causale sera essentiellement limitée en sociologie, notamment avec le développement des enquêtes par questionnaire, à des données et des techniques statistiques, celles-ci ne sont, pour Durkheim, tant dans sa théorie que dans sa pratique, qu'une espèce possible de données susceptibles d'être ainsi utilisées. Certes on peut voir là un effet du développement encore précaire de l'analyse statistique, et en tirer comme conséquence l'intérêt privilégié que Durkheim porte aux faits juridiques. Cependant on laisse ainsi de côté une dimension fondamentale. **L'essentiel pour Durkheim reste le raisonnement.** Ainsi il est tout à fait possible de formaliser la manière dont il présente les comparaisons nécessaires dans le cas b, où ne sont pas impliquées normalement des données quantitatives.

Dans un paragraphe apparemment obscur (p. 229), Durkheim explique comment il est possible d'étudier une même institution saisie dans trois sociétés différentes relevant du même type, comme la famille patriarcale dans l'antiquité gréco-latine. Appelons, pour notre démonstration, I l'institution, et A, B, C les trois sociétés.

1° On peut établir, pour A, B, C, $\{I\ t^0 \Rightarrow t^n\}$ soit l'histoire de l'institution pour chaque société étudiée du moment t^0 au moment t^n.

2° On obtient ainsi trois séries que l'on peut comparer. On peut déterminer par exemple la forme que prend I lorsque dans chaque cas, il parvient à son apogée, soit $F(I^A)$, $F(I^B)$, $F(I^C)$, ou, pour simplifier, F^A, F^B, F^C.

3° Or si, comme c'est le plus probable, on a $F^A \neq F^B \neq F^C$ on a là une « nouvelle série de variations qu'on rapprochera de celles que présente, au même moment et dans chacun de ces pays, la condition présumée ». Durkheim ne donne pas la règle de cette nouvelle opération. Il n'est pas difficile de la trouver : si nous appelons C cette condition présumée, elle consistera dans la confrontation suivante :

$$C\ (A/B/C) \Rightarrow F\ (A/B/C)$$

si aux variations de la forme déterminée F de I étudiées correspondent des variations de la cause présumée (si, par exemple, F et C sont, parallèlement, plus développées en A et moins en B et C), alors la relation de causalité C ⇒ F est établie, le rôle des sociétés A, B, C étant de fournir des modalités réglées de variations.

On est donc bien là en face d'un raisonnement expérimental en toute rigueur auquel la seule critique que l'on puisse faire est la suivante : selon quel critère (en dehors d'une mathématisation des phénomènes) peut-on apprécier la **significativité de variations institutionnelles ?** Notons qu'à cette question, à laquelle Durkheim ne répond pas ici, l'analyse structurale des règles de la parenté par Lévi-Strauss apportera une réponse possible montrant bien que l'analyse causale au sens strict et telle que la codifie Durkheim n'est qu'un mode d'application du raisonnement expérimental en sociologie [17]. Or on peut penser que d'une certaine manière il le pressentit ; lorsqu'il s'agit d'appliquer le causalisme à l'explication des faits sociaux, on le voit en quelque sorte le forcer pour y intégrer l'analyse fonctionnelle et ce que l'on pourrait appeler les prémices d'une analyse de système.

Dans le chapitre v, consacré à l'explication des faits sociaux, Durkheim rejette toutes les formes d'explication finalistes au profit de la seule explication par les « causes efficientes » (p. 185). Une telle position devrait, logiquement, exclure l'explication par l'utilité ou par la fonction, puisque ce qui définit ces dernières c'est la fin qu'elles remplissent. Durkheim cependant, admet ce second type d'explication, parlant même de « la dualité de ces deux ordres de recherche » (p. 184). N'y a-t-il pas là une incohérence ? Non, et pour deux raisons :

a) d'une part, parce que Durkheim va, en quelque sorte, soumettre l'explication par la fonction à l'explication par les causes, la définissant non seulement comme seconde en droit (« Il est naturel de chercher la cause d'un phénomène avant d'essayer d'en déterminer les effets », p. 188), mais comme n'étant finalement qu'une extension du principe de causalité.

b) d'autre part parce que la nature du social implique un phénomène dont la causalité efficiente ne peut rendre compte : « l'harmonie de la société avec elle-même » (p. 190).

La fonction d'un phénomène social ne peut suffire à rendre compte de ce qu'il est. Là pas plus qu'ailleurs, ce n'est pas la fonction qui crée l'organe : une réalité sociale doit être référée « aux causes qui seules sont susceptibles de l'engendrer », et peut, selon la période historique « changer de fonction sans pour cela changer de nature » (p. 184). Ce principe de l'antériorité de la cause sur la fonction est simultanément principe de la non-efficience de la fonction *per se :* il ne suffit pas qu'existe un besoin pour que naisse le moyen de le satisfaire. En insistant sur ce point, Durkheim met en garde, dès 1894, sur une dérive que connaîtra par la suite l'analyse fonctionnelle, qui se transformera souvent en fonctionalisme en accordant la priorité au « pour que » sur le « parce que ».

Mais, simultanément, l'analyse fonctionnelle est nécessaire lorsqu'il s'agit « d'expliquer un phénomène d'ordre vital » (p. 190). L'argument de Durkheim est double :

a) une fonction n'est rien d'autre que la « solidarité de la cause et de l'effet » (p. 188), c'est-à-dire l'action en retour, la « réciprocité » de l'effet sur la cause, entraînant la persistance de cette dernière ; cette action en retour est déterminée par l'utilité de l'effet, car s'il était inutile ou nuisible, il disparaîtrait : « C'est assez qu'il ne serve à rien pour être nuisible par cela même puisque, dans ce cas, il coûte sans rien rapporter. Si donc la généralité des phénomènes sociaux avait ce caractère parasitaire, le budget de l'organisme serait en déficit, la vie sociale serait impossible » (p. 189) ;

b) c'est parce que le social constitue un ordre de phénomènes du même type que le vivant, soumis à une règle d'équilibre interne, « d'harmonie » (la biologie parlera d'homéostasie), et concerne des entités existant comme des totalités, des « organismes », que s'impose l'explication par les fonctions : la fonction d'un phénomène, c'est sa contribution au fonctionnement et à l'équilibre du système auquel il se rapporte. Sans système, pas de fonction. Or, ou bien l'on conçoit le social sur le modèle du monde physique et la causalité efficiente peut sembler suffire — en tout cas pour la physique classique, horizon de référence de Durkheim —, ou bien on le conçoit sur celui du monde vivant, et l'approche par les fonctions s'impose, entraînant du même coup soit la rupture avec le principe de causalité (c'est le finalisme que défendent les vitalistes en biologie), soit son ouverture ; la note de la page 189 montre que Durkheim a parfaitement conscience de cette opération : « Nous ne voudrions pas soulever ici des questions de philosophie générale qui ne seraient pas à leur place. Remarquons pourtant que, mieux étudiée, cette réciprocité de la cause et de l'effet pourrait fournir un moyen de réconcilier le mécanisme scientifique avec le finalisme qu'impliquent l'existence et surtout la persistance de la vie. » Il suffirait là de remplacer le particulier « vie » par le général « systèmes » et d'expliciter la réciprocité en termes de rétroactions pour se trouver dans une perspective systémique.

Cette ouverture du principe de causalité va se manifester également, dans ce qui, au sein du chapitre v, n'est plus une théorie de l'explication sociologique, mais devient **la clef de l'explication du social.**

Durkheim critique et rejette la réduction du social à l'humain. Or une société n'est-elle pas composée exclusivement d'hommes et de produits de l'activité humaine ? Si donc l'humain n'est pas le fondement du social, qu'y a-t-il dans la société qui ne se ramène pas à l'humain ? Une seule chose : « l'association » (p. 195). Si l'existence de « consciences individuelles » est une condition nécessaire du social, cette condition n'est pas suffisante : il y faut en outre la combinaison de ces dernières, engendrant une « individualité » (p. 196) nouvelle. Que cette individualité soit qualifiée de psychique, renvoie à autre chose et ne change rien à la nature logique de l'argument : « C'est donc dans la nature de cette individualité, non dans celle des unités composantes, qu'il faut aller chercher les causes prochaines et déterminantes qui s'y produisent » (*id.*).

La nature de cette individualité, est en fait double : génériquement elle consiste en une forme déterminée d'association. Spécifiquement cette forme d'association, renvoyant à la classification des sociétés en espèces élaborée précédemment, peut être décrite à partir de deux critères, « le volume de la société » et sa « densité dynamique » (p. 206), caractérisant ce que Durkheim appelle « son milieu interne » (p. 205). Ces deux critères sont repris de la thèse de Durkheim sur la division du travail social soutenue un an plus tôt. Ils sont selon l'analogie biologique que nous suivrons bientôt « morphologiques » : ils désignent un mode d'organisation et de relation déterminé d'un volume défini de population. En d'autres termes ils désignent un mode de structuration déterminé de l'ensemble social. C'est ce mode que Durkheim constitue, sous le nom de « milieu interne », comme le point d'ancrage du principe de causalité, selon les deux propositions suivantes :

1° « L'origine première de tout processus social de quelque importance doit être recherchée dans la constitution du milieu social interne » (*id.*).

2° « Cette conception du milieu social comme facteur déterminant de l'évolution collective est de la plus haute importance. Car, si on la rejette, la sociologie est dans l'impossibilité d'établir aucun rapport de causalité » (p. 209).

Cette deuxième affirmation est manifestement décisive. Comment Durkheim la justifie-t-il ? Par l'argument suivant : « en effet cet ordre de causes écarté, il n'y a pas de conditions concomitantes dont puissent dépendre les phénomènes sociaux » (*id.*). Que veut-il dire ? Semble-t-il ceci : si le milieu interne n'est pas le point d'ancrage de l'explication du social, les phénomènes n'étant plus référables à une organisation interne ne pourront être renvoyés qu'au passé ; la chronologie se substituera à la causalité ; un état sera jugé dépendre de l'état antérieur selon une loi postulée qui sera celle de la tendance historique. Or ce postulat n'a rien à voir avec le principe de causalité.

Le milieu interne, le mode de structuration d'une société à un moment donné, constitue donc une réalité spécifique ; sans doute inclue dans l'histoire elle doit être saisie d'abord dans son organisation interne. Mais quel en est alors le statut logique ? Durkheim est ici imprécis. Cependant les termes employés par deux fois de « conditions concomitantes » laissent penser que le concept réglant de façon implicite l'argumentation n'est rien d'autre que celui de système. Il ne s'agit plus là, en effet, des variations concomitantes de deux facteurs, comme les décrit le chapitre suivant, mais des conditions coexistantes d'une réalité donnée, du type de ces deux facteurs concomitants que sont le volume et la densité dynamique. Seul le concept, en creux, de système comme mode d'organisation du milieu interne, donne au développement sa cohérence logique. De là deux remarques :

a) confirment cette analyse non seulement l'usage même du terme de « système » pour distinguer une simple somme d'individus d'une collectivité (p. 196), mais surtout le modèle explicatif qui, en fin de course, se met en place : ce milieu interne est non seulement le support de toutes les relations causales qui rattachent les phénomènes à la structure de la société considérée, mais encore ce par rapport à quoi « doit se mesurer la valeur utile, [...] la fonction des phénomènes sociaux » (p. 211)[18]. Tout ceci peut se schématiser ainsi (p. 39) :

b) il est difficile de ne pas penser, en voyant cette mise en place, à la distinction qu'opérera la linguistique quelques années après, en distinguant, avec Saussure, la synchronie et la diachronie, c'est-à-dire le système et l'histoire. Cette remarque doit cependant ne pas être poussée trop loin : Saussure élabore la distinction pour opérer sur un système de signes non sur une organisation de choses matérielles[19]. Néanmoins, là

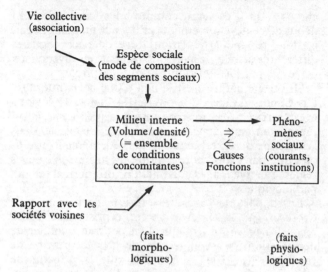

Vie collective
(association)

Espèce sociale
(mode de composition
des segments sociaux)

Milieu interne
(Volume/densité)   →   Phéno-
(= ensemble   ⇒   mènes
de conditions   ⇐   sociaux
concomitantes)   Causes   (courants,
                      Fonctions   institutions)

Rapport avec les
sociétés voisines

(faits   (faits
morpho-   physiologiques)   logiques)

encore, dans cet élargissement du principe de causalité efficiente auquel est contraint Durkheim, on peut saisir les prémices de l'invention de nouveaux schèmes explicatifs par les sciences humaines du XXᵉ siècle.

Mais cette tension entre la rigueur et la sûreté de l'explication par les causes efficientes, fondée sur la mise en œuvre méthodique du schème explicatif $\{X \to Y\}$ et son nécessaire et dangereux élargissement à d'autres schèmes n'est en fait assumée par Durkheim qu'au prix d'un appel à ce qui, aujourd'hui, ne peut nous sembler qu'être une métaphysique implicite.

3.3. *De la « nature des choses » au naturalisme.*

Il nous a été impossible, dans les développements précédents, malgré notre souci de nous en tenir à la logique de la preuve et à sa réalisation par le raisonnement expérimental, de ne pas, à divers moments, évoquer l'ancrage du principe de causalité dans l'affirmation de sa correspondance avec la « nature des choses ». Et il est vrai, comme nous l'annoncions au début de ce développement qu'il y a là un point nodal, c'est-à-dire une articulation dure de deux logiques différentes se manifestant notamment, en divers lieux du texte, par l'association causalité/nature.

Or cette « nature » est le lieu d'une polysémie et de glissements de sens qui ouvrent à une autre logique organisatrice : à la fois soumise à la précédente et lui fournissant son étayage, celle-ci se manifeste dans l'économie du texte, tant par des affleurements multiples que par l'apparente rupture du chapitre III « Des règles relatives à la distinction du normal et du pathologique ».

Le rapport de causalité « résulte de la nature de choses » (p. 219). À diverses reprises Durkheim recourt à un argument que l'on pourrait qualifier de démarcation : « à moins que de nier le principe de causalité » (p. 134), « à moins que le principe de causalité soit un vain mot » (p. 136). Cet argument prend, soit cette forme négative (également « c'est la négation de la science », p. 131), soit une forme positive : « être fondé dans la nature des choses ». La forme négative exprime un postulat de la pensée scientifique : celui du déterminisme. La forme positive fonde ce postulat en nature. Cette dernière opération pourrait rester dans le cadre des présupposés légitimes de l'activité scientifique, si Durkheim, à la suite de Kant, entendait par « nature » l'ordre des phénomènes soumis à la légalité de l'entendement. Mais il n'en va pas ainsi.

La nature à laquelle réfère Durkheim ne désigne pas seulement l'appartenance du social à la sphère des phénomènes appréhendables d'après le principe de causalité. Derrière les critères « épistémiques » de construction de l'objet mis en place lors du chapitre I, extériorité et contrainte, affleure à divers moments comme la certitude profonde que le social non seulement est une réalité *sui generis*, mais est doté d'une vie propre. Ce naturalisme apparaît lui-même à deux niveaux différents :

a) d'une part il ancre du côté de l'être et non plus seulement de celui du connaître, l'idée d'une réalité **propre** de la société. Celle-ci n'est ni un développement ou une expression de l'humain (Spencer, Comte), ni une création résultant d'un contrat social (Hobbes, Rousseau). En introduisant ces deux auteurs à la fin du chapitre v, c'est une conception artificialiste du social que rejette Durkheim : la force qui domine les individus en société et les contraint est « naturelle » : « Elle sort des entrailles même de la réalité ; elle est le produit nécessaire de causes données » (p. 215) ;

b) si cette réalité, comme toute réalité naturelle est organisée selon les causes nécessaires qui la font être (naturalisme) elle est également animée d'une vie qui se manifeste sans solutions de continuité, selon des formes plus ou moins « cristallisées » (p. 98, 107, 138), définissant à côté des manières d'être relativement stabilisées, toute la « matière concrète de la vie collective », « réalité fuyante dont l'esprit humain ne pourra jamais, peut-être, se saisir complètement » (p. 139). Ces formulations qui apparaissent en divers lieux du texte ne sont reliées par aucune nécessité logique à la thématique de la « nature des choses », ni même à celle du naturalisme. **Or elles constituent le point d'ancrage « thématique » de l'opérateur fondamental du texte : l'analogie biologique.**

IV. ANALOGIE BIOLOGIQUE
ET ENRACINEMENT « THÉMATIQUE »

Un texte ne se construit pas seulement dans la linéarité d'une pensée pleinement consciente d'elle-même. Il charrie toujours avec lui l'univers complexe où il a pris naissance. Même les textes les plus épurés sauf à se contenter d'un langage formel sans en proposer d'interprétation, sont le lieu d'une telle épaisseur. Celle-ci passa inaperçue aussi longtemps que l'histoire des sciences resta précaire et éloignée des textes originaux par lesquels les résultats se présentaient. La tradition française d'abord (Koyre, Bachelard, Canghuilem) anglo-saxonne ensuite (Kuhn, Feyerabend, Holton) a, quelle que soit la diversité des points de vue, des appartenances et des interprétations, invité à saisir la pensée scientifique non seulement dans l'ordre d'exposition des démonstrations, mais également dans l'arrière-fond des présupposés, des représentations, des angoisses et des désirs où s'enracine la pensée la plus rigoureuse. Ainsi ont pu être proposées des lignes d'investigation invitant à ce que l'on pourrait appeler, à côté de l'approche horizontale, une approche verticale des textes.

À notre connaissance ce type d'approche a été très peu, si ce n'est pas du tout pratiqué sur les textes fondateurs des sciences sociales ou humaines, et encore moins sur des ouvrages d'épistémologie, par définition plus aptes que d'autres, à euphémiser et à masquer un enracinement qui se lit beaucoup plus facilement sur des analyses concrètes. Or *Les règles*, nous le voyons, constituent un terrain tout à fait propice à une telle approche, révélant, par leur économie même une tension entre une ligne directrice d'ordre épistémologique, et d'autres lignes d'ordre métaphysique ou analogique. Afin d'entreprendre maintenant l'analyse verticale à laquelle les développements précédents nous invitent, nous utiliserons deux outils, définissant deux niveaux de pensée :

a) nous emprunterons librement à Kuhn[20] le concept de « paradigme », pour désigner le complexe de présupposés philosophiques, de certitudes métaphysiques, de techniques et d'appareillages, de représentations unificatrices, de références exemplaires, de mots clés, etc., qui constitue à une époque donnée l'univers et l'horizon de pensée d'une ou plusieurs disciplines déterminées. Ce complexe peut être partiellement incohérent et hétérogène dans ses références. À ce niveau, Durkheim participe d'un paradigme naturaliste et causaliste ;

b) mais ce niveau est plus **instrumental** que **créatif** ;

il désigne et permet de repérer l'appareillage intellectuel d'une époque, avec lequel chacun est bien obligé de composer, non le noyau à partir duquel une entreprise de pensée originale se construit. Or il est intéressant de noter, dans l'histoire de la pensée scientifique, que si l'invention se réduisait au développement d'un paradigme — et bien qu'elle en participe également — elle tournerait vite court. Il est donc nécessaire de définir un niveau plus profond, plus proche des sources de l'énergie que requiert tout investissement de ce type. À la suite de G. Holton nous proposerons d'appeler ce niveau celui des *themata*[21] : par des travaux consacrés à la physique et notamment aux débats auxquels donna lieu, en physique quantique, l'opposition entre l'école allemande et l'école de Copenhague, ce dernier montre qu'à divers moments le conflit porte sur une interprétation du réel, en dernière analyse indécidable expérimentalement, et mobilisant cependant les convictions les plus fermes de la part des protagonistes. Il propose d'appeler *themata* de telles interprétations et montre qu'elles se présentent toujours sous la forme d'alternatives fondamentales : continu/discontinu ; déterminisme/indéterminisme ; permanence/évolution, etc. Or on peut repérer, dans le texte de Durkheim, un certain nombre d'affirmations de ce type. Nous utiliserons alors le vocabulaire suivant : un *thema* (ou **Thème**) peut se manifester par l'intermédiaire de **schèmes** qui le mettent en œuvre dans des contextes divers, de **métaphores** qui le figurent, et d'**analogies** qui le légitiment.

Chercher à analyser l'analogie biologique à l'œuvre tout au long des *Règles* c'est donc se situer à l'articulation du niveau paradigmatique (le naturalisme ambiant) et du niveau thématique. C'est, plutôt que réduire Durkheim à l'ambiance intellectuelle de son temps, s'interroger sur la nécessité à laquelle répond, dans la réalisation du projet épistémologique d'instauration du raisonnement expérimental en sociologie, le recours à une telle analogie.

4.1 *Figures de l'analogie biologique.*

Qu'est-ce qu'une analogie ? C'est à la fois un procédé heuristique et un processus d'étayage et de légitimation cognitifs, fondés sur la comparaison entre un domaine M censé connu et un domaine M′ à connaître. L'intérêt — et les risques — de la méthode est que l'on postule que M′ a même structure, même organisation, que M. On y a donc assez naturellement recours aux abords d'une région inconnue et Durkheim n'échappe pas à la règle.

Tous les chapitres du texte, sans exception, sont à divers moments émaillés d'analogies construites selon la structure commune suivante :

Domaine M   ⇔   Sociologie

{ Objet global → connaissance } ⇔ { le social ou tel → connaissance }
  ou partiel   ←   de l'objet   de ses éléments ←   du social

On trouve ainsi, par exemple, au chapitre I : si les phénomènes sociaux sont indépendants de l'individu, leur incarnation constitue quelque chose de « mixte », de « socio-psychique ». « On trouve de même, à l'intérieur de l'organisme des phénomènes de nature mixte qu'étudient des sciences mixtes comme la chimie biologique » (p. 102). Il serait fastidieux de faire l'énumération détaillée de toutes ces analogies. Leur recensement, cependant n'est pas dénué d'intérêt : la révolution copernicienne et le maintien des illusions concernant le mouvement des astres (p. 109), les ruptures astronomie/astrologie, chimie/alchimie (p. 110), « les singuliers raisonnements des médecins du Moyen Âge » (p. 116), la grande révolution de la psychologie expérimentale (p. 122, 123), les *data* du physicien (p. 137) sont ainsi évoqués dans le chapitre II, consacré à l'opposition entre analyse idéologique et analyse scientifique, illustrant le thème de la rupture entre connaissance vulgaire et connaissance scientifi-

que, et légitimant l'entreprise épistémologique enta-
mée par Durkheim, en la plaçant sous l'autorité du
mouvement général des sciences. Cependant c'est de
très loin, l'analogie biologique qui, présente dans la
totalité du texte, est la plus complexe et la plus riche.
Elle a deux aspects fondamentaux :

a) d'une part, du point de vue de l'objet, elle fournit
un **analogon** du social d'autant plus riche que finalement le social finira par être pensé comme une espèce
du vivant. Cet *analogon* se manifeste à divers niveaux :

— Irréductibilité du social à ses composants (les
individus), comme du vivant aux siens (la matière
inorganique) (chapitre v, p. 195).

— Polymorphie du social, comme du vivant (« Tout
phénomène sociologique, comme du reste tout phénomène biologique, est susceptible tout en restant essentiellement lui-même de revêtir des formes différentes
suivant les cas », chapitre III, p. 148).

— Production d'espèces par combinaison d'un élément simple originel (« La horde [...] est le protoplasme du règle social », chapitre IV, p. 176. « Il y a
donc des espèces sociales pour la même raison qui fait
qu'il y a des espèces en biologie. Celles-ci, en effet sont
dues à ce fait que les organismes ne sont que des
combinaisons variées d'une seule et même unité anatomique », *ibid.*, p. 180).

— Analogie entre le « milieu social interne » et le
milieu interne des organismes (chapitre v, p. 205).

b) d'autre part et de façon solidaire, elle fournit, du
point de vue de la connaissance, **un modèle d'organisation des faits :**

— Faits morphologiques (ou anatomiques) et faits
physiologiques : les manières de faire (ou les pratiques,
en langage moderne) sont d'ordre physiologique ; les
manières d'être (ou les structures) d'ordre morphologique (chapitre I, p. 105 à 107). Cette distinction aura
une longue fortune dans la sociologie durkheimienne,
puisqu'elle sera reprise par Mauss et par Halbwachs.

— Faits normaux (ou physiologie normale) et faits
pathologiques : cette distinction répond à des règles

depuis longtemps reconnues par la biologie et que la sociologie « n'est pas moins tenue de respecter » (chapitre II, p. 134, *ibid*. chapitre III, p. 149).

Ce modèle d'organisation n'est pas seulement classificatoire et statique ; il fournit également **des principes d'analyse et d'explication :**

— Identité en droit, de l'inférieur et du supérieur, du normal et du pathologique (chapitre II, p. 133).

— Nécessité de définir un type moyen : « Ce que le physiologiste étudie, ce sont les fonctions de l'organisme moyen et il n'en est pas autrement du sociologue », (chapitre III, p. 149).

— Indépendance et prééminence de la causalité efficiente sur la fonction : « C'est, du reste, une proposition vraie en sociologie comme en biologie que l'organe est indépendant de la fonction, c'est-à-dire que, tout en restant le même, il peut servir à des fins différentes. C'est donc que les causes qui le font être sont indépendantes des fins auxquelles il sert » (chapitre V, p. 184).

Ainsi présente, l'analogie biologique semble bien remplir le rôle d'étayer le domaine du social et de sa connaissance, par celui du vivant et de sa science et le problème est alors de savoir si elle constitue une ligne d'appui ou d'interférence par rapport à la logique de la preuve et au raisonnement expérimental. Or les choses ne sont pas si simples pour trois raisons :

a) à diverses reprises Durkheim dépasse le niveau de l'analogie pour accéder à celui d'une classification des sciences. La solidarité entre biologie et sociologie, présentées identiquement comme des sciences de la vie (p. 167), ne laisse pas de présenter des différences :

— L'évolution historique des sociétés fournit à la sociologie une source de variations qui n'a pas son équivalent en biologie (p. 226).

— L'hérédité fixe la forme des espèces vivantes à la différence des espèces sociales où une plus grande complexité engendre une plus grande indétermination (p. 180, 181).

— La plus grande plasticité des faits sociaux permet

d'établir plus facilement qu'en biologie « la parenté étroite de la vie et de la structure, de l'organe et de la fonction » (p. 107 note).

b) une analogie, ou un paradigme analogique, peuvent être utilisés de diverses façons et l'histoire des sciences abonde en exemples de transferts d'un domaine à l'autre. Il est notamment possible de ramener la comparaison à l'identique, et de plaquer sur le domaine M' les formes d'organisation du domaine M. Au moment où Durkheim écrit une telle tendance se manifeste avec force en sociologie sous le nom d'organicisme : Worms, Nowicov, Lilienfeld, partant de la prémisse que la société est un organisme, y transfèrent mécaniquement les fonctions de ce dernier : respiration, digestion, circulation, etc. L'analogie dégénère là en métaphore et substitue la description d'une image à l'analyse du réel[22]. Il est clair qu'il en va tout à fait différemment dans le développement de Durkheim. L'analogie biologique n'y fonctionne pas comme substitut d'une pensée scientifique, mais comme **opérateur et instrument.**

c) mais cette utilisation même, pour légitime qu'elle soit peut être interrogée :

1° Si Durkheim fait référence non pas à une image du vivant et de sa connaissance, mais à la biologie de son temps, qui, précisément est entrée quelques décennies plus tôt dans l'ère expérimentale, pourquoi cette référence reste-t-elle si allusive et indirecte ? Allons plus loin : lorsqu'au chapitre VI Durkheim s'inscrit en faux contre l'affirmation de Mill selon laquelle l'expérimentation n'est possible qu'en physique, en arguant des progrès de la chimie et de la biologie, devenues des « sciences expérimentales », pourquoi ne cite-t-il pas Claude Bernard qui non seulement est l'un des instigateurs de ce mouvement, mais l'un des rares qui ait cherché à préciser les procédés de la méthode expérimentale ? La ligne directrice de l'instauration du raisonnement expérimental en sociologie n'en aurait-elle pas été renforcée ?

2° Si l'analogie biologique ne sert pas qu'à soutenir

une connaissance du social balbutiante par l'exemple d'une connaissance du vivant en plein essor, comment expliquer l'étonnante interférence du chapitre III, consacré à la distinction entre le normal et le pathologique ? La logique dominante du texte implique l'organisation suivante :

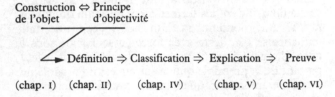

Construction ⇔ Principe
de l'objet   d'objectivité

Définition ⇒ Classification ⇒ Explication ⇒ Preuve

(chap. I)   (chap. II)   (chap. IV)   (chap. V)   (chap. VI)

Dans cette logique rien ne justifie l'introduction, entre la définition et la classification, d'un chapitre consacré au problème de la distinction du normal et du pathologique. L'analogie biologique est donc là au service d'une autre logique organisatrice, dont la force est suffisante pour bouleverser l'ordre dominant.

4.2. *Analogie biologique et tensions thématiques.*

Les premières lignes du chapitre III semblent cependant l'inscrire dans la logique du développement antérieur en invitant à suivre un fil esquissé dans le chapitre précédent : les règles de définition impliquent le choix de critères qui ne préjugent pas de la nature de l'objet (principe d'objectivité). Il est donc illégitime de procéder comme le fait la criminologie italienne refusant de prendre en compte certains faits, sous prétexte qu'ils sont accidentels ou anormaux. L'analogie biologique joue là immédiatement son rôle d'étayage : « La maladie ne s'oppose pas à la santé ; ce sont deux variétés du même genre et qui s'éclairent mutuellement. » Que le crime soit « normal » ou « anormal » il reste crime et « à moins de nier le principe de causalité » relève d'une définition unique (p. 133, 134). Du point de vue de l'explication scientifique, il n'y a donc pas lieu de distinguer le normal du pathologique.

Si, pourtant, une telle distinction non seulement peut être requise, mais posée comme problème en ce début du chapitre III, c'est pour une raison autre que de connaissance : « La question est de la plus grande importance ; car de la solution qu'on en donne dépend l'idée qu'on se fait du rôle qui revient à la science, surtout à la science de l'homme » (p. 140). On passe là, brutalement, **de la connaissance à l'action, de l'être au devoir être.** En quoi la connaissance scientifique peut-elle nous aider dans la détermination des fins ? Comment la science qui exclut par nature les jugements de valeur (« Le bien et le mal n'existent pas à ses yeux »), peut-elle apporter son aide dans un domaine qui les requiert ?

Une première réponse pourrait consister à séparer rigoureusement les domaines et à considérer qu'une telle question n'est pas du ressort de la science. C'est d'ailleurs, nous dit Durkheim, ce que font tous ceux qui en appellent, dans le domaine des fins, aux « suggestions de l'inconscient », et considèrent donc que l'action ne relève pas de la raison. Ce pourrait être la position d'un certain positivisme. Ce n'était pas celle de Comte, ni plus loin dans la tradition, celle de Descartes. Bien qu'il ne les cite pas ici, c'est dans la même perspective axiologique que se situe Durkheim lorsqu'il déclare : « À quoi bon travailler pour connaître le réel, si la connaissance que nous en acquérons ne peut nous servir dans la vie ? » (p. 141).

La véritable interférence qui se manifeste dans le chapitre III n'est donc pas entre logique de la preuve et analogie biologique, mais entre **impératif logique et impératif pratique.** Cette interférence pourrait ne pas être. Il est possible de faire de la science sans s'interroger sur ses finalités pratiques et de vouloir connaître le monde sans aspirer à le transformer. Il se trouve que Durkheim participe fortement — au point que certains ont pu y voir le ressort de son œuvre[23] — d'un paradigme interventionniste ou prométhéen, dont

Descartes ou Marx peuvent apparaître comme les figures dominantes. L'intérêt même pour le social, en ce XIXe siècle finissant qui va bientôt retentir de l'affaire Dreyfus, ne peut jamais être totalement dégagé d'une réflexion sur le socialisme. Et Durkheim, ancien condisciple et ami de Jaurès, y est moins que tout autre insensible. L'interférence cependant et la tension qu'elle peut manifester entre l'ordre du connaî-tre et celui de l'action, sont explicitement posées par Durkheim comme réductibles : il s'agit là de « reven-diquer les droits de la raison sans retomber dans l'idéologie », c'est-à-dire de faire que la science soit « en état d'éclairer la pratique tout en restant fidèle à sa propre logique » (p. 142).

Si donc l'intervention de l'impératif pratique rompt le développement de l'exposition placée sous l'autorité du principe logique, c'est pour donner plus de poids encore à ce dernier. **En un mot non seulement le rationalisme expérimental est possible en sociologie, mais il est ce qui, en outre, peut assurer à cette dernière une valeur pratique.** Comment réaliser une telle opération de pensée ? Précisément en s'appuyant sur l'*analogon* biologique, c'est-à-dire sur le point où y est assumé et résolu le même problème : celui de la santé et de la maladie. Bien loin donc que l'analogie soit contradictoire avec l'impératif logique dominant de l'instauration du raisonnement expérimental, elle le sert en résolvant les problèmes non pas théoriques mais thématiques que cela implique.

Cette interprétation paraît autrement satisfaisante que celle, plus habituelle, qui institue le biologisme dans le texte des *Règles*, comme une scorie ou comme l'influence trop présente du paradigme dominant. S'il y a bien influence de ce dernier — il est difficile de penser avec d'autres outils que ceux de son époque — celle-ci ne rend pas compte du travail de pensée qui est opéré par ce moyen. On pourrait qualifier ce travail de théorique dans la mesure où il touche non les faits mais la conception des faits et de leur connaissance. Il est plus approprié, à la suite de Holton, de le qualifier de

« thématique » : les critères modernes de la théorie impliquent en effet qu'il s'agisse d'un ensemble qui puisse être soumis au double examen de la cohérence logique et de l'épreuve des faits. Or il est des affirmations qui dans une pensée jouent un rôle recteur, sans être ni des principes logiques ni des lois expérimentales. Lorsque Einstein écrit : « Je suis convaincu que la construction purement mathématique nous permet de découvrir les concepts et les lois qui les relient, lesquels nous donnent la clef pour comprendre les phénomènes de la nature »[24], il n'énonce ni un principe logique ni une vérité d'expérience, mais une proposition « métaphysique », qui, cependant, n'est à la source d'aucune métaphysique car elle donne lieu non à une construction spéculative, mais à des mises à l'épreuve réglées. Tel est ce qu'à la suite de Holton nous appelons *themata* ou « Thèmes ». On trouve, à divers moments de tels Thèmes dans *Les règles*. Certains sont ponctuels (comme celui de la rupture pensée vulgaire/pensée scientifique, ou celui de l'engendrement du complexe par combinaison du simple). D'autres sous-tendent l'ensemble de l'entreprise. Or ces derniers, au lieu de constituer un ensemble cohérent à implication mutuelle tendent bien plutôt à s'exclure partiellement, nécessitant l'intervention d'une sorte d'**intégrateur thématique** : tel nous apparaît le rôle joué par l'analogie biologique.

Trois Thèmes assurent l'application du raisonnement expérimental aux phénomènes sociaux. Ils sont suffisamment fondamentaux pour être mis en place dès le chapitre I et réapparaître au moment crucial de l'explication, au chapitre V : **le Thème de l'extériorité, le Thème de la continuité, le Thème de la totalité.**

a) Le Thème de l'extériorité, à l'œuvre dans la définition des faits sociaux, est structuré sur l'opposition dedans/dehors et régit un schème analytique de dissociation. Ce Thème est fondamentalement associé au raisonnement expérimental. Pour que celui-ci soit possible et ait un sens, il faut qu'existe une réalité extérieure irréductible à une appréhension directe. Il faut que l'opération de pensée sur les choses ne puisse se réduire ni à l'immédiateté de l'intuition ni à l'identité de la proposition logique. Ce Thème distingue donc le rationalisme expérimental et engendre la règle d'objectivation : il faut considérer les phénomènes de l'extérieur, même s'ils paraissent à l'intérieur — ainsi que le fait la psychologie expérimentale. Ce Thème domine les chapitres I et II.

b) Le Thème de la continuité est contradictoire avec le précédent. Il implique que toute distinction, toute dissociation se fait sur un fond d'identité fondamentale. Il est associé dans *Les règles* à une ontologie latente que nous avons qualifiée de « naturaliste » mais qui, au niveau thématique est très proche du vitalisme. Il s'exprime à divers moments du texte, mais exemplairement dans le passage suivant : « Il y a ainsi toute une gamme de nuances qui, sans solution de continuité, rattache les faits de structure les plus caractérisés à ces libres courants de la vie sociale qui ne sont encore pris dans aucun moule défini. C'est donc qu'il n'y a entre eux que des différences dans le degré de consolidation qu'ils présentent. Les uns et les autres ne sont que de la vie plus ou moins cristallisée » (chap. I, p. 106, 107). Alors que le Thème précédent invite à l'analyse, la décomposition et l'étude des co-variations, celui-ci laisse entrevoir une polymorphie du social difficilement réductible qu'exprime à divers moments la métaphore de la « cristallisation » pour en désigner les formes stables.

c) Le Thème enfin de la totalité est plus connu. Il intervient dans le chapitre I selon la forme de la prééminence du tout sur les parties, et de l'irréductibilité du collectif aux éléments individuels qui le composent. Il est appuyé dans le chapitre V sur l'analogie de l'irréductibilité de la cellule vivante aux molécules la constituant. C'est un Thème d'identification et de spécification décisif : en désignant le tout comme différent de ses parties, il le constitue comme réalité spécifique et fonde la légitimité d'une science spéciale pour en rendre compte.

Deux caractéristiques fondamentales permettent de donner à ces trois ensembles la qualification de Thème, au sens défini plus haut :

1° ils ne sont pas plus fondés que leurs contraires, ce que l'histoire ultérieure de la sociologie et les débats auxquels ont donné lieu les diverses méthodes et les diverses interprétations ont amplement montré ; ce ne sont ni des thèses, susceptibles d'être invalidées par les faits, ni des axiomes assurant le départ d'une théorie déterminée, mais des positions, en quelque sorte méta-théoriques ;

2° ils constituent réellement le point d'ancrage profond et le lieu de ressourcement de l'entreprise des *Règles* saisie dans sa globalité.

Ils définissent ainsi, en quelque sorte, l'arbitraire de la pensée de Durkheim et sont semblables en cela à ceux qui supportent le mathématisme d'Einstein ou les convictions des physiciens étudiées par Holton dans le travail auquel nous faisions référence plus haut. Une entreprise de psychologie ou de sociologie de la connaissance peut expliquer cet arbitraire, mais non le fonder. Il est en revanche possible d'en soumettre les conséquences à l'exigence du rationalisme expérimental. Ceci peut alors engendrer des tensions qui seront d'autant plus difficiles à résoudre que l'appareillage mathématique et expérimental sera moins disponible. C'est à une telle situation que la richesse thématique qui l'inspire contraint Durkheim, et c'est par l'analogie biologique qu'il s'efforce d'en réduire les tensions.

De même que plus haut c'était elle qui réglait le conflit possible entre impératif logique et impératif pratique, c'est elle qui, par son omniprésence règle les tensions entre Thèmes en fournissant l'analogue d'une telle résolution : la biologie ne porte-t-elle pas sur la vie multiforme ? Ne montre-t-elle pas que l'on peut y distinguer des formes différentes et les isolant, analyser entre elles ou en leur sein des co-variations ? Ne rappelle-t-elle pas, enfin, qu'un organisme est irréductible à l'ensemble de ses constituants ? L'analogie biologique, en renvoyant à une discipline qui, au même moment, affrontait également une situation thématique complexe, dont le développement de l'expérimentation et le renouveau du vitalisme étaient les manifestations, peut donc cautionner efficacement une sociologie naissante **qui ne peut se fonder en rigueur par simple décret.**

Si cette interprétation est correcte, on comprend mieux alors les longs développements du chapitre III, consacrés au normal et au pathologique. D'autant mieux que, là encore, ce qui s'y passe n'est pas aussi simple qu'il y paraît. Non seulement s'y joue la résolution de la tension dont nous avons parlé, non seulement Durkheim peut se faire le plaisir d'y démontrer la paradoxale nécessité et utilité sociale du crime, non seulement il peut étendre le raisonnement à tous les phénomènes hâtivement baptisés de pathologie, de décadence, de dégénérescence, non seulement il peut instituer le médecin comme figure paradigmatique de l'homme d'État, et par implication implicite, le sociologue comme son conseiller, mais encore il démontre *in concreto* la capacité du raisonnement expérimental à être un redoutable instrument critique.

La sociologie comme science peut-elle « éclairer la pratique, tout en restant fidèle à sa propre méthode » (p. 142) ? Si l'on pose que, « pour les sociétés comme pour les individus, la santé est bonne et désirable, la maladie, au contraire [...] chose mauvaise qui doit être évitée » (*id.*) le problème consiste à trouver un critère scientifique du normal et du pathologique. Notons que cette position du problème implique deux présupposés extérieurs à la méthode *stricto sensu* — un jugement de valeur (la santé est préférable à la maladie), une assimilation (on peut appliquer aux phénomènes sociaux l'opposition normal/pathologique) — mais directement fondés sur l'analogie biologique. La détermination de ce critère, par contre, mobilise le raisonnement expérimental (p. 143, 144).

Peut-on dire que la souffrance, considérée généralement comme un indice de la maladie, est un bon critère ? Non, parce qu' « il existe entre ces deux faits un rapport, mais qui manque de constance et de précision » (p. 143). Ce manque est décrit par Durkheim : il y a des diathèses indolores, un trouble sans importance peut être très douloureux, une sensation agréable peut être signe d'un trouble mental, la douleur peut accompagner des phénomènes purement physiologiques comme la faim, la parturition... Enchaînés dans la linéarité du discours, et gonflés chacun de sa valeur expressive propre, ces quatre cas dissimulent la rigoureuse structure logique qui les ordonne :

a) si la douleur D est un bon critère de la maladie M, je dois avoir soit $\{D \text{ et } M\}$, soit $\{\text{non } D \text{ et non } M\}$, c'est-à-dire, en logique, une implication réciproque $\{D \Leftrightarrow M\}$;

b) or, je constate que le réel me fournit les relations :

$$\{M \text{ et non } D\}$$
$$\{\text{non } M \text{ et } D\}$$

c) par conséquent la relation $\{D \Leftrightarrow M\}$ est fausse.

Peut-on dire que la santé se reconnaît « à la parfaite adaptation de l'organisme à son milieu » ? Mais à quoi reconnaît-on cette « parfaite adaptation » ? Dira-t-on que la santé $\{S\}$ accroît les chances de survie $\{V^+\}$ et que la maladie $\{M\}$ les diminue $\{V^-\}$?

a) On a là une relation du type $\{(S \rightarrow V^+)$ et $(M \rightarrow V^-)\}$;

b) or, la reproduction dans certaines espèces, la menstruation, la vieillesse, l'enfance, etc., fragilisent l'organisme et sont donc des facteurs F réalisant la relation $\{F \rightarrow V^-\}$;

c) devra-t-on dire que $F \subset M$? Non, par conséquent, si F ne renvoie pas à la maladie, il renvoie à la santé ; on a donc $\{(F \subset S) \rightarrow (S \rightarrow V^-)\}$ ce qui est contradictoire avec l'hypothèse initiale : si S peut être associé aussi bien à V^+ qu'à V^-, cela signifie que les variations de V ne constituent pas un critère de S.

C'est donc la logique du raisonnement expérimental, et plus précisément même la logique de l'analyse des co-variations, telle qu'elle est présentée dans le chapitre VI, qui régit ici le raisonnement critique et c'est d'ailleurs en termes de démonstration et de preuve que Durkheim pose le problème de l'établissement d'un critère. La méthode se retrouve alors pleinement :

a) il n'est pas possible d'établir un critère du normal et du pathologique qui soit fondé sur une preuve *de facto*. Est-on alors condamné « au raisonnement déductif » et à l'analyse idéologique ?

b) non, dans ce cas, c'est-à-dire en l'absence d'une connaissance interne de l'objet, il faut appliquer la règle de la définition préliminaire par le caractère externe le plus approprié ;

c) or un phénomène peut avoir diverses formes, parmi lesquelles les unes sont générales au sein d'une espèce, les autres exceptionnelles. On appellera les premières normales et les secondes pathologiques.

Ainsi, ce chapitre III, qui va ensuite appliquer cette distinction au crime, réalise l'étonnante opération de réduire l'interférence logique qu'il représente, en mettant en œuvre à la fois le moment de la méthode défini avant lui (la définition) et la logique expérimentale qui sera exposée au chapitre VI.

Par là même est présentée dans les faits ce que l'on pourrait appeler l'unicité de la raison expérimentale, soumettant à une même logique la réfutation critique et la production de la preuve et permettant d'espérer réduire le fossé entre raison théorique et raison pratique : « Notre principal objectif est d'étendre à la conduite humaine le rationalisme scientifique, en faisant voir que, considérée dans le passé, elle est réductible à des rapports de cause à effet qu'une opération non moins rationnelle peut transformer en règles d'action pour l'avenir » (première préface).

V. L'EXIGENCE ÉPISTÉMOLOGIQUE

Théoriciens et praticiens sont souvent d'accord pour considérer avec une certaine distance la réflexion épistémologique. Les premiers lui reprochent son formalisme, les seconds son caractère normatif. Les uns et les autres peuvent arguer, souvent justement, qu'elle engendre un discours second et stérile et que la science se fait d'audace et de paris théoriques d'un côté, d'ingéniosité et de savoir-faire techniques de l'autre. Or, entre le formalisme de la logique et les techniques de travail sur les faits, il y a place pour des activités cognitives d'autant plus décisives qu'elles sont en quelque sorte intermédiaires et que nul ne peut se dispenser d'y avoir recours s'il prétend faire autre chose qu'une construction théorique vide ou un recensement de données aveugle.

Dans la philosophie classique, c'est sans doute Kant qui a posé le plus clairement le problème. Il l'a cependant traité dans les termes d'une psychologie rationnelle, c'est-à-dire comme rapports entre facultés du sujet (l'intuition et l'entendement) et unité transcendantale de ce dernier. Mais par là même il fondait en nécessité logique (c'est-à-dire comme conformité à la législation de l'entendement), l'exigence de la preuve. Sa distinction élaborée entre jugements analytiques (relevant de la seule nécessité logique) et jugements synthétiques (relevant de l'expérience) sera d'ailleurs amplement reprise par l'épistémologie contemporaine.

La science sociale, à l'époque de Durkheim, vit un gigantesque clivage, entre d'un côté des théories d'inspirations les plus diverses, entretenant un rapport le plus souvent allusif ou illustratif aux faits, et, de l'autre, une accumulation désordonnée d'informations, de documents et de données. Cependant ce clivage semble à la plupart irréductible aux méthodes des sciences de la nature : Comte, Mill, Spencer, Liard, Renouvier, Boutroux, tous les penseurs qui ont influencé Durkheim s'accordent sur ce point : la méthode expérimentale ne vaut pas lorsqu'il s'agit de la sociologie.

Il fallait donc, non seulement prouver la possibilité d'une science sociale se soumettant à l'exigence de la preuve, en la faisant — et ce sont les premières grandes études sur *La division sociale du travail* ou *Le suicide* —, mais également tenter de fonder en droit la légitimité de l'entreprise. Et ceci pour deux raisons : d'une part, parce que le fait ne prouve jamais le droit ; d'autre part, parce que dans ce domaine le fait, tel qu'il est défini dans une science expérimentale, ne peut être la transcription directe de ce qu'il est ailleurs ; si la méthode expérimentale est applicable à la sociologie, ce ne peut être que d'une façon particulière, liée à la spécificité des phénomènes sociaux.

C'était là une tâche d'autant plus difficile que Durkheim ne pouvait savoir que son univers épistémique de référence — le naturalisme — était en train de basculer, et que la science moderne allait donner une autre forme et un autre fondement au rationalisme dont il se réclamait. Dans l'espace de jeu finalement étroit qui était le sien, *Les règles* sont là pour témoigner qu'il a su à la fois dépasser une application mécanique de l'expérimentalisme pour en retenir le noyau logique (le raisonnement expérimental) et anticiper l'élargissement nécessaire du principe de causalité à d'autres formes de dépendance que la causalité linéaire. Si l'économie du texte que nous avons cherché à serrer au plus près rend bien compte de cet effort et de ses difficultés, son « vecteur épistémologique » — pour reprendre la belle expression de Bachelard — garde toute sa pertinence et son actualité puisqu'il n'est rien d'autre que cette **exigence de la preuve** sans laquelle tout discours, quel que soit son enracinement épistémique, se condamne aux fragilités de la croyance et à la naïveté des convictions.

NOTES

1. *Revue Philosophique*, 1876, I, p. 1.
2. *Ibid.*, p. 4. Il est intéressant de noter que vingt ans plus tard, lorsque se fonde la *Revue de Métaphysique et de Morale*, Xavier Léon salue ainsi la *Revue Philosophique* : « Elle a obligé les philosophes de suivre les travaux des savants ; elle a permis aux savants de lire les méditations des philosophes », tout en assignant à la première un programme diamétralement opposé : « Ici, elle [la philosophie] n'apportera pas des faits mais des idées. » (*Revue de Métaphysique et de Morale*, 1893, I, Introduction.)
3. Lorsque paraît le texte de Durkheim, la sociologie comme telle est en question. Même si divers auteurs s'accordent à reconnaître une spécificité aux phénomènes sociaux, celle-ci leur semble relative et la sociologie leur paraît devoir procéder de la psychologie comme la biologie des sciences physico-chimiques. « Une véritable science des sociétés n'est pas celle qui en étudie la genèse en se plaçant de parti pris hors de tout fait psychologique ; c'est celle qui verrait la loi sociale surgir des consciences individuelles par le mouvement spontané des esprits, et l'interpréterait comme l'expression des idées communes et des sentiments communs. » (L. Brunschvicg et E. Halevy, « L'année philosophique 1893 » in *Revue de Métaphysique et de Morale*, II, 1894.) La rigoureuse démarcation opérée par Durkheim entre le social et le psychologique est alors très généralement dénoncée : par Brunschvicg et Halevy, dans leur recension de 1894 (cf. *supra*), par Bernes, professeur à l'université de Montpellier dans un article sur « La sociologie » (*Revue de Métaphysique et de Morale*, III, 1895), par Pillon, le directeur de *L'Année philosophique*, dans sa recension de 1895. Même de futurs Durkheimiens, tels Bouglé et Lapie, sont, le premier réservé, le second franchement hostile déclarant : « On ne peut donc pas, comme le veut M. Durkheim, " dissocier " les faits individuels et les faits sociaux » et ajoutant *in fine* de sa démonstration : « L'objet de la sociologie est déterminé : les faits sociaux sont une variété des faits psychologiques. [...] Deux conditions sont nécessaires pour qu'un fait individuel devienne social : il faut qu'il s'exprime et que son expression suscite un désir ;

la sociologie est la science des désirs suggérés. » (« L'année sociologique 1894 » in *Revue de Métaphysique et de Morale*, III, 1895.)

4. Cette affirmation a pu, de façon légitime, être contestée à partir de la tradition allemande de la distinction entre sciences de la nature (fournissant des relations explicatives du type X ⇒ Y) et sciences de l'homme (strictement « sciences de l'esprit » — *Geisteswissenschaften*) fournissant des relations compréhensives, c'est-à-dire nécessitant, de la part de l'observateur la compréhension des significations auxquelles se réfèrent les comportements observés. Cette tradition s'est notamment exprimée en France à l'époque de la forte pénétration de la phénoménologie ; elle le fit soit de façon brutale (cf. le pamphlet de J. Monnerot, *Les faits sociaux ne sont pas des choses*, Paris, 1946), soit de façon beaucoup plus nuancée, comme avec Merleau-Ponty : « En ce qui concerne le social, il s'agit en somme de savoir comment il peut être à la fois une " chose " à connaître sans préjugés, et une " signification " à laquelle les sociétés dont nous prenons connaissance ne fournissent qu'une occasion d'apparaître, comment il peut être en soi et en nous. » (« Le philosophe et la sociologie » in *Éloge de la philosophie et autres essais*, Paris, 1953.) Au moment de la parution des *Règles*, par contre, la considération des faits sociaux comme étant des « choses » suscita des interprétations souvent tendancieuses. Un débat entre Charles Andler, faisant de Durkheim le théoricien d'une « mythologie nouvelle », et Célestin Bouglé, amené à prendre la défense de ce dernier, en porte la trace très claire (in *Revue de Métaphysique et de Morale*, IV, 1896.)

5. De 1972 à 1985, la banque de données « Francis », du Centre de documentation en sciences humaines, recense 277 articles ou ouvrages consacrés à Durkheim ; seule une dizaine de ces références portent explicitement sur l'épistémologie de Durkheim et *Les règles*, en tant que telles, ne donnent lieu qu'à deux études critiques : l'une de François Chazel : *Durkheim, Les règles de la méthode sociologique*, Paris, 1975, l'autre de Paul Q. Hirst : *Durkheim, Bernard and Epistemology*, London, 1975.

6. Le débat épistémologique existe en sociologie dès ses origines. Dans la période contemporaine il a été renouvelé par un triple mouvement d'approfondissement des racines de la discipline, de détermination de ses divers paradigmes, de restauration des méthodes qualitatives. Cela a engendré une situation assez complexe, où la critique authentique voisine facilement avec la caricature ou l'effet de mode. Cela a permis cependant que des traditions fondatrices de la discipline ou des développements récents, souvent méconnus en France, y acquièrent droit de cité : ainsi de la démarche phénoménologique, de l'approche biographique ou de l'ethno-méthodologie.

7. On trouve un exemple récent de cette attitude dans des ouvrages aussi différents que *La logique du social* de Raymond Boudon (Paris, 1979) ou *La connaissance ordinaire* de Michel Maffesoli (Paris, 1985). Il est en revanche assez significatif que, dans un cas comme dans l'autre, on s'y refuse à réduire Durkheim au positivisme.

8. Sur le développement de la physiologie au XIXᵉ siècle, cf. « La constitution de la physiologie comme science » par Georges Canguilhem, *Études d'histoire et de philosophie des sciences*, Paris, 1968.

9. Nous avons essayé de donner une vision synthétique et nécessairement sommaire de cette situation des *Règles*, dans le tableau intitulé « Le moment épistémique des *Règles* » (p. 252). Les années 1880-1900 sont à maints égards des années charnières sur le plan scientifique : tout se passe comme si le lourd vaisseau du naturalisme continuait dans l'inertie de sa lancée, ignorant des implications des géométries non-euclidiennes, du rapprochement des mathématiques et de la logique, et surtout des nouvelles expériences physiques sur la lumière. Même si en France, dans les dernières années du siècle, s'esquisse un mouvement nouveau de réflexion sur les sciences, anticipant celui qui s'épanouira dans la décennie suivante, avec Le Roy, Poincaré, Duhem, on est encore loin de penser, au moment où Durkheim rédige *Les règles*, que la conception du réel de la science classique basculera moins de dix ans plus tard avec l'hypothèse quantique de Plank et la théorie de la relativité d'Einstein.

10. Cette approche trouve son origine dans l'œuvre du philosophe Dilthey (1833-1911). Le modèle de scientificité à appliquer dans les sciences sociales suscitera un conflit entre tenants d'une réduction à celui des sciences de la nature et, inversement, ceux d'une spécificité irréductible des sciences de l'homme. En lançant la fameuse distinction entre explication et compréhension (« la nature nous l'expliquons [*erklären*], la vie de l'âme nous la comprenons [*verstehen*] ») Dilthey inaugurera l'approche « compréhensive » en sociologie, que Max Weber thématisera avec le plus de finesse et de rigueur (cf. notamment « Les concepts fondamentaux de la sociologie » in *Économie et société*, traduction française Plon, 1971). Notons d'ailleurs que la compréhension, pour Weber, n'est en rien réductible au sentiment. Elle est saisie du sens et peut avoir aussi bien un caractère rationnel qu'empathique.

11. Le moment où Durkheim écrit *Les règles* est, par rapport à la logique, assez extraordinaire. Jusqu'à la fin du XIXᵉ siècle, la logique se contente fondamentalement de développer l'héritage aristotélitien. Or d'une part cette logique de l'inférence, donc de la déduction rend mal compte des opérations de pensée qui semblent à l'œuvre dans la science expérimentale, d'autre part elle paraît lourde à maîtriser à une époque où le symbolisme mathématique s'impose de plus en plus. Ce double aspect crée un moment historique très particulier. D'une part le développement de la science expérimentale nécessite que soit explicité son fondement logique. C'est dans cette direction que s'orientent Mill et Spencer, faisant du raisonnement inductif (qui va du particulier au général) le fondement de la méthode expérimentale et même l'essence du raisonnement logique. Cet empirisme cependant se heurte alors au vieux problème de l'universalité et de la nécessité : si tout raisonnement va des faits aux faits, rien ne peut assurer la nécessité de la conclusion. Comme le déclare Victor Brochard, professeur à la Sorbonne, qui, en 1881 consacre dans la *Revue philosophique* une longue étude critique à la

logique de Mill, si l'intérêt de cette entreprise est d'avoir voulu rapprocher la logique des « tendances de l'esprit moderne », notamment en en faisant une « science de la preuve », son échec est d'aboutir à « l'anéantissement de la logique déductive ». La même difficulté se retrouve dans un manuel de logique, très classique de facture, écrit en 1884 par Louis Liard : la méthode des sciences expérimentales y est décrite en s'appuyant à la fois sur Claude Bernard et sur Mill. Par contre l'induction y est légitimée par le principe de causalité, avec des formules très proches de celles que l'on retrouvera dans *Les règles*. Ce mariage difficile entre expérimentation et induction sera « définitivement » rompu par Popper, montrant, après Einstein, que la logique de la science expérimentale est une logique déductive, allant non des faits aux idées, mais des axiomes aux expériences (cf. *La logique de la découverte scientifique*, 1982 pour la traduction française). Durkheim bien évidemment ne va pas jusque-là. Il manifeste cependant une distance face à la réduction de la méthode expérimentale à la logique inductive qui est tout à fait significative. Par contre, et c'est sans doute le sens des références à Bacon et à Mill, il participe d'autre part de la cécité de son temps face au devenir de la logique. Entre 1879, où Frege en inventant les prémices du calcul des propositions inaugure la logique moderne, et 1910 où en publiant le premier volume des *Principia Mathematica* Russel et Whitehead la fondent s'opère un bouleversement qui, semble-t-il, échappe à la majorité des contemporains, partageant sans doute cette conviction de Brochard : « La logique est une science faite. L'ère des découvertes, on peut l'affirmer sans crainte, est close pour elle. »… (article de 1881 *cité*.)

12. François Jacob décrit ainsi cette introduction de l'expérimentation dans la physiologie : « Après le milieu du siècle […] la physiologie change de nature. Au temps de Cuvier, elle constituait surtout un système de référence pour l'anatomie ; elle servait à établir les analogies sur quoi se fondait la comparaison entre les êtres vivants et leur organisation. Pour Claude Bernard il s'agit de tout autre chose. Le fonctionnement d'un organe ne s'interprète plus en termes de structure et de texture. Il s'analyse, se décompose en paramètres variés, se mesure autant qu'il est possible. C'est l'anatomie qui devient l'auxiliaire de la physiologie. Non plus une physiologie d'observation, mettant en jeu ce que Claude Bernard appelle une " expérimentation passive ", où le biologiste se borne à constater les variations qui s'introduisent spontanément dans un système. Mais une science " active ", où l'expérimentateur intervient directement, prélève un organe, le fait fonctionner, change les conditions, analyse les variables. La biologie doit alors changer de lieu de travail. Auparavant elle opérait dans la nature. Quand le naturaliste n'était pas sur le terrain pour observer les êtres chez eux, il travaillait dans un muséum, un parc zoologique ou un jardin botanique. Désormais, la biologie se fait au laboratoire. » (*La logique du vivant*, Paris, 1970, p. 199.)

13. Le positivisme excluait de la connaissance les problèmes métaphysiques. Le scientisme qui constitue une des composantes de

l'ambiance intellectuelle de la seconde moitié du XIXᵉ siècle, répandait la croyance en une sorte d'achèvement imminent de la connaissance de la réalité, par un simple développement linéaire de la science : « Le fond immuable des êtres est atteint, écrit Taine, on a touché la substance permanente. Nous ne la touchons que du doigt ; mais il n'est pas défendu d'espérer qu'un jour nous pourrons étendre la main, et dès à présent, ce semble, nous pourrions l'étendre. » Cette position fut fortement critiquée, du point de vue même de la connaissance scientifique, par des philosophes qui furent les maîtres de Durkheim, Renouvier et Boutroux. Ce dernier remet même en cause, dans un cours professé en 1892-1893 et publié en 1895, l'idée d'unicité des lois de la nature. Chaque science du réel est amenée à élaborer un type de loi déterminé, la loi scientifique apparaissant finalement comme « un effort que nous faisons pour adapter les choses à notre esprit ». Allant plus loin on peut voir dans la loi un énoncé d'un langage par lequel nous cherchons à rendre compte du réel : ce langage comme tel devra d'abord remplir sa fonction, ce qui déplace la question de la vérité vers celle de la commodité (position nominaliste d'Édouard Le Roy, conventionnaliste de Henri Poincaré) ; mais cela impose simultanément la prévalence du langage sur l'énoncé, de la théorie sur la loi (Duhem). Ainsi donc, le souci durkheimien de fonder la sociologie comme science, l'amène, tout en se démarquant du scientisme, à défendre dans l'ordre du social une conception de la loi scientifique que le développement immédiatement postérieur de la physique et le développement de la critique des sciences invalideront définitivement.

14. La théorie des systèmes a été amenée à distinguer la téléonomie (c'est-à-dire le fait qu'un mécanisme soit régi par la relation finale qu'il entretient avec un certain état du système où il s'inscrit) de la téléologie, c'est-à-dire de l'explication d'un phénomène par une cause finale autonome. (Cf. Seymour Papert « Remarques sur la finalité » in *Logique et connaissance scientifique*, Encyclopédie de la Pléiade, 1967.)

15. L'étude de l'induction parcourt l'histoire de la logique et de la philosophie. On peut montrer que Socrate pratiquait le raisonnement inductif, et Aristote en a élaboré une première théorie. Cependant c'est l'intérêt pour la connaissance du réel (et non le goût de l'argumentation) qui va permettre de codifier des procédés de pensée permettant, à partir de l'étude de faits déterminés, d'établir entre eux des liens essentiels. Francis Bacon est le premier à avoir élaboré les règles et la technique de « l'induction éliminatrice », permettant de déterminer l'essence d'un phénomène à partir de la comparaison des points de convergence et des points de divergence de ses occurrences. À sa suite Herschel et surtout Mill continuent son entreprise en lui donnant comme objectif, non plus la mise au jour de l'essence des phénomènes, mais celle de relations causales. Celui-ci définit des règles ou « canons », que l'on peut, à la suite de Tadeusz Kotarbinski formaliser ainsi :
• canon de la différence : si l'on constate qu'à la situation ABC

succède ($\Rightarrow$) la situation abc, et à la situation BC la situation bc, on peut conclure que A $\Rightarrow$ a, et interpréter cette relation en terme de causalité ;

• canon de la concordance : si ABC $\Rightarrow$ abc, et si ADE $\Rightarrow$ ade, alors on peut dire A $\Rightarrow$ a ;

• canon combiné des précédents : si ABC $\Rightarrow$ abc et ADE $\Rightarrow$ ade d'une part (où l'on conclut doublement à A $\Rightarrow$ a), si non A, FG $\Rightarrow$ non a, fg et non A, HI $\Rightarrow$ non a, hi (où doublement l'absence de A entraîne l'absence de a) alors A est la condition nécessaire et suffisante de a ;

• canon des résidus : si je sais que ABC est cause de abc, et que B est cause de b et C de c, alors A $\Rightarrow$ a ;

• canon des variations concomitantes : « Un phénomène qui varie d'une certaine manière toutes les fois qu'un autre phénomène varie de la même manière, est ou une cause, ou un effet de ce phénomène, ou y est lié par quelque fait de causation. »

Mill, à l'inverse de Bacon, considère ce dernier procédé comme un succédané, ce que Kotarbinski commente ainsi : « À notre avis, sur ce point, Bacon a mieux compris la façon dont procède effectivement la science expérimentale moderne. » (*Leçons sur l'histoire de la Logique*, Paris, 1971.) Et de fait, ce procédé ne peut être formalisé que par a = f (A) qui lie la causalité à la fonction mathématique, ce qui selon Boutroux est la caractéristique même des lois scientifiques. Il n'en est que plus intéressant de noter que, là encore, Durkheim, sur l'essentiel, se démarque de Mill.

Dernier point : l'importance que les sciences de la nature issues de la Renaissance semblent accorder à l'induction (puisqu'elles visent à établir des lois à partir de l'observation de faits particuliers) amène les philosophes de la connaissance à s'interroger sur le fondement de l'induction : noué au XVIIIe siècle de façon magistrale par Locke et Leibniz d'une part, Hume et Kant de l'autre, le dialogue entre l'empirisme et le rationalisme réapparaît dans la seconde moitié du XIXe siècle, avec les Anglais Mill et Spencer d'un côté, les Français Lachelier (dont la thèse porte sur le fondement de l'induction), Renouvier, Boutroux, Louis Liard, etc., de l'autre.

16. R. Boudon, *L'analyse mathématique des faits sociaux*, Paris, 1967, p. 32 à 42, « L'innovation de Durkheim ». Dans ce passage remarquable où Boudon explicite à l'aide d'exemples pris dans *Le suicide*, la méthode de l'analyse causale pratiquée par Durkheim, il considère la référence à Mill si pesante dans *Les règles* qu'il écrit : « La contradiction est même si profonde que *Les règles de la méthode sociologique* sont un livre inintelligible, si on ne prend pas soin de le lire en se référant au *Suicide*. » S'il est vrai que la lecture du *Suicide* est en ce domaine la plus éclairante, nous avons vu plus haut, notamment en citant le manuel de Louis Liard que la tentative d'associer la logique inductive (par conséquent Mill) et la connaissance expérimentale de la nature constitue un moment épistémologique et logique particulier et non une insuffisance ou une maladresse d'un auteur. (Cf. *supra* note 11.)

17. Dans un texte de 1952, repris dans son *Anthropologie structu-*

rale sous le nom de « La notion de structure en ethnologie », Lévi-Strauss rapproche, sous les noms de « modèles mécaniques » et de « modèles statistiques », les systèmes relationnels que l'on peut dégager selon que les phénomènes étudiés sont saisis à une échelle discrète (analyse structurale) ou à une échelle agrégée (analyse statistique).

18. C'est dans le chapitre II du Livre II de *La division du travail social* que Durkheim développe l'explication de la division du travail par l'accroissement du volume et de la densité des sociétés. Cette explication est explicitement mécaniste et s'oppose aux interprétations finalistes. Durkheim insiste beaucoup plus sur ce point que sur le concept de « milieu intérieur », même si celui-ci est doublement présent : a) comme milieu social (« C'est dans les variations du milieu social qu'il faut aller chercher la cause qui explique les progrès de la division du travail ») ; b) par la réfutation de la thèse de Spencer sur la prééminence des facteurs externes. Or ce qui est intéressant pour l'histoire des schèmes d'intelligibilité c'est que le concept de « milieu interne », sur lequel l'insistance est mise dans *Les règles* et qui apparaît comme une première approximation d'une conscience systémique est précisément considéré comme l'un des acquis décisifs de Claude Bernard en physiologie. Canguilhem aussi bien que Jacob le notent, le premier insistant en outre sur le déterminisme fonctionnel induit par ce concept, en opposition au déterminisme externe de Lamark ou Darwin. Cependant, là pas plus qu'ailleurs, Durkheim ne fait référence à Claude Bernard, et se contente de citer Darwin et Haeckel.

19. Le parallèle entre Saussure et Durkheim a été rarement fait. On trouve cependant un ouvrage d'un linguiste allemand, Bierbach, *Spache als « Fait social »*, Tübingen, 1978, consacré à ce thème.

20. Thomas Kühn, *La structure des révolutions scientifiques*, Paris, 1970.

21. Gérard Holton, *L'imagination scientifique*, Paris, 1981.

22. Les rapports entre sociologie et biologie au XIXᵉ siècle sont particulièrement complexes. On peut y distinguer deux positions pendulaires :

a) Comte, comme le montrèrent Tannery dès 1905 et à sa suite Canguilhem (divers articles in *Études d'histoire et de philosophie des sciences, opus cit.*) entretint des rapports privilégiés et réciproques avec la biologie. Reprenant le terme de « biologie » créé au début du siècle, il insista sur la spécificité que cela impliquait et considéra que « la présidence générale de la philosophie naturelle » était transportée de l'astronomie à la biologie. Par là même il prenait ses distances avec une réduction par trop mécaniste de celle-ci à de simples phénomènes physico-chimiques, et réhabilitait le vitalisme de l'école de Montpellier. Ce rapport de Comte à la biologie passe donc par la médiation d'une classification des sciences. Celle-ci oppose dans les sciences de la nature, celles portant sur « les corps bruts » (physique et chimie) et celles portant sur « les corps organisés » (biologie et sociologie), et fonde donc en raison l'analogie biologie/sociologie. Mais, par ailleurs cela ne manqua pas d'avoir une influence très forte en retour sur la biologie : Canguilhem note que la Société de biologie fut fondée par deux disciples de Comte, en 1848, dont l'un, Robin, écrivit avec Littré le *Dictionnaire de Médecine*, qui devint par la suite ouvrage de référence. Il conclut même : « Il est certain que même sans l'*Introduction à la médecine expérimentale*, le XIXᵉ siècle aurait été familiarisé avec les théories du déterminisme des phénomènes biologiques, de l'identité de nature des phénomènes physiologiques et pathologiques, et de la spécificité irréductible des êtres organiques. » Cette position intègre donc les phénomènes sociaux et les phénomènes du vivant sous le concept générique de phénomènes organisés, ce qui ne supprime pas par ailleurs leurs différences et ne remet pas en cause leur spécificité.

b) Il n'en va pas de même chez divers auteurs de l'époque qui, soit feront de la société un organisme, soit utiliseront une vision d'ailleurs assez souvent superficielle des fonctionnements vitaux pour décrire le fonctionnement social. Il y a là cependant une palette de positions, allant d'une attitude que l'on peut qualifier d'intermédiaire (Spencer, Espinas), à une autre qui mérite proprement le qualificatif d'organiciste. La *Revue Internationale de sociologie*, fondée en 1893 par Worms, qui défendra lui-même de semblables positions dans sa thèse (*Organisme et société*, 1896), accueille ainsi des articles de Lilienfeld ou Novicow ; le premier publie notamment, en 1895, un très long texte, intitulé la « Pathologie sociale », se penchant par exemple sur les « maladies spécifiques du système nerveux social » et développant un style d'argumentation dont l'extrait suivant rend assez bien compte : « Comme la matière nutritive, et spécialement le sang en sa qualité de véhicule par excellence des substances nutritives, circule dans les veines et les artères grâce au travail mécanique enfanté par les battements du cœur et le système entier des muscles vasomoteurs, de même, les richesses produites au sein de la société, sont, avant d'atteindre le consommateur, transportées mécaniquement au moyen des voies de communications et de tout un appareil d'instruments et de machines qui suppléent au travail musculaire de l'homme. »

Il est clair que le biologisme constitue donc une des dimensions particulièrement complexes du paradigme naturaliste de l'époque. À la fois Durkheim y puise et, simultanément, il en fait un usage spécifique, prolongeant là la position de Comte, afin d'affirmer le statut de la sociologie. En revanche le biologisme donne en cette fin de siècle des signes d'essoufflement. Une autre de ses dimensions, le darwinisme social va se discréditer par sa connivence avec le discours inégalitaire (que dénoncera fortement dans sa thèse Célestin Bouglé), et les extravagances d'un Lilienfeld ou d'un Novicow commenceront à lasser. Au point qu'en 1895, dans sa recension de la *Revue de Métaphysique et de Morale*, Lapie, futur collaborateur de *L'Année sociologique*, en fera le reproche à Durkheim, l'accusant de « céder encore à la contagion ».

23. Cf. la thèse de Jean-Claude Filloux, *Individualisme, socialisme et changement social chez Émile Durkheim*, 1975 (éd. 1977, Lille) qui constitue par ailleurs le plus important travail consacré à Durkheim

en France dans la période récente (publié à Genève, chez Droz, en 1977 sous le titre *Durkheim et le socialisme*).

24. Texte tiré d'une conférence donnée par Einstein à Oxford en 1933, sur « la Méthode de la physique théorique », et cité par Blanché in *La méthode expérimentale et la philosophie de la physique*, Paris, 1969.

NOTE SUR CETTE ÉDITION

Nous reproduisons le texte de référence des *Règles*. Établi pour la première édition publiée chez Alcan en 1895, ce dernier comporte un certain nombre de modifications par rapport à la version initiale publiée en 1894 dans la *Revue Philosophique*. Certaines corrections sont purement formelles ; d'autres constituent des ajouts ou impliquent une réécriture qu'il nous a paru intéressant de signaler systématiquement. Ces corrections sont indiquées et délimitées dans le texte par le signe typographique ★, et la rédaction initiale des passages concernés est fournie en bas de page. Une seconde édition des *Règles* a eu lieu du vivant de Durkheim, en 1901. Elle ne se différencie de celle de 1895 que par l'adjonction d'une nouvelle préface et de deux notes (p. 168 et 181).

On trouvera également en fin de volume un index des auteurs cités par Durkheim, une Vie de Durkheim, ainsi qu'une bibliographie.

J. M. B.

LES RÈGLES
DE LA MÉTHODE
SOCIOLOGIQUE

PRÉFACE
DE LA PREMIÈRE ÉDITION

On est si peu habitué à traiter les faits sociaux scientifiquement que certaines des propositions contenues dans cet ouvrage risquent de surprendre le lecteur. Cependant, s'il existe une science des sociétés, il faut bien s'attendre à ce qu'elle ne consiste pas dans une simple paraphrase des préjugés traditionnels, mais nous fasse voir les choses autrement qu'elles n'apparaissent au vulgaire ; car l'objet de toute science est de faire des découvertes et toute découverte déconcerte plus ou moins les opinions reçues. A moins donc qu'on ne prête au sens commun, en sociologie, une autorité qu'il n'a plus depuis longtemps dans les autres sciences — et on ne voit pas d'où elle pourrait lui venir — il faut que le savant prenne résolument son parti de ne pas se laisser intimider par les résultats auxquels aboutissent ses recherches, si elles ont été méthodiquement conduites. Si chercher le paradoxe est d'un sophiste, le fuir, quand il est imposé par les faits, est d'un esprit sans courage ou sans foi dans la science.

Malheureusement, il est plus aisé d'admettre cette règle en principe et théoriquement que de l'appliquer avec persévérance. Nous sommes encore trop accoutumés à trancher toutes ces questions d'après les suggestions du sens commun pour que nous puissions facilement le tenir à distance des discussions sociologiques. Alors que nous nous en croyons affranchis, il nous impose ses jugements sans que nous y prenions garde. Il n'y a qu'une longue et spéciale pratique qui puisse prévenir de pareilles défaillances. Voilà ce que nous demandons au lecteur de bien vouloir ne pas perdre de vue. Qu'il ait toujours présent à l'esprit que les manières de penser auxquelles il est le plus fait sont plutôt contraires que favorables à l'étude scientifique des phénomènes sociaux et, par conséquent, qu'il se mette en garde contre ses premières impressions. S'il s'y abandonne sans résistance, il risque de nous juger sans nous avoir compris. Ainsi, il pourrait arriver qu'on nous accusât d'avoir voulu absoudre le crime, sous prétexte que nous en faisons un phénomène de sociologie normale. L'objection pourtant serait puérile. Car s'il est normal que, dans toute société, il y ait des crimes, il n'est pas moins normal qu'ils soient punis. L'institution d'un système répressif n'est pas un fait moins universel que l'existence d'une criminalité, ni moins indispensable à la santé collective. Pour qu'il n'y eût pas de crimes, il faudrait un nivellement des consciences individuelles qui, pour des raisons qu'on trouvera plus loin, n'est ni possible ni désirable; mais pour qu'il n'y eût pas de répression, il faudrait une absence d'homogénéité morale qui est inconciliable avec l'existence d'une société. Seulement, partant de ce fait que le crime est détesté et détestable, le sens commun en conclut à tort qu'il ne saurait disparaître trop complètement. Avec son simplisme ordinaire, il ne conçoit pas qu'une chose qui répugne puisse avoir quelque raison d'être utile, et cependant il n'y a à cela aucune contradiction. N'y a-t-il pas dans l'organisme des fonctions répugnantes dont le jeu régulier est nécessaire à la santé individuelle ? Est-ce que nous ne détestons pas la souffrance ? et cependant un être qui ne la connaîtrait pas serait un monstre. Le caractère normal d'une chose et les sentiments d'éloignement qu'elle inspire peuvent même être solidaires. Si la douleur est un fait normal, c'est à condition de n'être pas aimée ; si le crime est normal, c'est à condition d'être haï[1]. Notre méthode n'a donc rien de révolutionnaire. Elle est même, en un sens, essentiellement conservatrice, puisqu'elle considère les faits sociaux comme des choses dont la nature, si souple et si malléable qu'elle soit, n'est pourtant pas modifiable à volonté. Combien est plus dangereuse la doctrine qui n'y voit que le produit de combinaisons mentales, qu'un simple artifice dialectique, peut, en un instant, bouleverser de fond en comble !

De même, parce qu'on est habitué à se représenter la vie sociale comme le développement logique de concepts idéaux, on jugera peut-être grossièrement une méthode qui fait dépendre l'évolution collective de conditions objectives, définies dans l'espace, et il n'est pas impossible qu'on nous traite de matérialiste. Cependant, nous pourrions plus justement revendiquer la qualification contraire. En effet l'essence du spiritualisme ne tient-elle pas dans cette idée que les phénomènes psychiques ne peuvent pas être immédiatement dérivés des phénomènes organiques ? Or notre méthode n'est en partie qu'une application de ce principe aux faits sociaux. Comme les spiritualistes séparent le règne psychologique du règne biologique, nous séparons le premier du règne social ; comme eux,

---

1. Mais, nous objecte-t-on, si la santé contient des éléments haïssables, comment la présenter, ainsi que nous faisons plus loin, comme l'objectif immédiat de la conduite ? — Il n'y a à cela aucune contradiction. Il arrive sans cesse qu'une chose, tout en étant nuisible par certaines de ses conséquences, soit, par d'autres, utile ou même nécessaire à la vie ; or, si les mauvais effets qu'elle a sont régulièrement neutralisés par une influence contraire, il se trouve en fait qu'elle sert sans nuire, et cependant elle est toujours haïssable, car elle ne laisse pas de constituer par elle-même un danger éventuel qui n'est conjuré que par l'action d'une force antagoniste. C'est le cas du crime ; le tort qu'il fait à la société est annulé par la peine, si elle fonctionne régulièrement. Il reste donc que, sans produire le mal qu'il implique, il soutient avec les conditions fondamentales de la vie sociale les rapports positifs que nous verrons dans la suite. Seulement, comme c'est malgré lui, pour ainsi dire, qu'il est rendu inoffensif, les sentiments d'aversion dont il est l'objet ne laissent pas d'être fondés.

nous nous refusons à expliquer le plus complexe par le plus simple. À la vérité, pourtant, ni l'une ni l'autre appellation ne nous conviennent exactement ; la seule que nous acceptions est celle de *rationaliste*. Notre principal objectif, en effet, est d'étendre à la conduite humaine le rationalisme scientifique, en faisant voir que, considérée dans le passé, elle est réductible à des rapports de cause à effet qu'une opération non moins rationnelle peut transformer ensuite en règles d'action pour l'avenir. Ce qu'on a appelé notre positivisme n'est qu'une conséquence de ce rationalisme [1]. On ne peut être tenté de dépasser les faits, soit pour en rendre compte, soit pour en diriger le cours, que dans la mesure où on les croit irrationnels. S'ils sont intelligibles tout entiers, ils suffisent à la science comme à la pratique : à la science, car il n'y a pas alors de motif pour chercher en dehors d'eux les raisons qu'ils ont d'être ; à la pratique, car leur valeur utile est une de ces raisons. Il nous semble donc que, surtout par ce temps de mysticisme renaissant, une pareille entreprise peut et doit être accueillie sans inquiétude et même avec sympathie par tous ceux qui, tout en se séparant de nous sur certains points, partagent notre foi dans l'avenir de la raison.

---

1. C'est dire qu'il ne doit pas être confondu avec la métaphysique positiviste de Comte et de M. Spencer.

PRÉFACE
DE LA SECONDE ÉDITION

Quand ce livre parut pour la première fois, il souleva d'assez vives controverses. Les idées courantes, comme déconcertées, résistèrent d'abord avec une telle énergie que, pendant un temps, il nous fut presque impossible de nous faire entendre. Sur les points mêmes où nous nous étions exprimé le plus explicitement, on nous prêta gratuitement des vues qui n'avaient rien de commun avec les nôtres, et l'on crut nous réfuter en les réfutant. Alors que nous avions déclaré à maintes reprises que la conscience, tant individuelle que sociale, n'était pour nous rien de substantiel, mais seulement un ensemble, plus ou moins systématisé, de phénomènes *sui generis*, on nous taxa de réalisme et d'ontologisme. Alors que nous avions dit expressément et répété de toutes les manières que la vie sociale était tout entière faite de représentations, on nous accusa d'éliminer l'élément mental de la sociologie. On alla même jusqu'à restaurer contre nous des procédés de discussion que l'on pouvait croire définitivement disparus. On nous imputa, en effet, certaines opinions que nous n'avions pas soutenues, sous prétexte qu'elles étaient « conformes à nos principes ». L'expérience avait pourtant prouvé tous les dangers de cette méthode qui, en permettant de construire arbitrairement les systèmes que l'on discute, permet aussi d'en triompher sans peine.

Nous ne croyons pas nous abuser en disant que, depuis, les résistances ont progressivement faibli. Sans doute, plus d'une proposition nous est encore contestée. Mais nous ne saurions ni nous étonner ni nous plaindre de ces contestations salutaires ; il est bien clair, en effet, que nos formules sont destinées à être réformées dans l'avenir. Résumé d'une pratique personnelle et forcément restreinte, elles devront nécessairement évoluer à mesure que l'on acquerra une expérience plus étendue et plus approfondie de la réalité sociale. En fait de méthode, d'ailleurs, on ne peut jamais faire que du provisoire ; car les méthodes changent à mesure que la science avance. Il n'en reste pas moins que, pendant ces dernières années, en dépit des oppositions, la cause de la sociologie objective, spécifique et méthodique a gagné du terrain sans interruption. La fondation de l'*Année sociologique* a certainement été pour beaucoup dans ce résultat. Parce qu'elle embrasse à la fois tout le domaine de la science, l'*Année* a pu, mieux qu'aucun ouvrage spécial, donner le sentiment de ce que la sociologie doit et peut devenir. On a pu voir ainsi qu'elle n'était pas condamnée à rester une branche de la philosophie générale, et que, d'autre part, elle pouvait entrer en contact avec le détail des faits sans dégénérer en pure érudition. Aussi ne saurions-nous trop rendre hommage à l'ardeur et au dévouement de nos collaborateurs ; c'est grâce à eux que cette démonstration par le fait a pu être tentée et qu'elle peut se poursuivre.

Cependant, quelque réels que soient ces progrès, il est incontestable que les méprises et les confusions passées ne sont pas encore tout entières dissipées. C'est pourquoi nous voudrions profiter de cette seconde édition pour ajouter quelques explications à toutes celles que nous avons déjà données, répondre à certaines critiques et apporter sur certains points des précisions nouvelles.

I

La proposition d'après laquelle les faits sociaux doivent être traités comme des choses — proposition qui est à la base même de notre méthode — est de celles qui ont provoqué le plus de contradictions. On a trouvé paradoxal et scandaleux que nous assimilions aux réalités du monde extérieur celles du monde social. C'était se méprendre singulièrement sur le sens et la portée de cette assimilation, dont l'objet n'est pas de ravaler les formes supérieures de l'être aux formes inférieures, mais, au contraire, de revendiquer pour les premières un degré de réalité au moins égal à celui que tout le monde reconnaît aux secondes. Nous ne disons pas, en effet, que les faits sociaux sont des choses matérielles, mais sont des choses au même titre que les choses matérielles, quoique d'une autre manière.

Qu'est-ce en effet qu'une chose ? La chose s'oppose à l'idée comme ce que l'on connaît du dehors à ce que l'on connaît du dedans. Est chose tout objet de connaissance qui n'est pas naturellement compénétrable à l'intelligence, tout ce dont nous ne pouvons nous faire une notion adéquate par un simple procédé d'analyse mentale, tout ce que l'esprit ne peut arriver à comprendre qu'à condition de sortir de lui-même, par voie d'observations et d'expérimentations, en passant progressivement des caractères les plus extérieurs et les plus immédiatement accessibles aux moins visibles et aux plus profonds. Traiter des faits d'un certain ordre comme des choses, ce n'est donc pas les classer dans telle ou telle catégorie du réel ; c'est observer vis-à-vis d'eux une certaine attitude mentale. C'est en aborder l'étude en prenant pour principe qu'on ignore absolument ce qu'ils sont, et que leurs propriétés caractéristiques, comme les causes inconnues dont elles dépendent, ne peuvent être découvertes par l'introspection même la plus attentive.

Les termes ainsi définis, notre proposition, loin d'être un paradoxe, pourrait presque passer pour un truisme si elle n'était encore trop souvent méconnue dans les sciences qui traitent de l'homme, et surtout en sociologie. En effet, on peut dire en ce sens que tout objet de science est une chose, sauf, peut-être, les objets mathématiques ; car, pour ce qui est de ces derniers, comme nous les construisons nous-mêmes depuis les plus simples jusqu'aux plus complexes, il suffit, pour savoir ce qu'ils sont, de regarder au-dedans de nous et d'analyser intérieurement le processus mental d'où ils résultent. Mais dès qu'il s'agit de faits proprement dits, ils sont nécessairement pour nous, au moment où nous entreprenons d'en faire la science, des inconnus, des *choses* ignorées, car les représentations qu'on a pu s'en faire au cours de la vie, ayant été faites sans méthode et sans critique, sont dénuées de valeur scientifique et doivent être tenues à l'écart. Les faits de la psychologie individuelle eux-mêmes présentent ce caractère et doivent être considérés sous cet aspect. En effet, quoiqu'ils nous soient intérieurs par définition, la conscience que nous en avons ne nous en révèle ni la nature interne ni la genèse. Elle nous les fait bien connaître jusqu'à un certain point, mais seulement comme les sensations nous font connaître la chaleur ou la lumière, le son ou l'électricité ; elle nous en donne des impressions confuses, passagères, subjectives, mais non des notions claires et distinctes, des concepts explicatifs. Et c'est précisément pour cette raison qu'il s'est fondé au cours de ce siècle une psychologie objective dont la règle fondamentale est d'étudier les faits mentaux du dehors, c'est-à-dire comme des choses. À plus forte raison en doit-il être ainsi des faits sociaux ; car la conscience ne saurait être plus compétente pour en connaître que pour connaître de sa vie propre [1]. — On objectera que, comme ils sont notre

---

1. On voit que, pour admettre cette proposition, il n'est pas nécessaire de soutenir que la vie sociale est faite d'autre chose que des représentations ; il suffit de poser que les représentations, individuelles ou collectives, ne peuvent être étudiées scientifiquement qu'à condition d'être étudiées objectivement.

œuvre, nous n'avons qu'à prendre conscience de nous-mêmes pour savoir ce que nous y avons mis et comment nous les avons formés. Mais, d'abord, la majeure partie des institutions sociales nous sont léguées toutes faites par les générations antérieures ; nous n'avons pris aucune part à leur formation et, par conséquent, ce n'est pas en nous interrogeant que nous pourrons découvrir les causes qui leur ont donné naissance. De plus, alors même que nous avons collaboré à leur genèse, c'est à peine si nous entrevoyons de la manière la plus confuse, et souvent même la plus inexacte, les véritables raisons qui nous ont déterminé à agir et la nature de notre action. Déjà, alors qu'il s'agit simplement de nos démarches privées, nous savons bien mal les mobiles relativement simples qui nous guident ; nous nous croyons désintéressés alors que nous agissons en égoïstes, nous croyons obéir à la haine alors que nous cédons à l'amour, à la raison alors que nous sommes les esclaves de préjugés irraisonnés, etc. Comment donc aurions-nous la faculté de discerner avec plus de clarté les causes, autrement complexes, dont procèdent les démarches de la collectivité ? Car, à tout le moins, chacun n'y prend part que pour une infime partie ; nous avons une multitude de collaborateurs et ce qui se passe dans les autres consciences nous échappe.

Notre règle n'implique donc aucune conception métaphysique, aucune spéculation sur le fond des êtres. Ce qu'elle réclame, c'est que le sociologue se mette dans l'état d'esprit où sont physiciens, chimistes, physiologistes, quand ils s'engagent dans une région, encore inexplorée, de leur domaine scientifique. Il faut qu'en pénétrant dans le monde social, il ait conscience qu'il pénètre dans l'inconnu ; il faut qu'il se sente en présence de faits dont les lois sont aussi insoupçonnées que pouvaient l'être celles de la vie, quand la biologie n'était pas constituée ; il faut qu'il se tienne prêt à faire des découvertes qui le surprendront et le déconcerteront. Or, il s'en faut que la sociologie en soit arrivée à ce degré de maturité intellectuelle. Tandis que le savant qui étudie la nature physique a le sentiment très vif des résistances qu'elle lui oppose et dont il a tant de peine à triompher, il semble en vérité que le sociologue se meuve au milieu de choses immédiatement transparentes pour l'esprit, tant est grande l'aisance avec laquelle on le voit résoudre les questions les plus obscures. Dans l'état actuel de la science, nous ne savons véritablement pas ce que sont même les principales institutions sociales, comme l'État ou la famille, le droit de propriété ou le contrat, la peine et la responsabilité ; nous ignorons presque complètement les causes dont elles dépendent, les fonctions qu'elles remplissent, les lois de leur évolution ; c'est à peine si, sur certains points, nous commençons à entrevoir quelques lueurs. Et pourtant, il suffit de parcourir les ouvrages de sociologie pour voir combien est rare le sentiment de cette ignorance et de ces difficultés. Non seulement on se considère comme obligé de dogmatiser sur tous les problèmes à la fois, mais on croit pouvoir, en quelques pages ou en quelques phrases, atteindre l'essence même des phénomènes les plus complexes. C'est dire que de semblables théories expriment, non les faits qui ne sauraient être épuisés avec cette rapidité, mais la prénotion qu'en avait l'auteur, antérieurement à la recherche. Et sans doute, l'idée que nous nous faisons des pratiques collectives, de ce qu'elles sont ou de ce qu'elles doivent être, est un facteur de leur développement. Mais cette idée elle-même est un fait qui, pour être convenablement déterminé, doit, lui aussi, être étudié du dehors. Car ce qu'il importe de savoir, ce n'est pas la manière dont tel penseur individuellement se représente telle institution, mais la conception qu'en a le groupe ; seule, en effet, cette conception est socialement efficace. Or elle ne peut être connue par simple observation intérieure puisqu'elle n'est tout entière en aucun de nous ; il faut donc bien trouver quelques signes extérieurs qui la rendent sensible. De plus, elle n'est pas née de rien ; elle est elle-même un effet de causes externes qu'il faut connaître pour pouvoir apprécier son rôle dans l'avenir. Quoi qu'on fasse, c'est donc toujours à la même méthode qu'il en faut revenir.

II

Une autre proposition n'a pas été moins vivement discutée que la précédente : c'est celle qui présente les phénomènes sociaux comme extérieurs aux individus. On nous accorde aujourd'hui assez volontiers que les faits de la vie individuelle et ceux de la vie collective sont hétérogènes à quelque degré : on peut même dire qu'une entente, sinon unanime, du moins très générale, est en train de se faire sur ce point. Il n'y a plus guère de sociologues qui dénient à la sociologie toute espèce de spécificité. Mais parce que la société n'est composée que d'individus [1], il semble au sens commun que la vie sociale ne puisse avoir d'autre substrat que la conscience individuelle ; autrement, elle paraît rester en l'air et planer dans le vide.

Pourtant, ce qu'on juge si facilement inadmissible quand il s'agit des faits sociaux est couramment admis des autres règnes de la nature. Toutes les fois que les éléments quelconques, en se combinant, dégagent, par le fait de leur combinaison, des phénomènes nouveaux, il faut bien concevoir que ces phénomènes sont situés, non dans les éléments, mais dans le tout formé par leur union. La cellule vivante ne contient rien que des particules minérales, comme la société ne contient rien en dehors des individus ; et pourtant il est, de toute évidence, impossible que les phénomènes caractéristiques de la vie résident dans des atomes d'hydrogène, d'oxygène, de carbone et d'azote. Car comment les mouvements vitaux pourraient-ils se produire au sein d'éléments non vivants ? Comment, d'ailleurs, les

1. La proposition n'est, d'ailleurs, que partiellement exacte. — Outre les individus, il y a les choses qui sont des éléments intégrants de la société. Il est vrai seulement que les individus en sont les seuls éléments actifs.

propriétés biologiques se répartiraient-elles entre ces éléments ? Elles ne sauraient se retrouver également chez tous puisqu'ils ne sont pas de même nature ; le carbone n'est pas l'azote et, par suite, ne peut revêtir les mêmes propriétés ni jouer le même rôle. Il n'est pas moins admissible que chaque aspect de la vie, chacun de ses caractères principaux s'incarne dans un groupe différent d'atomes. La vie ne saurait se décomposer ainsi ; elle est une et, par conséquent, elle ne peut avoir pour siège que la substance vivante dans sa totalité. Elle est dans le tout, non dans les parties. Ce ne sont pas les particules non vivantes de la cellule qui se nourrissent, se reproduisent, en un mot, qui vivent ; c'est la cellule elle-même et elle seule. Et ce que nous disons de la vie pourrait se répéter de toutes les synthèses possibles. La dureté du bronze n'est ni dans le cuivre ni dans l'étain ni dans le plomb qui ont servi à le former et qui sont des corps mous ou flexibles ; elle est dans leur mélange. La fluidité de l'eau, ses propriétés alimentaires et autres ne sont pas dans les deux gaz dont elle est composée, mais dans la substance complexe qu'ils forment par leur association.

Appliquons ce principe à la sociologie. Si, comme on nous l'accorde, cette synthèse *sui generis* qui constitue toute société dégage des phénomènes nouveaux, différents de ceux qui se passent dans les consciences solitaires, il faut bien admettre que ces faits spécifiques résident dans la société même qui les produit, et non dans ses parties, c'est-à-dire dans ses membres. Ils sont donc, en ce sens, extérieurs aux consciences individuelles, considérées comme telles, de même que les caractères distinctifs de la vie sont extérieurs aux substances minérales qui composent l'être vivant. On ne peut les résorber dans les éléments sans se contredire, puisque, par définition, ils supposent autre chose que ce que contiennent ces éléments. Ainsi se trouve justifiée, par une raison nouvelle, la séparation que nous avons établie plus loin entre la psychologie proprement dite, ou science de l'individu mental, et la sociologie. Les faits sociaux ne diffèrent pas seulement en qualité des faits psychiques ; *ils ont un autre substrat,* ils n'évoluent pas dans le même milieu, ils ne dépendent pas des mêmes conditions. Ce n'est pas à dire qu'ils ne soient, eux aussi, psychiques en quelque manière puisqu'ils consistent tous en des façons de penser ou d'agir. Mais les états de la conscience collective sont d'une autre nature que les états de la conscience individuelle ; ce sont des représentations d'une autre sorte. La mentalité des groupes n'est pas celle des particuliers ; elle a ses lois propres. Les deux sciences sont donc aussi nettement distinctes que deux sciences peuvent l'être, quelques rapports qu'il puisse, par ailleurs, y avoir entre elles.

Toutefois, sur ce point, il y a lieu de faire une distinction qui jettera peut-être quelque lumière sur le débat.

Que *la matière* de la vie sociale ne puisse pas s'expliquer par des facteurs purement psychologiques, c'est-à-dire par des états de la conscience individuelle, c'est ce qui nous paraît être l'évidence même. En effet, ce que les représentations collectives traduisent, c'est la façon dont le groupe se pense dans ses rapports avec les objets qui l'affectent. Or le groupe est constitué autrement que l'individu et les choses qui l'affectent sont d'une autre nature. Des représentations qui n'expriment ni les mêmes sujets ni les mêmes objets ne sauraient dépendre des mêmes causes. Pour comprendre la manière dont la société se représente elle-même et le monde qui l'entoure, c'est la nature de la société, et non celle des particuliers, qu'il faut considérer. Les symboles sous lesquels elle se pense changent suivant ce qu'elle est. Si, par exemple, elle se conçoit comme issue d'un animal éponyme, c'est qu'elle forme un de ces groupes spéciaux qu'on appelle des clans. Là où l'animal est remplacé par un ancêtre humain, mais également mythique, c'est que le clan a changé de nature. Si, au-dessus des divinités locales ou familiales, elle en imagine d'autres dont elle croit dépendre, c'est que les groupes locaux et familiaux dont elle est composée tendent à se concentrer et à s'unifier, et le degré d'unité que présente un panthéon religieux correspond au degré d'unité atteint au même moment par la société. Si elle condamne certains modes de conduite, c'est qu'ils froissent certains de ses sentiments fondamentaux ; et ces sentiments tiennent à sa constitution, comme ceux de l'individu à son tempérament physique et à son organisation mentale. Ainsi, alors même que la psychologie individuelle n'aurait plus de secrets pour nous, elle ne saurait nous donner la solution d'aucun de ces problèmes, puisqu'ils se rapportent à des ordres de faits qu'elle ignore.

Mais, cette hétérogénéité une fois reconnue, on peut se demander si les représentations individuelles et les représentations collectives ne laissent pas, cependant, de se rassembler en ce que les unes et les autres sont également des représentations ; et si, par suite de ces ressemblances, certaines lois abstraites ne seraient pas communes aux deux règnes. Les mythes, les légendes populaires, les conceptions religieuses de toute sorte, les croyances morales, etc., expriment une autre réalité que la réalité individuelle ; mais il se pourrait que la manière dont elles s'attirent ou se repoussent, s'agrègent ou se désagrègent, soit indépendante de leur contenu et tienne uniquement à leur qualité générale de représentations. Tout en étant faites d'une matière différente, elles se comporteraient dans leurs relations mutuelles comme font les sensations, les images, ou les idées chez l'individu. Ne peut-on croire, par exemple, que la contiguïté et la ressemblance, les contrastes et les antagonismes logiques agissent de la même façon, quelles que soient les choses représentées ? On en vient ainsi à concevoir la possibilité d'une psychologie toute formelle qui serait une sorte de terrain commun à la psychologie individuelle et à la sociologie ; et c'est peut-être ce qui fait le scrupule qu'éprouvent certains esprits à distinguer trop nettement ces deux sciences.

À parler rigoureusement, dans l'état actuel de nos connaissances, la question ainsi posée ne saurait recevoir de solution catégorique. En effet, d'une part, tout ce que nous savons sur la manière dont se combinent

les idées individuelles se réduit à ces quelques propositions, très générales et très vagues, que l'on appelle
communément lois de l'association des idées. Et quant
aux lois de l'idéation collective, elles sont encore plus
complètement ignorées. La psychologie sociale, qui
devrait avoir pour tâche de les déterminer, n'est guère
qu'un mot qui désigne toutes sortes de généralités,
variées et imprécises, sans objet défini. Ce qu'il
faudrait, c'est chercher, par la comparaison des thèmes
mythiques, des légendes et des traditions populaires,
des langues, de quelle façon les représentations sociales
s'appellent et s'excluent, fusionnent les unes dans les
autres ou se distinguent, etc. Or si le problème mérite
de tenter la curiosité des chercheurs, à peine peut-on
dire qu'il soit abordé ; et tant que l'on n'aura pas
trouvé quelques-unes de ces lois, il sera évidemment
impossible de savoir avec certitude si elles répètent ou
non celles de la psychologie individuelle.

Cependant, à défaut de certitude, il est tout au
moins probable que, s'il existe des ressemblances entre
ces deux sortes de lois, les différences ne doivent pas
être moins marquées. Il paraît, en effet, inadmissible
que la matière dont sont faites les représentations
n'agisse pas sur leurs modes de combinaisons. Il est
vrai que les psychologues parlent parfois des lois de
l'association des idées, comme si elles étaient les
mêmes pour toutes les espèces de représentations
individuelles. Mais rien n'est moins vraisemblable ; les
images ne se composent pas entre elles comme les
sensations, ni les concepts comme les images. Si la
psychologie était plus avancée, elle constaterait, sans
doute, que chaque catégorie d'états mentaux a ses lois
formelles qui lui sont propres. S'il en est ainsi, on doit
a fortiori s'attendre à ce que les lois correspondantes de
la pensée sociale soient spécifiques comme cette pensée
elle-même. En fait, pour peu qu'on ait pratiqué cet
ordre de faits, il est difficile de ne pas avoir le
sentiment de cette spécificité. N'est-ce pas elle, en
effet, qui nous fait paraître si étrange la manière si
spéciale dont les conceptions religieuses (qui sont

collectives au premier chef) se mêlent, ou se séparent, se transforment les unes dans les autres, donnant naissance à des composés contradictoires qui contrastent avec les produits ordinaires de notre pensée privée. Si donc, comme il est présumable, certaines lois de la mentalité sociale rappellent effectivement certaines de celles qu'établissent les psychologues, ce n'est pas que les premières soient un simple cas particulier des secondes ; mais c'est qu'entre les unes et les autres, à côté de différences certainement importantes, il y a des similitudes que l'abstraction pourra dégager, et qui d'ailleurs sont encore ignorées. C'est dire qu'en aucun cas la sociologie ne saurait emprunter purement et simplement à la psychologie telle ou telle de ses propositions, pour l'appliquer telle quelle aux faits sociaux. Mais la pensée collective tout entière, dans sa forme comme dans sa matière, doit être étudiée en elle-même, pour elle-même, avec le sentiment de ce qu'elle a de spécial, et il faut laisser à l'avenir le soin de rechercher dans quelle mesure elle ressemble à la pensée des particuliers. C'est même là un problème qui ressortit plutôt à la philosophie générale et à la logique abstraite qu'à l'étude scientifique des faits sociaux [1].

III

Il nous reste à dire quelques mots de la définition que nous avons donnée des faits sociaux dans notre premier chapitre. Nous les faisons consister en des manières de faire ou de penser, reconnaissables à cette particularité qu'elles sont susceptibles d'exercer sur les consciences particulières une influence coercitive. — Une confusion s'est produite à ce sujet qui mérite d'être notée.

---

1. Il est inutile de montrer comment, de ce point de vue, la nécessité d'étudier les faits du dehors apparaît plus évidente encore, puisqu'ils résultent de synthèses qui ont lieu hors de nous et dont nous n'avons même pas la perception confuse que la conscience peut nous donner des phénomènes intérieurs.

On a tellement l'habitude d'appliquer aux choses sociologiques les formes de la pensée philosophique qu'on a souvent vu dans cette définition préliminaire une sorte de philosophie du fait social. On a dit que nous expliquions les phénomènes sociaux par la contrainte, de même que M. Tarde les explique par l'imitation. Nous n'avions point une telle ambition et il ne nous était même pas venu à l'esprit qu'on pût nous la prêter, tant elle est contraire à toute méthode. Ce que nous nous proposions était, non d'anticiper par une vue philosophique les conclusions de la science, mais simplement d'indiquer à quels signes extérieurs il est possible de reconnaître les faits dont elle doit traiter, afin que le savant sache les apercevoir là où ils sont et ne les confonde pas avec d'autres. Il s'agissait de délimiter le champ de la recherche aussi bien que possible, non de s'embrasser dans une sorte d'intuition exhaustive. Aussi acceptons-nous très volontiers le reproche qu'on a fait à cette définition de ne pas exprimer tous les caractères du fait social, et par suite, de n'être pas la seule possible. Il n'y a, en effet, rien d'inconcevable à ce qu'il puisse être caractérisé de plusieurs manières différentes ; car il n'y a pas de raison pour qu'il n'ait qu'une seule propriété distinctive [1]. Tout ce qu'il importe, c'est de choisir celle qui paraît la meilleure pour le but qu'on se propose. Même

---

1. Le pouvoir coercitif que nous lui attribuons est même si peu le tout du fait social, qu'il peut présenter également le caractère opposé. Car, en même temps que les institutions s'imposent à nous, nous y tenons ; elles nous obligent et nous les aimons ; elles nous contraignent et nous trouvons notre compte à leur fonctionnement et à cette contrainte même. Cette antithèse est celle que les moralistes ont souvent signalée entre les deux notions du bien et du devoir qui expriment deux aspects différents, mais également réels, de la vie morale. Or il n'est peut-être pas de pratiques collectives qui n'exercent sur nous cette double action, qui n'est, d'ailleurs, contradictoire qu'en apparence. Si nous ne les avons pas définies par cet attachement spécial, à la fois intéressé et désintéressé, c'est tout simplement qu'il se manifeste par des signes extérieurs, facilement perceptibles. Le bien a quelque chose de plus interne, de plus intime que le devoir, partant, de moins saisissable.

il est très possible d'employer concurremment plusieurs critères, suivant les circonstances. Et c'est ce que nous avons reconnu nous-même être parfois nécessaire en sociologie ; car il y a des cas où le caractère de contrainte n'est pas facilement reconnaissable (voir p. 14). Tout ce qu'il faut, puisqu'il s'agit d'une définition initiale, c'est que les caractéristiques dont on se sert soient immédiatement discernables et puissent être aperçues avant la recherche. Or, c'est cette condition que ne remplissent pas les définitions que l'on a parfois opposées à la nôtre. On a dit, par exemple, que le fait social, c'est « tout ce qui se produit dans et par la société », ou encore « ce qui intéresse et affecte le groupe en quelque façon ». Mais on ne peut savoir si la société est ou non la cause d'un fait ou si ce fait a des effets sociaux que quand la science est déjà avancée. De telles définitions ne sauraient donc servir à déterminer l'objet de l'investigation qui commence. Pour qu'on puisse les utiliser, il faut que l'étude des faits sociaux ait été déjà poussée assez loin et, par suite, qu'on ait découvert quelque autre moyen préalable de les reconnaître là où ils sont.

En même temps qu'on a trouvé notre définition trop étroite, on l'a accusée d'être trop large et de comprendre presque tout le réel. En effet, a-t-on dit, tout milieu physique exerce une contrainte sur les êtres qui subissent son action ; car ils sont tenus, dans une certaine mesure, de s'y adapter. — Mais il y a entre ces deux modes de coercition toute la différence qui sépare un milieu physique et un milieu moral. La pression exercée par un ou plusieurs corps sur d'autres corps ou même sur des volontés ne saurait être confondue avec celle qu'exerce la conscience d'un groupe sur la conscience de ses membres. Ce qu'a de tout à fait spécial la contrainte sociale, c'est qu'elle est due, non à la rigidité de certains arrangements moléculaires, mais au prestige dont sont investies certaines représentations. Il est vrai que les habitudes, individuelles ou héréditaires, ont, à certains égards, cette même propriété. Elles nous dominent, nous imposent des croyances ou des pratiques. Seulement, elles nous dominent du dedans ; car elles sont tout entières en chacun de nous. Au contraire, les croyances et les pratiques sociales agissent sur nous du dehors : aussi l'ascendant exercé par les unes et par les autres est-il, au fond, très différent.

Il ne faut pas s'étonner, d'ailleurs, que les autres phénomènes de la nature présentent, sous d'autres formes, le caractère même par lequel nous avons défini les phénomènes sociaux. Cette similitude vient simplement de ce que les uns et les autres sont des choses réelles. Car tout ce qui est réel a une nature définie qui s'impose, avec laquelle il faut compter et qui, alors même qu'on parvient à la neutraliser, n'est jamais complètement vaincue. Et, au fond, c'est là ce qu'il y a de plus essentiel dans la notion de la contrainte sociale. Car tout ce qu'elle implique, c'est que les manières collectives d'agir ou de penser ont une réalité en dehors des individus qui, à chaque moment du temps, s'y conforment. Ce sont des choses qui ont leur existence propre. L'individu les trouve toutes formées et il ne peut pas faire qu'elles ne soient pas ou qu'elles soient autrement qu'elles ne sont ; il est donc bien obligé d'en tenir compte et il lui est d'autant plus difficile (nous ne disons pas impossible) de les modifier que, à des degrés divers, elles participent de la suprématie matérielle et morale que la société a sur ses membres. Sans doute, l'individu joue un rôle dans leur genèse. Mais pour qu'il y ait fait social, il faut que plusieurs individus tout au moins aient mêlé leur action et que cette combinaison ait dégagé quelque produit nouveau. Et comme cette synthèse a lieu en dehors de chacun de nous (puisqu'il y entre une pluralité de consciences), elle a nécessairement pour effet de fixer, d'instituer hors de nous de certaines façons d'agir et de certains jugements qui ne dépendent pas de chaque volonté particulière prise à part. Ainsi qu'on l'a fait remarquer [1], il y a un

---

1. V. art. « Sociologie » de la *Grande Encyclopédie*, par MM. Fauconnet et Mauss.

mot qui, pourvu toutefois qu'on en étende un peu l'acception ordinaire, exprime assez bien cette manière d'être très spéciale : c'est celui d'institution. On peut en effet, sans dénaturer le sens de cette expression, appeler *institution* toutes les croyances et tous les modes de conduite institués par la collectivité ; la sociologie peut alors être définie : la science des institutions, de leur genèse et de leur fonctionnement[1].

Sur les autres controverses qu'a suscitées cet ouvrage, il nous paraît inutile de revenir ; car elles ne touchent à rien d'essentiel. L'orientation générale de la méthode ne dépend pas des procédés que l'on préfère employer soit pour classer les types sociaux, soit pour distinguer le normal du pathologique. D'ailleurs, ces contestations sont très souvent venues de ce que l'on se refusait à admettre, ou de ce que l'on n'admettait pas sans réserves, notre principe fondamental : la réalité objective des faits sociaux. C'est donc finalement sur ce principe que tout repose, et tout y ramène. C'est pourquoi il nous a paru utile de le mettre une fois de plus en relief, en le dégageant de toute question secondaire. Et nous sommes assuré qu'en lui attribuant une telle prépondérance nous restons fidèle à la tradition sociologique ; car, au fond, c'est de cette conception que la sociologie tout entière est sortie.

---

1. De ce que les croyances et les pratiques sociales nous pénètrent ainsi du dehors, il ne suit pas que nous les recevions passivement et sans leur faire subir de modification. En pensant les institutions collectives, en nous les assimilant, nous les individualisons, nous leur donnons plus ou moins notre marque personnelle ; c'est ainsi qu'en pensant le monde sensible chacun de nous le colore à sa façon et que des sujets différents s'adaptent différemment à un même milieu physique. C'est pourquoi chacun de nous se fait, dans une certaine mesure, *sa* morale, *sa* religion, *sa* technique. Il n'est pas de conformisme social qui ne comporte toute une gamme de nuances individuelles. Il n'en reste pas moins que le champ des variations permises est limité. Il est nul ou très faible dans le cercle des phénomènes religieux et moraux où la variation devient aisément un crime ; il est plus étendu pour tout ce qui concerne la vie économique. Mais tôt ou tard, même dans ce dernier cas, on rencontre une limite qui ne peut être franchie.

Cette science, en effet, ne pouvait naître que le jour où l'on eut pressenti que les phénomènes sociaux, pour n'être pas matériels, ne laissent pas d'être des choses réelles qui comportent l'étude. Pour être arrivé à penser qu'il y avait lieu de rechercher ce qu'ils sont, il fallait avoir compris qu'ils sont d'une façon définie, qu'ils ont une manière d'être constante, une nature qui ne dépend pas de l'arbitraire individuel et d'où dérivent des rapports nécessaires. Aussi l'histoire de la sociologie n'est-elle qu'un long effort en vue de préciser ce sentiment, de l'approfondir, de développer toutes les conséquences qu'il implique. Mais, malgré les grands progrès qui ont été faits en ce sens, on verra par la suite de ce travail qu'il reste encore de nombreuses survivances du postulat anthropocentrique, qui, ici comme ailleurs, barre la route à la science. Il déplaît à l'homme de renoncer au pouvoir illimité qu'il s'est si longtemps attribué sur l'ordre social, et, d'autre part, il lui semble que, s'il existe vraiment des forces collectives, il est nécessairement condamné à les subir sans pouvoir les modifier. C'est ce qui l'incline à les nier. En vain des expériences répétées lui ont appris que cette toute-puissance, dans l'illusion de laquelle il s'entretient avec complaisance, a toujours été pour lui une cause de faiblesse ; que son empire sur les choses n'a réellement commencé qu'à partir du moment où il reconnut qu'elles ont une nature propre, et où il se résigna à apprendre d'elles ce qu'elles sont. Chassé de toutes les autres sciences, ce déplorable préjugé se maintient opiniâtrement en sociologie. Il n'y a donc rien de plus urgent que de chercher à en affranchir définitivement notre science ; et c'est le but principal de nos efforts.

INTRODUCTION

Jusqu'à présent, les sociologues se sont peu préoccupés de caractériser et de définir la méthode qu'ils
appliquent à l'étude des faits sociaux. C'est ainsi que,
dans toute l'œuvre de M. Spencer, le problème méthodologique n'occupe aucune place ; car l'*Introduction à
la science sociale*, dont le titre pourrait faire illusion, est
consacrée à démontrer les difficultés et la possibilité de
la sociologie, non à exposer les procédés dont elle doit
se servir. Mill, il est vrai, s'est assez longuement
occupé de la question [1] ; mais il n'a fait que passer au
crible de sa dialectique ce que Comte en avait dit, sans
y rien ajouter de vraiment personnel. Un chapitre du
Cours de philosophie positive, voilà donc, à peu près, la
seule étude originale et importante que nous possé-
dions sur la matière [2].

Cette insouciance apparente n'a, d'ailleurs, rien qui
doive surprendre. En effet, les grands sociologues dont
nous venons de rappeler les noms ne sont guère sortis
des généralités sur la nature des sociétés, sur les
rapports du règne social et du règne biologique, sur la
marche générale du progrès ; même la volumineuse
sociologie de M. Spencer n'a guère d'autre objet que
de montrer comment la loi de l'évolution universelle
s'applique aux sociétés. Or, pour traiter ces questions

1. *Système de Logique*, I. VI, ch. VII-XII.
2. V. 2ᵉ éd., p. 294-336.

philosophiques, des procédés spéciaux et complexes ne sont pas nécessaires. On se contentait donc de peser les mérites comparés de la déduction et de l'induction et de faire une enquête sommaire sur les ressources les plus générales dont dispose l'investigation sociologique. Mais les précautions à prendre dans l'observation des faits, la manière dont les principaux problèmes doivent être posés, le sens dans lequel les recherches doivent être dirigées, les pratiques spéciales qui peuvent leur permettre d'aboutir, les règles qui doivent présider à l'administration des preuves restaient indéterminés.

Un heureux concours de circonstances, au premier rang desquelles il est juste de mettre l'acte d'initiative qui a créé en notre faveur un cours régulier de sociologie à la Faculté des lettres de Bordeaux, nous ayant permis de nous consacrer de bonne heure à l'étude de la science sociale et d'en faire même la matière de nos occupations professionnelles, nous avons pu sortir de ces questions trop générales et aborder un certain nombre de problèmes particuliers. Nous avons donc été amené, par la force même des choses, à nous faire une méthode plus définie, croyons-nous, plus exactement adaptée à la nature particulière des phénomènes sociaux. Ce sont ces résultats de notre pratique que nous voudrions exposer ici dans leur ensemble et soumettre à la discussion. Sans doute, ils sont implicitement contenus dans le livre que nous avons récemment publié sur *La division du travail social*. Mais il nous paraît qu'il y a quelque intérêt à les en dégager, à les formuler à part, en les accompagnant de leurs preuves et en les illustrant d'exemples empruntés soit à cet ouvrage, soit à des travaux encore inédits. On pourra mieux juger ainsi de l'orientation que nous voudrions essayer de donner aux études de sociologie.

CHAPITRE PREMIER

QU'EST-CE QU'UN FAIT SOCIAL ?

Avant de chercher quelle est la méthode qui convient à l'étude des faits sociaux, il importe de savoir quels sont les faits que l'on appelle ainsi.

La question est d'autant plus nécessaire que l'on se sert de cette qualification sans beaucoup de précision. On l'emploie couramment pour désigner à peu près tous les phénomènes qui se passent à l'intérieur de la société, pour peu qu'ils présentent, avec une certaine généralité, quelque intérêt social. Mais, à ce compte, il n'y a, pour ainsi dire, pas d'événements humains qui ne puissent être appelés sociaux. Chaque individu boit, dort, mange, raisonne et la société a tout intérêt à ce que ces fonctions s'exercent régulièrement. Si donc ces faits étaient sociaux, la sociologie n'aurait pas d'objet qui lui fût propre, et son domaine se confondrait avec celui de la biologie et de la psychologie.

Mais, en réalité, il y a dans toute société un groupe déterminé de phénomènes qui se distinguent par des caractères tranchés de ceux qu'étudient les autres sciences de la nature.

Quand je m'acquitte de ma tâche de frère, d'époux ou de citoyen, quand j'exécute les engagements que j'ai contractés, je remplis des devoirs qui sont définis, en dehors de moi et de mes actes, dans le droit et dans les mœurs. Alors même qu'ils sont d'accord avec mes sentiments propres et que j'en sens intérieurement la réalité, celle-ci ne laisse pas d'être objective ; car ce n'est pas moi qui les ai faits, mais je les ai reçus par l'éducation. Que de fois, d'ailleurs, il arrive que nous ignorons le détail des obligations qui nous incombent et que, pour les connaître, il nous faut consulter le Code et ses interprètes autorisés ! De même, les croyances et les pratiques de sa vie religieuse, le fidèle les a trouvées toutes faites en naissant ; si elles existaient avant lui, c'est qu'elles existent en dehors de lui. Le système de signes dont je me sers pour exprimer ma pensée, le système de monnaies que j'emploie pour payer mes dettes, les instruments de crédit que j'utilise dans mes relations commerciales, les pratiques suivies dans ma profession, etc., etc., fonctionnent indépendamment des usages que j'en fais. Qu'on prenne les uns après les autres tous les membres dont est composée la société, ce qui précède pourra être répété à propos de chacun d'eux. Voilà donc des manières d'agir, de penser et de sentir qui présentent cette remarquable propriété qu'elles existent en dehors des consciences individuelles.

Non seulement ces types de conduite ou de pensée sont extérieurs à l'individu, mais ils sont doués d'une puissance impérative et coercitive en vertu de laquelle ils s'imposent à lui, qu'il le veuille ou non. Sans doute, quand je m'y conforme de mon plein gré, cette coercition ne se fait pas ou se fait peu sentir, étant inutile. Mais elle n'en est pas moins un caractère intrinsèque de ces faits, et la preuve, c'est qu'elle s'affirme dès que je tente de résister. Si j'essaye de violer les règles du droit, elles réagissent contre moi de manière à empêcher mon acte s'il en est temps, ou à l'annuler et à le rétablir sous sa forme normale s'il est accompli et réparable, ou à me le faire expier s'il ne peut être réparé autrement. S'agit-il de maximes purement morales ? La conscience publique contient tout acte qui les offense par la surveillance qu'elle exerce sur la conduite des citoyens et les peines spéciales dont elle dispose. Dans d'autres cas, la contrainte est moins violente ; elle ne laisse pas d'exister. Si je ne me soumets pas aux conventions du monde, si, en m'habillant, je ne tiens aucun compte des usages suivis dans mon pays et dans ma classe, le rire que je provoque, l'éloignement où l'on me tient, produisent, quoique d'une manière plus atténuée, les mêmes effets qu'une peine proprement dite. Ailleurs, la contrainte, pour n'être qu'indirecte, n'en est pas moins efficace. Je ne suis pas obligé de parler français avec mes compatriotes, ni d'employer les monnaies légales ; mais il est impossible que je fasse autrement. Si j'essayais d'échapper à cette nécessité, ma tentative échouerait misérablement. Industriel, rien ne m'interdit de travailler avec des procédés et des méthodes de l'autre siècle ; mais, si je le fais, je me ruinerai à coup sûr. Alors même que, en fait, je puis m'affranchir de ces règles et les violer avec succès, ce n'est jamais sans être obligé de lutter contre elles. Quand même elles sont finalement vaincues, elles font suffisamment sentir leur puissance contraignante par la résistance qu'elles opposent. Il n'y a pas de novateur, même heureux, dont les entreprises ne viennent se heurter à des oppositions de ce genre.

Voilà donc un ordre de faits qui présentent des caractères très spéciaux : ils consistent en des manières d'agir, de penser et de sentir, extérieures à l'individu, et qui sont douées d'un pouvoir de coercition en vertu duquel ils s'imposent à lui. Par suite, ils ne sauraient se confondre avec les phénomènes organiques, puisqu'ils consistent en représentations et en actions ; ni avec les phénomènes psychiques, lesquels n'ont d'existence que dans la conscience individuelle et par elle. Ils constituent donc une espèce nouvelle et c'est à eux que doit être donnée et réservée la qualification de *sociaux*. Elle leur convient ; car il est clair que, n'ayant pas l'individu pour substrat, ils ne peuvent en avoir d'autre que la société, soit la société politique dans son intégralité, soit quelqu'un des groupes partiels qu'elle renferme, confessions religieuses, écoles politiques, littéraires, corporations professionnelles, etc. D'autre part, c'est à eux seuls qu'elle convient ; car le mot de social n'a de sens défini qu'à condition de désigner uniquement des phénomènes qui ne rentrent dans aucune des catégories de faits déjà constituées et dénommées. Ils sont donc le domaine propre de la sociologie. Il est vrai que ce mot de contrainte, par lequel nous les définissons, risque d'effaroucher les zélés partisans d'un individualisme absolu. Comme ils professent que l'individu est parfaitement autonome, il leur semble qu'on le diminue toutes les fois qu'on lui fait sentir qu'il ne dépend pas seulement de lui-même. Mais puisqu'il est aujourd'hui incontestable que la plupart de nos idées et de nos tendances ne sont pas élaborées par nous, mais nous viennent du dehors, elles ne peuvent pénétrer en nous qu'en s'imposant ; c'est tout ce que signifie notre définition. On sait, d'ailleurs, que toute contrainte sociale n'est pas nécessairement exclusive de la personnalité individuelle [1].

Cependant, comme les exemples que nous venons de citer (règles juridiques, morales, dogmes religieux, systèmes financiers, etc.) consistent tous en croyances et en pratiques constituées, on pourrait, d'après ce qui précède, croire qu'il n'y a de fait social que là où il y a organisation définie. Mais il est d'autres faits qui, sans présenter ces formes cristallisées, ont et la même objectivité et le même ascendant sur l'individu. C'est ce qu'on appelle les courants sociaux. Ainsi, dans une assemblée, les grands mouvements d'enthousiasme, d'indignation, de pitié qui se produisent, n'ont pour lieu d'origine aucune conscience particulière. Ils viennent à chacun de nous du dehors et sont susceptibles de nous entraîner malgré nous. Sans doute, il peut se faire que, m'y abandonnant sans réserve, je ne sente pas la pression qu'ils exercent sur moi. Mais elle s'accuse dès que j'essaie de lutter contre eux. Qu'un individu tente de s'opposer à l'une de ces manifestations collectives, et les sentiments qu'il nie se retournent contre lui. Or, si cette puissance de coercition externe s'affirme avec cette netteté dans les cas de

---

1. Ce n'est pas à dire, du reste, que toute contrainte soit normale. Nous reviendrons plus loin sur ce point.

résistance, c'est qu'elle existe, quoique inconsciente, dans les cas contraires. Nous sommes alors dupes d'une illusion qui nous fait croire que nous avons élaboré nous-même ce qui s'est imposé à nous du dehors. Mais, si la complaisance avec laquelle nous nous y laissons aller masque la poussée subie, elle ne la supprime pas. C'est ainsi que l'air ne laisse pas d'être pesant quoique nous n'en sentions plus le poids. Alors même que nous avons spontanément collaboré, pour notre part, à l'émotion commune, l'impression que nous avons ressentie est tout autre que celle que nous eussions éprouvée si nous avions été seul. Aussi, une fois que l'assemblée s'est séparée, que ces influences sociales ont cessé d'agir sur nous et que nous nous retrouvons seul avec nous-même, les sentiments par lesquels nous avons passé nous font l'effet de quelque chose d'étranger où nous ne nous reconnaissons plus. Nous nous apercevons alors que nous les avions subis beaucoup plus que nous ne les avions faits. Il arrive même qu'ils nous font horreur, tant ils étaient contraires à notre nature. C'est ainsi que des individus, parfaitement inoffensifs pour la plupart, peuvent, réunis en foule, se laisser entraîner à des actes d'atrocité. Or, ce que nous disons de ces explosions passagères s'applique identiquement à ces mouvements d'opinion, plus durables, qui se produisent sans cesse autour de nous, soit dans toute l'étendue de la société, soit dans des cercles plus restreints, sur les matières religieuses, politiques, littéraires, artistiques, etc.

On peut, d'ailleurs, confirmer par une expérience caractéristique cette définition du fait social, il suffit d'observer la manière dont sont élevés les enfants. Quand on regarde les faits tels qu'ils sont et tels qu'ils ont toujours été, il saute aux yeux que toute éducation consiste dans un effort continu pour imposer à l'enfant des manières de voir, de sentir et d'agir auxquelles il ne serait pas spontanément arrivé. Dès les premiers temps de sa vie, nous le contraignons à manger, à boire, à dormir à des heures régulières, nous le contraignons à la propreté, au calme, à l'obéissance ; plus tard, nous le contraignons pour qu'il apprenne à tenir compte d'autrui, à respecter les usages, les convenances, nous le contraignons au travail, etc., etc. Si, avec le temps, cette contrainte cesse d'être sentie, c'est qu'elle donne peu à peu naissance à des habitudes, à des tendances internes qui la rendent inutile, mais qui ne la remplacent que parce qu'elles en dérivent. Il est vrai que, d'après M. Spencer, une éducation rationnelle devrait réprouver de tels procédés et laisser faire l'enfant en toute liberté ; mais comme cette théorie pédagogique n'a jamais été pratiquée par aucun peuple connu, elle ne constitue qu'un *desideratum* personnel, non un fait qui puisse être opposé aux faits qui précèdent. Or, ce qui rend ces derniers particulièrement instructifs, c'est que l'éducation a justement pour objet de faire l'être social ; on y peut donc voir, comme en raccourci, de quelle manière cet être s'est constitué dans l'histoire. Cette pression de tous les instants que subit l'enfant, c'est la pression même du milieu social qui tend à le façonner à son image et dont les parents et les maîtres ne sont que les représentants et les intermédiaires.

Ainsi ce n'est pas leur généralité qui peut servir à caractériser les phénomènes sociologiques. Une pensée qui se retrouve dans toutes les consciences particulières, un mouvement que répètent tous les individus ne sont pas pour cela des faits sociaux. * Si l'on s'est contenté de ce caractère pour les définir, c'est qu'on les a confondus, à tort, avec ce qu'on pourrait appeler leurs incarnations individuelles. Ce qui les constitue, ce sont les croyances, les tendances, les pratiques du groupe pris collectivement ; quant aux formes que revêtent les états collectifs en se réfractant chez les individus, ce sont choses d'une autre espèce. * Ce qui

---

* « C'est si peu la répétition qui les constitue, qu'ils existent en dehors des cas particuliers où ils se réalisent. Chaque fait social consiste soit dans une croyance, soit dans une tendance, soit dans une pratique qui est celle du groupe pris collectivement et qui est tout autre chose que les formes sous lesquelles elle se réfracte chez les individus. » (*Revue Philosophique*, tome XXXVII, janvier à juin 1894, p. 470.)

démontre catégoriquement cette dualité de nature, c'est que ces deux ordres de faits se présentent souvent à l'état dissocié. En effet, certaines de ces manières d'agir ou de penser acquièrent, par suite de la répétition, une sorte de consistance qui les précipite, pour ainsi dire, et les isole des événements particuliers * qui les reflètent. * Elles prennent ainsi un corps, une forme sensible qui leur est propre, et constituent une réalité *sui generis*, très distincte des faits individuels qui la manifestent. L'habitude collective n'existe pas seulement à l'état d'immanence dans les actes successifs qu'elle détermine, mais, par un privilège dont nous ne trouvons pas d'exemple dans le règne biologique, elle s'exprime une fois pour toutes dans une formule qui se répète de bouche en bouche, qui se transmet par l'éducation, qui se fixe même par écrit. Telles sont l'origine et la nature des règles juridiques, morales, des aphorismes et des dictons populaires, des articles de foi où les sectes religieuses ou politiques condensent leurs croyances, des codes de goût que dressent les écoles littéraires, etc. ** Aucune d'elles ne se retrouve tout entière dans les applications qui en sont faites par les particuliers, puisqu'elles peuvent même être sans être actuellement appliquées. **

Sans doute, cette dissociation ne se présente pas toujours avec la même netteté. Mais il suffit qu'elle existe d'une manière incontestable dans les cas importants et nombreux que nous venons de rappeler, pour prouver que le fait social est distinct de ses répercussions individuelles. D'ailleurs, alors même qu'elle n'est pas immédiatement donnée à l'observation, on peut souvent la réaliser à l'aide de certains artifices de méthode *** ; il est même indispensable de procéder à cette opération, si l'on veut dégager le fait social de tout alliage pour l'observer à l'état de pureté ***. Ainsi, il y a certains courants d'opinion qui nous

---

* « où elles s'incarnent chaque jour. » (*R.P.*, p. 470.)
** Phrases ne figurant pas dans le texte initial.
*** Phrases ne figurant pas dans le texte initial.

poussent, avec une intensité inégale, suivant les temps et les pays, l'un au mariage, par exemple, un autre au suicide ou à une natalité plus ou moins forte, etc. *Ce sont évidemment des faits sociaux.* Au premier abord, ils semblent inséparables des formes qu'ils prennent dans les cas particuliers. Mais la statistique nous fournit le moyen de les isoler. Ils sont, en effet, figurés, non sans exactitude, par le taux de la natalité, de la nuptialité, des suicides, c'est-à-dire par le nombre que l'on obtient en divisant le total moyen annuel des mariages, des naissances, des morts volontaires par celui des hommes en âge de se marier, de procréer, de se suicider[1]. Car, comme chacun de ces chiffres comprend tous les cas particuliers indistinctement, les circonstances individuelles qui peuvent avoir quelque part dans la production du phénomène s'y neutralisent mutuellement et, par suite, ne contribuent pas à le déterminer. **Ce qu'il exprime, c'est un certain état de l'âme collective.

Voilà ce que sont les phénomènes sociaux, débarrassés de tout élément étranger. ** Quant à leurs manifestations privées, elles ont bien quelque chose de social, puisqu'elles reproduisent en partie un modèle collectif; mais chacune d'elles dépend aussi, et pour une large part, de la constitution organico-psychique de l'individu, des circonstances particulières dans lesquelles il est placé. Elles ne sont donc pas des phénomènes proprement sociologiques. Elles tiennent à la fois aux deux règnes; on pourrait les appeler socio-psychiques. Elles intéressent le sociologue sans constituer la matière immédiate de la sociologie. On trouve de même à l'intérieur de l'organisme des phénomènes de nature mixte qu'étudient des sciences mixtes, comme la chimie biologique.

---

* Phrases ne figurant pas dans le texte initial.

1. On ne se suicide pas à tout âge, ni à tous les âges, avec la même intensité.

** Phrases ne figurant pas dans le texte initial.

Mais, dira-t-on, un phénomène ne peut être collectif que s'il est commun à tous les membres de la société ou, tout au moins, à la plupart d'entre eux, partant, s'il est général. Sans doute, mais s'il est général, c'est parce qu'il est collectif (c'est-à-dire plus ou moins obligatoire), bien loin qu'il soit collectif parce qu'il est général. C'est un état du groupe, qui se répète chez les individus parce qu'il s'impose à eux. Il est dans chaque partie parce qu'il est dans le tout, loin qu'il soit dans le tout parce qu'il est dans les parties. C'est ce qui est surtout évident de ces croyances et de ces pratiques qui nous sont transmises toutes faites par les générations antérieures ; nous les recevons et les adoptons parce que, étant à la fois une œuvre collective et une œuvre séculaire, elles sont investies d'une particulière autorité que l'éducation nous a appris à reconnaître et à respecter. Or il est à noter que l'immense majorité des phénomènes sociaux nous vient par cette voie. Mais alors même que le fait social est dû, en partie, à notre collaboration directe, il n'est pas d'une autre nature. Un sentiment collectif, qui éclate dans une assemblée, n'exprime pas simplement ce qu'il y avait de commun entre tous les sentiments individuels. Il est quelque chose de tout autre, comme nous l'avons montré. Il est une résultante de la vie commune, un produit des actions et des réactions qui s'engagent entre les consciences individuelles ; et s'il retentit dans chacune d'elles, c'est en vertu de l'énergie spéciale qu'il doit précisément à son origine collective. Si tous les cœurs vibrent à l'unisson, ce n'est pas par suite d'une concordance spontanée et préétablie ; c'est qu'une même force les meut dans le même sens. Chacun est entraîné par tous.

Nous arrivons donc à nous représenter, d'une manière précise, le domaine de la sociologie. Il ne comprend qu'un groupe déterminé de phénomènes. Un fait social se reconnaît au pouvoir de coercition externe qu'il exerce ou est susceptible d'exercer sur les individus ; et la présence de ce pouvoir se reconnaît à son tour soit à l'existence de quelque sanction déterminée, soit à la résistance que le fait oppose à toute entreprise individuelle qui tend à lui faire violence. * Cependant, on peut le définir aussi par la diffusion qu'il présente à l'intérieur du groupe, pourvu que, suivant les remarques précédentes, on ait soin d'ajouter comme seconde et essentielle caractéristique qu'il existe indépendamment des formes individuelles qu'il prend en se diffusant. * Ce dernier critère est même, dans certains cas, plus facile à appliquer que le précédent. En effet, la contrainte est aisée à constater quand elle se traduit au-dehors par quelque réaction directe de la société, comme c'est le cas pour le droit, la morale, les croyances, les usages, les modes même. Mais quand elle n'est qu'indirecte, comme celle qu'exerce une organisation économique, elle ne se laisse pas toujours aussi bien apercevoir. La généralité combinée avec l'objectivité peuvent alors être plus faciles à établir. D'ailleurs, cette seconde définition n'est qu'une autre forme de la première ; car si une manière de se conduire, qui existe extérieurement aux consciences individuelles, se généralise, ce ne peut être qu'en s'imposant [1].

---

* « On peut le définir également : une manière de penser ou d'agir qui est générale dans l'étendue du groupe, mais qui existe indépendamment de ses expressions individuelles. » (*R.P.*, p. 472.)

1. On voit combien cette définition du fait social s'éloigne de celle qui sert de base à l'ingénieux système de M. Tarde. D'abord, nous devons déclarer que nos recherches ne nous ont nulle part fait constater cette influence prépondérante que M. Tarde attribue à l'imitation dans la genèse des faits collectifs. De plus, de la définition précédente, qui n'est pas une théorie mais un simple résumé des données immédiates de l'observation, il semble bien résulter que l'imitation, non seulement n'exprime pas toujours, mais même n'exprime jamais ce qu'il y a d'essentiel et de caractéristique dans le fait social. Sans doute, tout fait social est imité, il a, comme nous venons de le montrer, une tendance à se généraliser, mais c'est parce qu'il est social, c'est-à-dire obligatoire. Sa puissance d'expansion est, non la cause, mais la conséquence de son caractère sociologique. Si encore les faits sociaux étaient seuls à produire cette conséquence, l'imitation pourrait servir, sinon à les exprimer, du moins à les

Cependant, on pourrait se demander si cette définition est complète. En effet, les faits qui nous en ont fourni la base sont tous des *manières de faire* ; ils sont d'ordre physiologique. Or il y a aussi des *manières d'être* collectives, c'est-à-dire des faits sociaux d'ordre anatomique ou morphologique. La sociologie ne peut se désintéresser de ce qui concerne le substrat de la vie collective. Pourtant, le nombre et la nature des parties élémentaires dont est composée la société, la manière dont elles sont disposées, le degré de coalescence où elles sont parvenues, la distribution de la population sur la surface du territoire, le nombre et la nature des voies de communication, la forme des habitations, etc., ne paraissent pas, à un premier examen, pouvoir se ramener à des façons d'agir ou de sentir ou de penser.

Mais, tout d'abord, ces divers phénomènes présentent la même caractéristique qui nous a servi à définir les autres. Ces manières d'être s'imposent à l'individu tout comme les manières de faire dont nous avons parlé. En effet, quand on veut connaître la façon dont une société est divisée politiquement, dont ces divisions sont composées, la fusion plus ou moins complète qui existe entre elles, ce n'est pas à l'aide d'une inspection matérielle et par des observations géographiques qu'on y peut parvenir ; car ces divisions sont morales alors même qu'elles ont quelque base dans la nature physique. C'est seulement à travers le droit public qu'il est possible d'étudier cette organisation, car c'est ce droit qui la détermine, tout comme il détermine nos relations domestiques et civiques. Elle n'est donc pas moins obligatoire. Si la population se presse dans nos villes au lieu de se disperser dans les campagnes, c'est qu'il y a un courant d'opinion, une

définir. Mais un état individuel qui fait ricochet ne laisse pas pour cela d'être individuel. De plus, on peut se demander si le mot d'imitation est bien celui qui convient pour désigner une propagation due à une influence coercitive. Sous cette unique expression, on confond des phénomènes très différents et qui auraient besoin d'être distingués.

poussée collective qui impose aux individus cette concentration. Nous ne pouvons pas plus choisir la forme de nos maisons que celle de nos vêtements ; du moins, l'une est obligatoire dans la même mesure que l'autre. Les voies de communication déterminent d'une manière impérieuse le sens dans lequel se font les migrations intérieures et les échanges, et même l'intensité de ces échanges et de ces migrations, etc., etc. Par conséquent, il y aurait, tout au plus, lieu d'ajouter à la liste des phénomènes que nous avons énumérés comme présentant le signe distinctif du fait social une catégorie de plus ; et, comme cette énumération n'avait rien de rigoureusement exhaustif, l'addition ne serait pas indispensable.

Mais elle n'est même pas utile ; car ces manières d'être ne sont que des manières de faire consolidées. La structure politique d'une société n'est que la manière dont les différents segments qui la composent ont pris l'habitude de vivre les uns avec les autres. Si leurs rapports sont traditionnellement étroits, les segments tendent à se confondre ; à se distinguer, dans le cas contraire. Le type d'habitation qui s'impose à nous n'est que la manière dont tout le monde autour de nous et, en partie, les générations antérieures se sont accoutumées à construire les maisons. Les voies de communication ne sont que le lit que s'est creusé à lui-même, en coulant dans le même sens, le courant régulier des échanges et des migrations, etc. Sans doute, si les phénomènes d'ordre morphologique étaient les seuls à présenter cette fixité, on pourrait croire qu'ils constituent une espèce à part. Mais une règle juridique est un arrangement non moins permanent qu'un type d'architecture et, pourtant, c'est un fait physiologique. Une simple maxime morale est, assurément, plus malléable ; mais elle a des formes bien plus rigides qu'un simple usage professionnel ou qu'une mode. Il y a ainsi toute une gamme de nuances qui, sans solution de continuité, rattache les faits de structure les plus caractérisés à ces libres courants de la vie sociale qui ne sont encore pris dans aucun moule défini. C'est donc qu'il n'y a entre eux que des différences dans le degré de consolidation qu'ils présentent. Les uns et les autres ne sont que de la vie plus ou moins cristallisée. Sans doute, il peut y avoir intérêt à réserver le nom de morphologiques aux faits sociaux qui concernent le substrat social, mais à condition de ne pas perdre de vue qu'ils sont de même nature que les autres. Notre définition comprendra donc tout le défini si nous disons : *Est fait social toute manière de faire, fixée ou non, susceptible d'exercer sur l'individu une contrainte extérieure ; ou bien encore, qui est générale dans l'étendue d'une société donnée tout en ayant une existence propre, indépendante de ses manifestations individuelles* [1].

1. Cette parenté étroite de la vie et de la structure, de l'organe et de la fonction peut être facilement établie en sociologie parce que, entre ces deux termes extrêmes, il existe toute une série d'intermédiaires immédiatement observables et qui montre le lien entre eux. La biologie n'a pas la même ressource. Mais il est permis de croire que les inductions de la première de ces sciences sur ce sujet sont applicables à l'autre et que, dans les organismes comme dans les sociétés, il n'y a entre ces deux ordres de fait que des différences de degré.

CHAPITRE II

RÈGLES RELATIVES
À L'OBSERVATION DES FAITS SOCIAUX

La première règle et la plus fondamentale est de *considérer les faits sociaux comme des choses.*

I

Au moment où un ordre nouveau de phénomènes devient objet de science, ils se trouvent déjà représentés dans l'esprit, non seulement par des images sensibles, mais par des sortes de concepts grossièrement formés. Avant les premiers rudiments de la physique et de la chimie, les hommes avaient déjà sur les phénomènes physico-chimiques des notions qui dépassaient la pure perception ; telles sont, par exemple, celles que nous trouvons mêlées à toutes les religions. C'est que, en effet, la réflexion est antérieure à la science qui ne fait que s'en servir avec plus de méthode. L'homme ne peut pas vivre au milieu des choses sans s'en faire des idées d'après lesquelles il règle sa conduite. Seulement, parce que ces notions sont plus près de nous et plus à notre portée que les réalités auxquelles elles correspondent, nous tendons naturellement à les substituer à ces dernières et à en faire la matière même de nos spéculations. Au lieu d'observer les choses, de les décrire, de les comparer, nous nous contentons alors de prendre conscience de nos idées, de les analyser, de les combiner. Au lieu d'une science de réalités, nous ne faisons plus qu'une analyse idéologique. Sans doute, cette analyse n'exclut pas nécessairement toute observation. On peut faire appel aux faits pour confirmer ces notions ou les conclusions qu'on en tire. Mais les faits n'interviennent alors que secondairement, à titre d'exemples ou de preuves confirmatoires ; ils ne sont pas l'objet de la science. Celle-ci va des idées aux choses, non des choses aux idées.

Il est clair que cette méthode ne saurait donner de résultats objectifs. Ces notions, en effet, ou concepts, de quelque nom qu'on veuille les appeler, ne sont pas les substituts légitimes des choses. Produits de l'expérience vulgaire, ils ont, avant tout, pour objet de mettre nos actions en harmonie avec le monde qui nous entoure ; ils sont formés par la pratique et pour elle. Or une représentation peut être en état de jouer utilement ce rôle tout en étant théoriquement fausse. *Copernic* a, depuis plusieurs siècles, dissipé les illusions de nos sens touchant les mouvements des astres ; et pourtant, c'est encore d'après ces illusions que nous réglons couramment la distribution de notre temps. Pour qu'une idée suscite bien les mouvements que réclame la nature d'une chose, il n'est pas nécessaire qu'elle exprime fidèlement cette nature ; mais il suffit qu'elle nous fasse sentir ce que la chose a d'utile ou de désavantageux, par où elle peut nous servir, par où nous contrarier. Encore les notions ainsi formées ne présentent-elles cette justesse pratique que d'une manière approximative et seulement dans la généralité des cas. Que de fois elles sont aussi dangereuses qu'inadéquates ! Ce n'est donc pas en les élaborant, de quelque manière qu'on s'y prenne, que l'on arrivera jamais à découvrir les lois de la réalité. Elles sont, au contraire, comme un voile qui s'interpose entre les choses et nous et qui nous les masque d'autant mieux qu'on le croit plus transparent.

Non seulement une telle science ne peut être que

* « Galilée » (*R.P.*, p. 476.)

tronquée, mais elle manque de matière où elle puisse s'alimenter. A peine existe-t-elle qu'elle disparaît, pour ainsi dire, et se transforme en art. En effet, ces notions sont censées contenir tout ce qu'il y a d'essentiel dans le réel, puisqu'on les confond avec le réel lui-même. Dès lors, elles semblent avoir tout ce qu'il faut pour nous mettre en état non seulement de comprendre ce qui est, mais de prescrire ce qui doit être et les moyens de l'exécuter. Car ce qui est bon, c'est ce qui est conforme à la nature des choses ; ce qui y est contraire est mauvais, et les moyens pour atteindre l'un et fuir l'autre dérivent de cette même nature. Si donc nous la tenons d'emblée, l'étude de la réalité présente n'a plus d'intérêt pratique et, comme c'est cet intérêt qui est la raison d'être de cette étude, celle-ci se trouve désormais sans but. La réflexion est ainsi incitée à se détourner de ce qui est l'objet même de la science, à savoir le présent et le passé, pour s'élancer d'un seul bond vers l'avenir. Au lieu de chercher à comprendre les faits acquis et réalisés, elle entreprend immédiatement d'en réaliser de nouveaux, plus conformes aux fins poursuivies par les hommes. Quand on croit savoir en quoi consiste l'essence de la matière, on se met aussitôt à la recherche de la pierre philosophale. Cet empiètement de l'art sur la science, qui empêche celle-ci de se développer, est d'ailleurs facilité par les circonstances mêmes qui déterminent l'éveil de la réflexion scientifique. Car, comme elle ne prend naissance que pour satisfaire à des nécessités vitales, elle se trouve tout naturellement orientée vers la pratique. Les besoins qu'elle est appelée à soulager sont toujours pressés et, par suite, la pressent d'aboutir ; ils réclament, non des explications, mais des remèdes.

Cette manière de procéder est si conforme à la pente naturelle de notre esprit qu'on la retrouve même à l'origine des sciences physiques. C'est elle qui différencie l'alchimie de la chimie, comme l'astrologie de l'astronomie. C'est par elle que Bacon caractérise la méthode que suivaient les savants de son temps et qu'il combat. Les notions dont nous venons de parler, ce sont ces *notiones vulgares* ou *praenotiones*[1] qu'il signale à la base de toutes les sciences[2] où elles prennent la place des faits[3]. Ce sont ces *idola*, sortes de fantômes qui nous défigurent le véritable aspect des choses et que nous prenons pourtant pour les choses mêmes. Et c'est parce que ce milieu imaginaire n'offre à l'esprit aucune résistance que celui-ci, ne se sentant contenu par rien, s'abandonne à des ambitions sans bornes et croit possible de construire ou, plutôt, de reconstruire le monde par ses seules forces et au gré de ses désirs.

S'il en a été ainsi des sciences naturelles, à plus forte raison en devait-il être de même pour la sociologie. Les hommes n'ont pas attendu l'avènement de la science sociale pour se faire des idées sur le droit, la morale, la famille, l'État, la société même ; car ils ne pouvaient s'en passer pour vivre. Or, c'est surtout en sociologie que ces prénotions, pour reprendre l'expression de Bacon, sont en état de dominer les esprits et de se substituer aux choses. En effet, les choses sociales ne se réalisent que par les hommes ; elles sont un produit de l'activité humaine. Elles ne paraissent donc pas être autre chose que la mise en œuvre d'idées, innées ou non, que nous portons en nous, que leur application aux diverses circonstances qui accompagnent les relations des hommes entre eux. L'organisation de la famille, du contrat, de la répression, de l'État, de la société apparaît ainsi comme un simple développement des idées que nous avons sur la société, l'État, la justice, etc. Par conséquent, ces faits et leurs analogues semblent n'avoir de réalité que dans et par les idées qui en sont le germe et qui deviennent, dès lors, la matière propre de la sociologie.

Ce qui achève d'accréditer cette manière de voir, c'est que le détail de la vie sociale débordant de tous les

1. *Novum organum*, I, p. 26.
2. *Ibid.*, I, p. 17.
3. *Ibid.*, I, p. 36.

côtés la conscience, celle-ci n'en a pas une perception assez forte pour en sentir la réalité. N'ayant pas en nous d'attaches assez solides ni assez prochaines, tout cela nous fait assez facilement l'effet de ne tenir à rien et de flotter dans le vide, matière à demi irréelle et indéfiniment plastique. Voilà pourquoi tant de penseurs n'ont vu dans les arrangements sociaux que des combinaisons artificielles et plus ou moins arbitraires. Mais si le détail, si les formes concrètes et particulières nous échappent, du moins nous nous représentons les aspects les plus généraux de l'existence collective en gros et par à peu près, et ce sont précisément ces représentations schématiques et sommaires qui constituent ces prénotions dont nous nous servons pour les usages courants de la vie. Nous ne pouvons donc songer à mettre en doute leur existence, puisque nous la percevons en même temps que la nôtre. Non seulement elles sont en nous, mais, comme elles sont un produit d'expériences répétées, elles tiennent de la répétition, et de l'habitude qui en résulte, une sorte d'ascendant et d'autorité. Nous les sentons nous résister quand nous cherchons à nous en affranchir. Or nous ne pouvons pas ne pas regarder comme réel ce qui s'oppose à nous. Tout contribue donc à nous y faire voir la vraie réalité sociale.

Et en effet, jusqu'à présent, la sociologie a plus ou moins exclusivement traité non de choses, mais de concepts. Comte, il est vrai, a proclamé que les phénomènes sociaux sont des faits naturels, soumis à des lois naturelles. Par là, il a implicitement reconnu leur caractère de choses ; car il n'y a que des choses dans la nature. Mais quand, sortant de ces généralités philosophiques, il tente d'appliquer son principe et d'en faire sortir la science qui y était contenue, ce sont des idées qu'il prend pour objets d'études. En effet, ce qui fait la matière principale de sa sociologie, c'est le progrès de l'humanité dans le temps. Il part de cette idée qu'il y a une évolution continue du genre humain qui consiste dans une réalisation toujours plus com-

plète de la nature humaine et le problème qu'il traite
est de retrouver l'ordre de cette évolution. Or, à
supposer que cette évolution existe, la réalité n'en peut
être établie que la science une fois faite ; on ne peut
donc en faire l'objet même de la recherche que si on la
pose comme une conception de l'esprit, non comme
une chose. Et en effet, il s'agit si bien d'une représentation toute subjective que, en fait, ce progrès de
l'humanité n'existe pas. Ce qui existe, ce qui seul est
donné à l'observation, ce sont des sociétés particulières
qui naissent, se développent, meurent indépendamment les unes des autres. Si encore les plus récentes
continuaient celles qui les ont précédées, chaque type
supérieur pourrait être considéré comme la simple
répétition du type immédiatement inférieur avec quelque chose en plus ; on pourrait donc les mettre tous
bout à bout, pour ainsi dire, en confondant ceux qui se
trouvent au même degré de développement, et la série
ainsi formée pourrait être regardée comme représenta-
tive de l'humanité. Mais les faits ne se présentent pas
avec cette extrême simplicité. Un peuple qui en
remplace un autre n'est pas simplement un prolongement de ce dernier avec quelques caractères nouveaux ;
il est autre, il a des propriétés en plus, d'autres en
moins ; il constitue une individualité nouvelle et toutes
ces individualités distinctes, étant hétérogènes, ne
peuvent pas se fondre en une même série continue, ni
surtout en une série unique. Car la suite des sociétés ne
saurait être figurée par une ligne géométrique ; elle
ressemble plutôt à un arbre dont les rameaux se
dirigent dans des sens divergents. En somme, Comte a
pris pour le développement historique la notion qu'il
en avait et qui ne diffère pas beaucoup de celle que s'en
fait le vulgaire. Vue de loin, en effet, l'histoire prend
assez bien cet aspect sériaire et simple. On n'aperçoit
que des individus qui se succèdent les uns aux autres et
marchent tous dans une même direction parce qu'ils
ont une même nature. Puisque, d'ailleurs, on ne
conçoit pas que l'évolution sociale puisse être autre
chose que le développement de quelque idée humaine,

il paraît tout naturel de la définir par l'idée que s'en font les hommes. Or, en procédant ainsi, non seulement on reste dans l'idéologie, mais on donne comme objet à la sociologie un concept qui n'a rien de proprement sociologique.

Ce concept, M. Spencer l'écarte, mais c'est pour le remplacer par un autre qui n'est pas formé d'une autre façon. Il fait des sociétés, et non de l'humanité, l'objet de la science ; seulement, il donne aussitôt des premières une définition qui fait évanouir la chose dont il parle pour mettre à la place la prénotion qu'il en a. Il pose, en effet, comme une proposition évidente qu' « une société n'existe que quand, à la juxtaposition, s'ajoute la coopération », que c'est par là seulement que l'union des individus devient une société proprement dite [1]. Puis, partant de ce principe que la coopération est l'essence de la vie sociale, il distingue les sociétés en deux classes suivant la nature de la coopération qui y domine. « Il y a, dit-il, une coopération spontanée qui s'effectue sans préméditation durant la poursuite de fins d'un caractère privé ; il y a aussi une coopération consciemment instituée qui suppose des fins d'intérêt public nettement reconnues [2]. » Aux premières, il donne le nom de sociétés industrielles ; aux secondes, celui de militaires, et on peut dire de cette distinction qu'elle est l'idée mère de sa sociologie.

Mais cette définition initiale énonce comme une chose ce qui n'est qu'une vue de l'esprit. Elle se présente, en effet, comme l'expression d'un fait immédiatement visible et que l'observation suffit à constater, puisqu'elle est formulée dès le début de la science comme un axiome. Et cependant, il est impossible de savoir par une simple inspection si réellement la coopération est le tout de la vie sociale. Une telle affirmation n'est scientifiquement légitime que si l'on a commencé par passer en revue les manifestations de

1. *Sociol.*, tr. fr., III, p. 331, 332.
2. *Ibid.*, p. 332.

l'existence collective et si l'on a fait voir qu'elles sont toutes des formes diverses de la coopération. C'est donc encore une certaine manière de concevoir la réalité sociale qui se substitue à cette réalité[1]. Ce qui est ainsi défini, ce n'est pas la société, mais l'idée que s'en fait M. Spencer. Et s'il n'éprouve aucun scrupule à procéder ainsi, c'est que, pour lui aussi, la société n'est et ne peut être que la réalisation d'une idée, à savoir de cette idée même de coopération par laquelle il la définit[2]. Il serait aisé de montrer que, dans chacun des problèmes particuliers qu'il aborde, sa méthode reste la même. Aussi, quoiqu'il affecte de procéder empiriquement, comme les faits accumulés dans sa sociologie sont employés à illustrer des analyses de notions plutôt qu'à décrire et à expliquer des choses, ils semblent bien n'être là que pour faire figure d'arguments. En réalité, tout ce qu'il y a d'essentiel dans sa doctrine peut être immédiatement déduit de sa définition de la société et des différentes formes de coopération. Car si nous n'avons le choix qu'entre une coopération tyranniquement imposée et une coopération libre et spontanée, c'est évidemment cette dernière qui est l'idéal vers lequel l'humanité tend et doit tendre.

Ce n'est pas seulement à la base de la science que se rencontrent ces notions vulgaires, mais on les retrouve à chaque instant dans la trame des raisonnements. Dans l'état actuel de nos connaissances, nous ne savons pas avec certitude ce que c'est que l'État, la souveraineté, la liberté politique, la démocratie, le socialisme, le communisme, etc., la méthode voudrait donc que l'on s'interdit tout usage de ces concepts, tant qu'ils ne sont pas scientifiquement constitués. Et cependant les mots qui les expriment reviennent sans cesse dans les discussions des sociologues. On les emploie couram-

---

1. Conception, d'ailleurs, controversable. (V. *Division du travail social*, II, p. 2, § 4.)
2. « La coopération ne saurait donc exister sans société, et c'est le but pour lequel une société existe. » (*Principes de Sociol.*, III, p. 332.)

ment et avec assurance comme s'ils correspondaient à
des choses bien connues et définies, alors qu'ils ne
réveillent en nous que des notions confuses, mélanges
indistincts d'impressions vagues, de préjugés et de
passions. Nous nous moquons aujourd'hui des singuliers raisonnements que les médecins du Moyen Âge
construisaient avec les notions du chaud, du froid, de
l'humide, du sec, etc., et nous ne nous apercevons pas
que nous continuons à appliquer cette même méthode
à l'ordre de phénomènes qui le comporte moins que
tout autre, à cause de son extrême complexité.

Dans les branches spéciales de la sociologie, ce
caractère idéologique est encore plus accusé.

C'est surtout le cas pour la morale. On peut dire, en
effet, qu'il n'y a pas un seul système où elle ne soit
représentée comme le simple développement d'une
idée initiale qui la contiendrait tout entière en puissance. Cette idée, les uns croient que l'homme la
trouve toute faite en lui dès sa naissance ; d'autres, au
contraire, qu'elle se forme plus ou moins lentement au
cours de l'histoire. Mais, pour les uns comme pour les
autres, pour les empiristes comme pour les rationalistes, elle est tout ce qu'il y a de vraiment réel en
morale. Pour ce qui est du détail des règles juridiques
et morales, elles n'auraient, pour ainsi dire, pas
d'existence par elles-mêmes, mais ne seraient que cette
notion fondamentale appliquée aux circonstances particulières de la vie et diversifiée suivant les cas. Dès
lors, l'objet de la morale ne saurait être ce système de
préceptes sans réalité, mais l'idée de laquelle ils
découlent et dont ils ne sont que des applications
variées. Aussi toutes les questions que se pose d'ordinaire l'éthique se rapportent-elles, non à des choses,
mais à des idées ; ce qu'il s'agit de savoir, c'est en quoi
consiste l'idée du droit, l'idée de la morale, non quelle
est la nature de la morale et du droit pris en eux-
mêmes. Les moralistes ne sont pas encore parvenus à
cette conception très simple que, comme notre représentation des choses sensibles vient de ces choses
mêmes et les exprime plus ou moins exactement, notre

représentation de la morale vient du spectacle même des règles qui fonctionnent sous nos yeux et les figure schématiquement ; que, par conséquent, ce sont ces règles et non la vue sommaire que nous en avons, qui forment la matière de la science, de même que la physique a pour objet les corps tels qu'ils existent, non l'idée que s'en fait le vulgaire. Il en résulte qu'on prend pour base de la morale ce qui n'en est que le sommet, à savoir la manière dont elle se prolonge dans les consciences individuelles et y retentit. Et ce n'est pas seulement dans les problèmes les plus généraux de la science que cette méthode est suivie ; elle reste la même dans les questions spéciales. Des idées essentielles qu'il étudie au début, le moraliste passe aux idées secondaires de famille, de patrie, de responsabilité, de charité, de justice ; mais c'est toujours à des idées que s'applique sa réflexion.

Il n'en est pas autrement de l'économie politique. Elle a pour objet, dit Stuart Mill, les faits sociaux qui se produisent principalement ou exclusivement en vue de l'acquisition des richesses [1]. Mais pour que les faits ainsi définis pussent être assignés, en tant que choses, à l'observation du savant, il faudrait tout au moins que l'on pût indiquer à quel signe il est possible de reconnaître ceux qui satisfont à cette condition. Or, au début de la science, on n'est même pas en droit d'affirmer qu'il en existe, bien loin qu'on puisse savoir quels ils sont. Dans tout ordre de recherches, en effet, c'est seulement quand l'explication des faits est assez avancée qu'il est possible d'établir qu'ils ont un but et quel il est. Il n'est pas de problème plus complexe ni moins susceptible d'être tranché d'emblée. Rien donc ne nous assure par avance qu'il y ait une sphère de l'activité sociale où le désir de la richesse joue réellement ce rôle prépondérant. Par conséquent, la matière de l'économie politique, ainsi comprise, est faite non de réalités qui peuvent être montrées du doigt, mais de simples possibles, de pures conceptions de l'esprit ; à

1. *Système de Logique*, III, p. 496.

savoir, des faits que l'économiste *conçoit* comme se rapportant à la fin considérée, et tels qu'il les conçoit. Entreprend-il, par exemple, d'étudier ce qu'il appelle la production ? D'emblée, il croit pouvoir énumérer les principaux agents à l'aide desquels elle a lieu et les passer en revue. C'est donc qu'il n'a pas reconnu leur existence en observant de quelles conditions dépendait la chose qu'il étudie ; car alors il eût commencé par exposer les expériences d'où il a tiré cette conclusion. Si, dès le début de la recherche et en quelques mots, il procède à cette classification, c'est qu'il l'a obtenue par une simple analyse logique. Il part de l'idée de production ; en la décomposant, il trouve qu'elle implique logiquement celles de forces naturelles, de travail, d'instrument ou de capital et il traite ensuite de la même manière ces idées dérivées[1].

La plus fondamentale de toutes les théories économiques, celle de la valeur, est manifestement construite d'après cette même méthode. Si la valeur y était étudiée comme une réalité doit l'être, on verrait d'abord l'économiste indiquer à quoi l'on peut reconnaître la chose appelée de ce nom, puis en classer les espèces, chercher par des inductions méthodiques en fonction de quelles causes elles varient, comparer enfin ces divers résultats pour en dégager une formule générale. La théorie ne pourrait donc venir que quand la science a été poussée assez loin. Au lieu de cela, on la rencontre dès le début. C'est que, pour la faire, l'économiste se contente de se recueillir, de prendre conscience de l'idée qu'il se fait de la valeur, c'est-à-dire d'un objet susceptible de s'échanger ; il trouve qu'elle implique l'idée de l'utile, celle du rare, etc., et c'est avec ces produits de son analyse qu'il construit sa définition. Sans doute il la confirme par quelques exemples. Mais quand on songe aux faits innombrables

---

1. Ce caractère ressort des expressions mêmes employées par les économistes. Il est sans cesse question d'idées, de l'idée d'utile, de l'idée d'épargne, de placement, de dépense. (V. GIDE, *Principes d'économie politique*, liv. III, ch. I, § 1 ; ch. II, § 1, ch. III, § 1.)

dont une pareille théorie doit rendre compte, comment accorder la moindre valeur démonstrative aux faits, nécessairement très rares, qui sont ainsi cités au hasard de la suggestion ?

Aussi, en économie politique comme en morale, la part de l'investigation scientifique est-elle très restreinte ; celle de l'art, prépondérante. En morale, la partie théorique est réduite à quelques discussions sur l'idée du devoir, du bien et du droit. Encore ces spéculations abstraites ne constituent-elles pas une science, à parler exactement, puisqu'elles ont pour objet de déterminer non ce qui est, en fait, la règle suprême de la moralité, mais ce qu'elle doit être. De même, ce qui tient le plus de place dans les recherches des économistes, c'est la question de savoir, par exemple, si la société *doit être* organisée d'après les conceptions des individualistes ou d'après celles des socialistes ; *s'il est meilleur* que l'État intervienne dans les rapports industriels et commerciaux ou les abandonne entièrement à l'initiative privée ; si le système monétaire *doit être* le monométallisme ou le bimétallisme, etc., etc. Les lois proprement dites y sont peu nombreuses ; même celles qu'on a l'habitude d'appeler ainsi ne méritent généralement pas cette qualification, mais ne sont que des maximes d'action, des préceptes pratiques déguisés. Voilà, par exemple, la fameuse loi de l'offre et de la demande. Elle n'a jamais été établie inductivement, comme expression de la réalité économique. Jamais aucune expérience, aucune comparaison méthodique n'a été instituée pour établir que, *en fait*, c'est suivant cette loi que procèdent les relations économiques. Tout ce qu'on a pu faire et tout ce qu'on a fait, c'est de démontrer dialectiquement que les individus doivent procéder ainsi, s'ils entendent bien leurs intérêts ; c'est que toute autre manière de faire leur serait nuisible et impliquerait de la part de ceux qui s'y prêteraient une véritable aberration logique. Il est logique que les industries les plus productives soient les plus recherchées ; que les détenteurs des produits les plus demandés et les plus rares les vendent au plus haut prix. Mais cette nécessité toute logique ne ressemble en rien à celle que présentent les vraies lois de la nature. Celles-ci expriment les rapports suivant lesquels les faits s'enchaînent réellement, non la manière dont il est bon qu'ils s'enchaînent.

Ce que nous disons de cette loi peut être répété de toutes celles que l'école économique orthodoxe qualifie de naturelles et qui, d'ailleurs, ne sont guère que des cas particuliers de la précédente. Elles sont naturelles, si l'on veut, en ce sens qu'elles énoncent les moyens qu'il est ou qu'il peut paraître naturel d'employer pour atteindre telle fin supposée ; mais elles ne doivent pas être appelées de ce nom, si, par loi naturelle, on entend toute manière d'être de la nature, inductivement constatée. Elles ne sont en somme que des conseils de sagesse pratique et, si l'on a pu, plus ou moins spécieusement, les présenter comme l'expression même de la réalité, c'est que, à tort ou à raison, on a cru pouvoir supposer que ces conseils étaient effectivement suivis par la généralité des hommes et dans la généralité des cas.

Et cependant les phénomènes sociaux sont des choses et doivent être traités comme des choses. Pour démontrer cette proposition, il n'est pas nécessaire de philosopher sur leur nature, de discuter les analogies qu'ils présentent avec les phénomènes des règnes inférieurs. Il suffit de constater qu'ils sont l'unique *datum* offert au sociologue. Est chose, en effet, tout ce qui est donné, tout ce qui s'offre ou, plutôt, s'impose à l'observation. Traiter des phénomènes comme des choses, c'est les traiter en qualité de *data* qui constituent le point de départ de la science. Les phénomènes sociaux présentent incontestablement ce caractère. Ce qui nous est donné, ce n'est pas l'idée que les hommes se font de la valeur, car elle est inaccessible : ce sont les valeurs qui s'échangent réellement au cours des relations économiques. Ce n'est pas telle ou telle conception de l'idéal moral ; c'est l'ensemble des règles qui déterminent effectivement la conduite. Ce n'est pas l'idée de l'utile ou de la richesse ; c'est tout le détail de l'organisation économique. Il est possible que la vie sociale ne soit que le développement de certaines notions ; mais, à supposer que cela soit, ces notions ne sont pas données immédiatement. On ne peut donc les atteindre directement, mais seulement à travers la réalité phénoménale qui les exprime. Nous ne savons pas *a priori* quelles idées sont à l'origine des divers courants entre lesquels se partage la vie sociale ni s'il y en a ; c'est seulement après les avoir remontés jusqu'à leurs sources que nous saurons d'où ils proviennent.

Il nous faut donc considérer les phénomènes sociaux en eux-mêmes, détachés des sujets conscients qui se les représentent ; il faut les étudier du dehors comme des choses extérieures ; car c'est en cette qualité qu'ils se présentent à nous. Si cette extériorité n'est qu'apparente, l'illusion se dissipera à mesure que la science avancera et l'on verra, pour ainsi dire, le dehors rentrer dans le dedans. Mais la solution ne peut être préjugée et, alors même que, finalement, ils n'auraient pas tous les caractères intrinsèques de la chose, on doit d'abord les traiter comme s'ils les avaient. Cette règle s'applique donc à la réalité sociale tout entière, sans qu'il y ait lieu de faire aucune exception. Même les phénomènes qui paraissent le plus consister en arrangements artificiels doivent être considérés de ce point de vue. *Le caractère conventionnel d'une pratique ou d'une institution ne doit jamais être présumé.* Si, d'ailleurs, il nous est permis d'invoquer notre expérience personnelle, nous croyons pouvoir assurer que, en procédant de cette manière, on aura souvent la satisfaction de voir les faits en apparence les plus arbitraires présenter ensuite à une observation plus attentive des caractères de constance et de régularité, symptômes de leur objectivité.

Du reste, et d'une manière générale, ce qui a été dit précédemment sur les caractères distinctifs du fait social, suffit à nous rassurer sur la nature de cette objectivité et à prouver qu'elle n'est pas illusoire. En effet, on reconnaît principalement une chose à ce signe qu'elle ne peut pas être modifiée par un simple décret de la volonté. Ce n'est pas qu'elle soit réfractaire à toute modification. Mais, pour y produire un changement, il ne suffit pas de le vouloir, il faut encore un effort plus ou moins laborieux, dû à la résistance qu'elle nous oppose et qui, d'ailleurs, ne peut pas toujours être vaincue. Or nous avons vu que les faits sociaux ont cette propriété. Bien loin qu'ils soient un produit de notre volonté, ils la déterminent du dehors ; ils consistent comme en des moules en lesquels nous sommes nécessités à couler nos actions. Souvent même, cette nécessité est telle que nous ne pouvons pas y échapper. Mais alors même que nous parvenons à en triompher, l'opposition que nous recontrons suffit à nous avertir que nous sommes en présence de quelque chose qui ne dépend pas de nous. Donc, en considérant les phénomènes sociaux comme des choses, nous ne ferons que nous conformer à leur nature.

En définitive, la réforme qu'il s'agit d'introduire en sociologie est de tous points identique à celle qui a transformé la psychologie dans ces trente dernières années. De même que Comte et M. Spencer déclarent que les faits sociaux sont des faits de nature, sans cependant les traiter comme des choses, les différentes écoles empiriques avaient, depuis longtemps, reconnu le caractère naturel des phénomènes psychologiques * tout en continuant à leur appliquer une méthode purement idéologique. * En effet, les empiristes, ** non moins que leurs adversaires, procédaient exclusivement par introspection. ** Or, les faits que l'on n'observe que sur soi-même sont trop rares, trop

---

* « et déclaré qu'ils devaient être étudiés d'après la méthode des sciences physiques. Cependant, en réalité, tous les travaux que nous leur devons se réduisent à de pures analyses idéologiques, non moins que ceux de l'école métaphysique. » (*R.P.*, p. 486.)

** « eux aussi n'employaient que la méthode introspective. » (*R.P.*, p. 486.)

fuyants, * trop malléables pour pouvoir s'imposer aux notions correspondantes que l'habitude a fixées en nous et leur faire la loi. Quand donc ces dernières ne sont pas soumises à un autre contrôle, rien ne leur fait contrepoids ; par suite, elles prennent la place des faits * et constituent la matière de la science. Aussi ni Locke, ni Condillac n'ont-ils considéré les phénomènes psychiques objectivement. Ce n'est pas la sensation qu'ils étudient, mais une certaine idée de la sensation. C'est pourquoi, quoique à de certains égards, ils aient préparé l'avènement de la psychologie scientifique, celle-ci n'a vraiment pris naissance que beaucoup plus tard, quand on fut enfin parvenu à cette conception que les états de conscience peuvent et doivent être considérés du dehors, et non du point de vue de la conscience qui les éprouve. Telle est la grande révolution qui s'est accomplie en ce genre d'études. Tous les procédés particuliers, toutes les méthodes nouvelles dont on a enrichi cette science ne sont que des moyens divers pour réaliser plus complètement cette idée fondamentale. C'est ce même progrès qui reste à faire à la sociologie. Il faut qu'elle passe du stade subjectif, qu'elle n'a encore guère dépassé, à la phase objective.

Ce passage y est, d'ailleurs, moins difficile à effectuer qu'en psychologie. En effet, les faits psychiques sont naturellement donnés comme des états du sujet, dont ils ne paraissent même pas séparables. Intérieurs par définition, il semble qu'on ne puisse les traiter comme extérieurs qu'en faisant violence à leur nature. Il faut non seulement un effort d'abstraction, mais tout un ensemble de procédés et d'artifices pour arriver à les considérer de ce biais. Au contraire, les faits sociaux ont bien plus naturellement et plus immédiatement tous les caractères de la chose. Le droit existe dans les codes, les mouvements de la vie quotidienne s'inscri-

---

* « pour contrôler efficacement les notions correspondantes que l'habitude a fixées en nous. Celles-ci restent donc sans contre-poids ; par suite elles s'interposent entre les faits et nous » (*R.P.*, p. 487.)

vent dans les chiffres de la statistique, dans les monuments de l'histoire, les modes dans les costumes, les goûts dans les œuvres d'art. Ils tendent en vertu de leur nature même à se constituer en dehors des consciences individuelles, puisqu'ils les dominent. Pour les voir sous leur aspect de choses, il n'est donc pas nécessaire de les torturer avec ingéniosité. De ce point de vue, la sociologie a sur la psychologie un sérieux avantage qui n'a pas été aperçu jusqu'ici et qui doit en hâter le développement. Les faits sont peut-être plus difficiles à interpréter parce qu'ils sont plus complexes, mais ils sont plus faciles à atteindre. La psychologie, au contraire, n'a pas seulement du mal à les élaborer, mais aussi à les saisir. Par conséquent, il est permis de croire que, du jour où ce principe de la méthode sociologique sera unanimement reconnu et pratiqué, on verra la sociologie progresser avec une rapidité que la lenteur actuelle de son développement ne ferait guère supposer, et regagner même l'avance que la psychologie doit uniquement à son antériorité historique [1].

II

Mais l'expérience de nos devanciers nous a montré que, pour assurer la réalisation pratique de la vérité qui vient d'être établie, il ne suffit pas d'en donner une démonstration théorique ni même de s'en pénétrer. L'esprit est si naturellement enclin à la méconnaître qu'on retombera inévitablement dans les anciens errements si l'on ne se soumet à une discipline rigoureuse, dont nous allons formuler les règles principales, corollaires de la précédente.

---

1. Il est vrai que la complexité plus grande des faits sociaux en rend la science plus malaisée. Mais, par compensation, précisément parce que la sociologie est la dernière venue, elle est en état de profiter des progrès réalisés par les sciences inférieures et de s'instruire à leur école. Cette utilisation des expériences faites ne peut manquer d'en accélérer le développement.

1° Le premier de ces corollaires est que : *Il faut écarter systématiquement toutes les prénotions.* Une démonstration spéciale de cette règle n'est pas nécessaire ; elle résulte de tout ce que nous avons dit précédemment. Elle est, d'ailleurs, la base de toute méthode scientifique. Le doute méthodique de Descartes n'en est, au fond, qu'une application. Si, au moment où il va fonder la science, Descartes se fait une loi de mettre en doute toutes les idées qu'il a reçues antérieurement, c'est qu'il ne veut employer que des concepts scientifiquement élaborés, c'est-à-dire construits d'après la méthode qu'il institue ; tous ceux qu'il tient d'une autre origine doivent donc être rejetés, au moins provisoirement. Nous avons déjà vu que la théorie des Idoles, chez Bacon, n'a pas d'autre sens. Les deux grandes doctrines que l'on a si souvent opposées l'une à l'autre concordent sur ce point essentiel. Il faut donc que le sociologue, soit au moment où il détermine l'objet de ses recherches, soit dans le cours de ses démonstrations, s'interdise résolument l'emploi de ces concepts qui se sont formés en dehors de la science et pour des besoins qui n'ont rien de scientifique. Il faut qu'il s'affranchisse de ces fausses évidences qui dominent l'esprit du vulgaire, qu'il secoue, une fois pour toutes, le joug de ces catégories empiriques qu'une longue accoutumance finit souvent par rendre tyranniques. Tout au moins, si, parfois, la nécessité l'oblige à y recourir, qu'il le fasse en ayant conscience de leur peu de valeur, afin de ne pas les appeler à jouer dans la doctrine un rôle dont elles ne sont pas dignes.

Ce qui rend cet affranchissement particulièrement difficile en sociologie, c'est que le sentiment se met souvent de la partie. Nous nous passionnons, en effet, pour nos croyances politiques et religieuses, pour nos pratiques morales bien autrement que pour les choses du monde physique ; par suite, ce caractère passionnel se communique à la manière dont nous concevons et dont nous nous expliquons les premières. Les idées que nous nous en faisons nous tiennent à cœur, tout comme leurs objets, et prennent ainsi une telle autorité qu'elles ne supportent pas la contradiction. Toute opinion qui les gêne est traitée en ennemie. Une proposition n'est-elle pas d'accord avec l'idée qu'on se fait du patriotisme, ou de la dignité individuelle, par exemple ? Elle est niée, quelles que soient les preuves sur lesquelles elle repose. On ne peut pas admettre qu'elle soit vraie ; on lui oppose une fin de non-recevoir, et la passion, pour se justifier, n'a pas de peine à suggérer des raisons qu'on trouve facilement décisives. Ces notions peuvent même avoir un tel prestige qu'elles ne tolèrent même pas l'examen scientifique. Le seul fait de les soumettre, ainsi que les phénomènes qu'elles expriment, à une froide et sèche analyse révolte certains esprits. Quiconque entreprend d'étudier la morale du dehors et comme une réalité extérieure paraît à ces délicats dénué de sens moral, comme le vivisectionniste semble au vulgaire dénué de la sensibilité commune. Bien loin * d'admettre que ces sentiments relèvent de * la science, c'est à eux que l'on croit devoir s'adresser pour faire la science des choses auxquelles ils se rapportent. « Malheur, écrit un éloquent historien des religions, malheur au savant qui aborde les choses de Dieu sans avoir au fond de sa conscience, dans l'arrière-couche indestructible de son être, là où dort l'âme des ancêtres, un sanctuaire inconnu d'où s'élève par instants un parfum d'encens, une ligne de psaume, un cri douloureux ou triomphal qu'enfant il a jeté vers le ciel à la suite de ses frères et qui le remet en communion soudaine avec les prophètes d'autrefois [1] ! »

On ne saurait s'élever avec trop de force contre cette doctrine mystique qui — comme tout mysticisme, d'ailleurs — n'est, au fond, qu'un empirisme déguisé, négateur de toute science. Les sentiments qui ont pour objets les choses sociales n'ont pas de privilège sur les

---

* « de soumettre ces sentiments au contrôle de » (*R.P.* p. 489.)

1. J. DARMESTETER, *Les prophètes d'Israël*, p. 9.

autres, car ils n'ont pas une autre origine. Ils se sont, eux aussi, formés historiquement ; ils sont un produit de l'expérience humaine mais d'une expérience confuse et inorganisée. Ils ne sont pas dus à je ne sais quelle anticipation transcendantale de la réalité, mais ils sont la résultante de toute sorte d'impressions et d'émotions accumulées sans ordre, au hasard des circonstances, sans interprétation méthodique. Bien loin qu'ils nous apportent des clartés supérieures aux clartés rationnelles, ils sont faits exclusivement d'états forts, il est vrai, mais troubles. Leur accorder une pareille prépondérance, c'est donner aux facultés inférieures de l'intelligence la suprématie sur les plus élevées, c'est se condamner à une logomachie plus ou moins oratoire. Une science ainsi faite ne peut satisfaire que les esprits qui aiment mieux penser avec leur sensibilité qu'avec leur entendement, qui préfèrent les synthèses immédiates et confuses de la sensation aux analyses patientes et lumineuses de la raison. Le sentiment est objet de science, non le critère de la vérité scientifique. Au reste, il n'est pas de science qui, à ses débuts, n'ait rencontré des résistances analogues. Il fut un temps où les sentiments relatifs aux choses du monde physique, ayant eux-mêmes un caractère religieux ou moral s'opposaient avec non moins de force à l'établissement des sciences physiques. On peut donc croire que, pourchassé de science en science, ce préjugé finira par disparaître de la sociologie elle-même, sa dernière retraite, pour laisser le terrain libre au savant.

2° Mais la règle précédente est toute négative. Elle apprend au sociologue à échapper à l'empire des notions vulgaires, pour tourner son attention vers les faits ; mais elle ne dit pas la manière dont il doit se saisir de ces derniers pour en faire une étude objective.

Toute investigation scientifique porte sur un groupe déterminé de phénomènes qui répondent à une même définition. La première démarche du sociologue doit donc être de définir les choses dont il traite, afin que l'on sache et qu'il sache bien de quoi il est question. C'est la première et la plus indispensable condition de toute preuve et de toute vérification ; une théorie, en effet, ne peut être contrôlée que si l'on sait reconnaître les faits dont elle doit rendre compte. * De plus, puisque c'est par cette définition initiale qu'est constitué * l'objet même de la science, celui-ci sera une chose ou non, suivant la manière dont cette définition sera faite.

Pour qu'elle soit objective, il faut évidemment qu'elle exprime les phénomènes en fonction, non d'une idée de l'esprit, mais de propriétés qui leur sont inhérentes. Il faut qu'elle les caractérise par un élément intégrant de leur nature, non par leur conformité à une notion plus ou moins idéale. Or, au moment où la recherche va seulement commencer, alors que les faits n'ont encore été soumis à aucune élaboration, les seuls de leurs caractères qui puissent être atteints sont ceux qui se trouvent assez extérieurs pour être immédiatement visibles. Ceux qui sont situés plus profondément sont, sans doute, plus essentiels ; leur valeur explicative est plus haute, mais ils sont inconnus à cette phase de la science et ne peuvent être anticipés que si l'on substitue à la réalité quelque conception de l'esprit. C'est donc parmi les premiers que doit être cherchée la matière de cette définition fondamentale. D'autre part, il est clair que cette définition devra comprendre, sans exception ni distinction, tous les phénomènes qui présentent également ces mêmes caractères ; car nous n'avons aucune raison ni aucun moyen de choisir entre eux. Ces propriétés sont alors tout ce que nous savons du réel ; par conséquent, elles doivent déterminer souverainement la manière dont les faits doivent être groupés. Nous ne possédons aucun autre critère qui puisse, même partiellement, suspendre les effets du précédent. D'où la règle suivante : *Ne jamais prendre pour objet de recherches qu'un groupe de phénomènes*

---

* « On conçoit aisément l'importance de cette définition initiale puisque c'est elle qui constitue » (*R.P.*, p. 490.)

préalablement définis par certains caractères extérieurs qui leur sont communs et comprendre dans la même recherche tous ceux qui répondent à cette définition. Par exemple, nous constatons l'existence d'un certain nombre d'actes qui présentent tous ce caractère extérieur que, une fois accomplis, ils déterminent de la part de la société cette réaction particulière qu'on nomme la peine. Nous en faisons un groupe *sui generis*, auquel nous imposons une rubrique commune ; nous appelons crime tout acte puni et nous faisons du crime ainsi défini l'objet d'une science spéciale, la criminologie. De même, nous observons, à l'intérieur de toutes les sociétés connues, l'existence d'une société partielle, reconnaissable à ce signe extérieur qu'elle est formée d'individus consanguins, pour la plupart, les uns des autres et qui sont unis entre eux par des liens juridiques. Nous faisons des faits qui s'y rapportent un groupe particulier, auquel nous donnons un nom particulier ; ce sont les phénomènes de la vie domestique. Nous appelons famille tout agrégat de ce genre et nous faisons de la famille ainsi définie l'objet d'une investigation spéciale qui n'a pas encore reçu de dénomination déterminée dans la terminologie sociologique. Quand, plus tard, on passera de la famille en général aux différents types familiaux, on appliquera la même règle. Quand on abordera, par exemple, l'étude du clan, ou de la famille maternelle, ou de la famille patriarcale, on commencera par les définir et d'après la même méthode. L'objet de chaque problème, qu'il soit général ou particulier, doit être constitué suivant le même principe.

En procédant de cette manière, le sociologue, dès sa première démarche, prend immédiatement pied dans la réalité. En effet, la façon dont les faits sont ainsi classés ne dépend pas de lui, de la tournure particulière de son esprit, mais de la nature des choses. Le signe qui les fait ranger dans telle ou telle catégorie peut être montré à tout le monde, reconnu de tout le monde et les affirmations d'un observateur peuvent être contrôlées par les autres. Il est vrai que la notion ainsi constituée ne cadre pas toujours ou même ne cadre généralement pas avec la notion commune. Par exemple, il est évident que, pour le sens commun, les faits de libre pensée ou les manquements à l'étiquette, si régulièrement et si sévèrement punis dans une multitude de sociétés, ne sont pas regardés comme des crimes même par rapport à ces sociétés. De même, un clan n'est pas une famille, dans l'acception usuelle du mot. Mais il n'importe ; car il ne s'agit pas simplement de découvrir un moyen qui nous permette de retrouver assez sûrement les faits auxquels s'appliquent les mots de la langue courante et les idées qu'ils traduisent. Ce qu'il faut, c'est constituer de toutes pièces des concepts nouveaux, appropriés aux besoins de la science et exprimés à l'aide d'une terminologie spéciale. Ce n'est pas, sans doute, que le concept vulgaire soit inutile au savant ; il sert d'indicateur. Par lui, nous sommes informés qu'il existe quelque part un ensemble de phénomènes qui sont réunis sous une même appellation et qui, par conséquent, doivent vraisemblablement avoir des caractères communs ; même, comme il n'est jamais sans avoir eu quelque contact avec les phénomènes, il nous indique parfois, mais en gros, dans quelle direction ils doivent être recherchés. Mais, comme il est grossièrement formé, il est tout naturel qu'il ne coïncide pas exactement avec le concept scientifique, institué à son occasion [1].

Si évidente et si importante que soit cette règle, elle

---

* 1. Dans la pratique, c'est toujours du concept vulgaire et du mot vulgaire que l'on part. On cherche si, parmi les choses que connote confusément ce mot, il en est qui présentent des caractères extérieurs communs. S'il y en a et si le concept formé par le groupement des faits ainsi rapprochés coïncide, sinon totalement (ce qui est rare), du moins en majeure partie, avec le concept vulgaire, on pourra continuer à désigner le premier par le même mot que le second et garder dans la science l'expression usitée dans la langue courante. Mais si l'écart est trop considérable, si la notion commune confond une pluralité de notions distinctes, la création de termes nouveaux et spéciaux s'impose.

* Cette note ne figure pas dans le texte initial.

n'est guère observée en sociologie. Précisément parce qu'il y est traité de choses dont nous parlons sans cesse, comme la famille, la propriété, le crime, etc., il paraît le plus souvent inutile au sociologue d'en donner une définition préalable et rigoureuse. Nous sommes tellement habitués à nous servir de ces mots, qui reviennent à tout instant dans le cours des conversations, qu'il semble inutile de préciser le sens dans lequel nous les prenons. On s'en réfère simplement à la notion commune. Or celle-ci est très souvent ambiguë. Cette ambiguïté fait qu'on réunit sous un même nom et dans une même explication des choses, en réalité, très différentes. De là proviennent d'inextricables confusions. Ainsi, il existe deux sortes d'unions monogamiques : les unes le sont de fait, les autres de droit. Dans les premières, le mari n'a qu'une femme quoique, juridiquement, il puisse en avoir plusieurs ; dans les secondes, il lui est légalement interdit d'être polygame. La monogamie de fait se rencontre chez plusieurs espèces animales et dans certaines sociétés inférieures, non pas à l'état sporadique, mais avec la même généralité que si elle était imposée par la loi. Quand la peuplade est dispersée sur une vaste surface, la trame sociale est très lâche, et par suite, les individus vivent isolés les uns des autres. Dès lors, chaque homme cherche naturellement à se procurer une femme et une seule, parce que, dans cet état d'isolement, il lui est difficile d'en avoir plusieurs. La monogamie obligatoire, au contraire, ne s'observe que dans les sociétés les plus élevées. Ces deux espèces de sociétés conjugales ont donc une signification très différente, et pourtant le même mot sert à les désigner ; car on dit couramment de certains animaux qu'ils sont monogames, quoiqu'il n'y ait chez eux rien qui ressemble à une obligation juridique. Or M. Spencer, abordant l'étude du mariage, emploie le mot de monogamie, sans le définir, avec son sens usuel et équivoque. Il en résulte que l'évolution du mariage lui paraît présenter une incompréhensible anomalie, puisqu'il croit observer la forme supérieure de l'union sexuelle dès les

premières phases du développement historique, alors
qu'elle semble plutôt disparaître dans la période intermédiaire pour réapparaître ensuite. Il en conclut qu'il
n'y a pas de rapport régulier entre le progrès social en
général et l'avancement progressif vers un type parfait
de vie familiale. Une définition opportune eût prévenu
cette erreur[1].

Dans d'autres cas, on prend bien soin de définir
l'objet sur lequel va porter la recherche ; mais, au lieu
de comprendre dans la définition et de grouper sous la
même rubrique tous les phénomènes qui ont les mêmes
propriétés extérieures, on fait entre eux un triage. On
en choisit certains, sorte d'élite, que l'on regarde
comme ayant seuls le droit d'avoir ces caractères.
Quant aux autres, on les considère comme ayant
usurpé ces signes distinctifs et on n'en tient pas
compte. Mais il est aisé de prévoir que l'on ne peut
obtenir de cette manière qu'une notion subjective et
tronquée. Cette élimination, en effet, ne peut être faite
que d'après une idée préconçue, puisque, au début de
la science, aucune recherche n'a pu encore établir la
réalité de cette usurpation, à supposer qu'elle soit
possible. Les phénomènes choisis ne peuvent avoir été
retenus que parce qu'ils étaient, plus que les autres,
conformes à la conception idéale que l'on se faisait de
cette sorte de réalité. Par exemple, M. Garofalo, au
commencement de sa *Criminologie*, démontre fort bien
que le point de départ de cette science doit être « la
notion sociologique du crime[2] ». Seulement, pour
constituer cette notion, il ne compare pas indistinctement tous les actes qui, dans les différents types
sociaux, ont été réprimés par des peines régulières,
mais seulement certains d'entre eux, à savoir ceux qui
offensent la partie moyenne et immuable du sens

---

1. C'est la même absence de définition qui a fait dire parfois que la
démocratie se rencontrait également au commencement et à la fin de
l'histoire. La vérité, c'est que la démocratie primitive et celle
d'aujourd'hui sont très différentes l'une de l'autre.
2. *Criminologie*, p. 2.

moral. Quant aux sentiments moraux qui ont disparu dans la suite de l'évolution, ils ne lui paraissent pas fondés dans la nature des choses pour cette raison qu'ils n'ont pas réussi à se maintenir; par suite, les actes qui ont été réputés criminels parce qu'ils les violaient, lui semblent n'avoir dû cette dénomination qu'à des circonstances accidentelles et plus ou moins pathologiques. Mais c'est en vertu d'une conception toute personnelle de la moralité qu'il procède à cette élimination. Il part de cette idée que l'évolution morale, prise à sa source même ou dans les environs, roule toute sorte de scories et d'impuretés qu'elle élimine ensuite progressivement, et qu'aujourd'hui seulement elle est parvenue à se débarrasser de tous les éléments adventices qui, primitivement, en troublaient le cours. Mais ce principe n'est ni un axiome évident ni une vérité démontrée; ce n'est qu'une hypothèse, que rien même ne justifie. Les parties variables du sens moral ne sont pas moins fondées dans la nature des choses que les parties immuables; les variations par lesquelles ont passé les premières témoignent seulement que les choses elles-mêmes ont varié. En zoologie, les formes spéciales aux espèces inférieures ne sont pas regardées comme moins naturelles que celles qui se répètent à tous les degrés de l'échelle animale. De même, les actes taxés crimes par les sociétés primitives, et qui ont perdu cette qualification, sont réellement criminels par rapport à ces sociétés, tout comme ceux que nous continuons à réprimer aujourd'hui. Les premiers correspondent aux conditions changeantes de la vie sociale, les seconds aux conditions constantes; mais les uns ne sont pas plus artificiels que les autres.

Il y a plus : alors même que ces actes auraient indûment revêtu le caractère criminologique, néanmoins ils ne devraient pas être séparés radicalement des autres ; car les formes morbides d'un phénomène ne sont pas d'une autre nature que les formes normales et, par conséquent, il est nécessaire d'observer les premières comme les secondes pour déterminer cette nature. La maladie ne s'oppose pas à la santé ; ce sont

deux variétés du même genre et qui s'éclairent mutuellement. C'est une règle depuis longtemps reconnue et
pratiquée en biologie comme en psychologie et que le
sociologue n'est pas moins tenu de respecter. A moins
d'admettre qu'un même phénomène puisse être dû
tantôt à une cause et tantôt à une autre, c'est-à-dire à
moins de nier le principe de causalité, les causes qui
impriment à un acte, mais d'une manière anormale, le
signe distinctif du crime, ne sauraient différer en
espèce de celles qui produisent normalement le même
effet ; elles s'en distinguent seulement en degré ou
parce qu'elles n'agissent pas dans le même ensemble de
circonstances. Le crime anormal est donc encore un
crime et doit, par suite, entrer dans la définition du
crime. Aussi qu'arrive-t-il ? C'est que M. Garofalo
prend pour le genre ce qui n'est que l'espèce ou même
une simple variété. Les faits auxquels s'applique sa
formule de la criminalité ne représentent qu'une
infime minorité parmi ceux qu'elle devrait comprendre ; car elle ne convient ni aux crimes religieux, ni aux
crimes contre l'étiquette, le cérémonial, la tradition,
etc., qui, s'ils ont disparu de nos Codes modernes,
remplissent, au contraire, presque tout le droit pénal
des sociétés antérieures.

C'est la même faute de méthode qui fait que certains
observateurs refusent aux sauvages toute espèce de
moralité [1]. Ils partent de cette idée que notre morale est
la morale ; or il est évident qu'elle est inconnue des
peuples primitifs ou qu'elle n'y existe qu'à l'état
rudimentaire. Mais cette définition est arbitraire.
Appliquons notre règle et tout change. Pour décider si
un précepte est moral ou non, nous devons examiner
s'il présente ou non le signe extérieur de la moralité ; ce
signe consiste dans une sanction répressive diffuse,
c'est-à-dire dans un blâme de l'opinion publique qui

---

1. V. LUBBOCK, *Les origines de la civilisation*, ch. VIII. — Plus
généralement encore, on dit, non moins faussement, que les religions
anciennes sont amorales ou immmorales. La vérité est qu'elles ont
leur morale à elles.

venge toute violation du précepte. Toutes les fois que nous sommes en présence d'un fait qui présente ce caractère, nous n'avons pas le droit de lui dénier la qualification de moral ; car c'est la preuve qu'il est de même nature que les autres faits moraux. Or, non seulement des règles de ce genre se rencontrent dans les sociétés inférieures, mais elles y sont plus nombreuses que chez les civilisés. Une multitude d'actes qui, actuellement, sont abandonnés à la libre appréciation des individus, sont alors imposés obligatoirement. On voit à quelles erreurs on est entraîné soit quand on ne définit pas, soit quand on définit mal.

Mais, dira-t-on, définir les phénomènes par leurs caractères apparents, n'est-ce pas attribuer aux propriétés superficielles une sorte de prépondérance sur les attributs fondamentaux ; n'est-ce pas, par un véritable renversement de l'ordre logique, faire reposer les choses sur leurs sommets, et non sur leurs bases ? C'est ainsi que, quand on définit le crime par la peine, on s'expose presque inévitablement à être accusé de vouloir dériver le crime de la peine ou, suivant une citation bien connue, de voir dans l'échafaud la source de la honte, non dans l'acte expié. Mais le reproche repose sur une confusion. Puisque la définition dont nous venons de donner la règle est placée au commencement de la science, elle ne saurait avoir pour objet d'exprimer l'essence de la réalité ; elle doit seulement nous mettre en état d'y parvenir ultérieurement. Elle a pour unique fonction de nous faire prendre contact avec les choses et, comme celles-ci ne peuvent être atteintes par l'esprit que du dehors, c'est par leurs dehors qu'elle les exprime. Mais elle ne les explique pas pour autant ; elle fournit seulement le premier point d'appui nécessaire à nos explications. Non certes, ce n'est pas la peine qui fait le crime, mais c'est par elle qu'il se révèle extérieurement à nous et c'est d'elle, par conséquent, qu'il faut partir si nous voulons arriver à le comprendre.

L'objection ne serait fondée que si ces caractères extérieurs étaient en même temps accidentels, c'est-à-

dire s'ils n'étaient pas liés aux propriétés fondamentales. Dans ces conditions en effet, la science, après les
avoir signalés, n'aurait aucun moyen d'aller plus loin ;
elle ne pourrait descendre plus bas dans la réalité,
puisqu'il n'y aurait aucun rapport entre la surface et le
fond. Mais, à moins que le principe de causalité ne soit
un vain mot, quand des caractères déterminés se
retrouvent identiquement et sans aucune exception
dans tous les phénomènes d'un certain ordre, on peut
être assuré qu'ils tiennent étroitement à la nature de
ces derniers et qu'ils en sont solidaires. Si un groupe
donné d'actes présente également cette particularité
qu'une sanction pénale y est attachée, c'est qu'il existe
un lien intime entre la peine et les attributs constitutifs
de ces actes. Par conséquent, si superficielles qu'elles
soient, ces propriétés, pourvu qu'elles aient été méthodiquement observées, montrent bien au savant la voie
qu'il doit suivre pour pénétrer plus au fond des choses ;
elles sont le premier et indispensable anneau de la
chaîne que la science déroulera ensuite au cours de ses
explications.

Puisque c'est par la sensation que l'extérieur des
choses nous est donné, on peut donc dire en résumé :
la science, pour être objective, doit partir, non de
concepts qui se sont formés sans elle, mais de la
sensation. C'est aux données sensibles qu'elle doit
directement emprunter les éléments de ses définitions
initiales. Et en effet, il suffit de se représenter en quoi
consiste l'œuvre de la science pour comprendre qu'elle
ne peut pas procéder autrement. Elle a besoin de
concepts qui expriment adéquatement les choses, telles
qu'elles sont, non telles qu'il est utile à la pratique de
les concevoir. Or ceux qui se sont constitués en dehors
de son action ne répondent pas à cette condition. Il faut
donc qu'elle en crée de nouveaux et, pour cela,
qu'écartant les notions communes et les mots qui les
expriment, elle revienne à la sensation, matière première et nécessaire de tous les concepts. C'est de la
sensation que se dégagent toutes les idées générales,
vraies ou fausses, scientifiques ou non. Le point de

départ de la science ou connaissance spéculative ne saurait donc être autre que celui de la connaissance vulgaire ou pratique. C'est seulement au-delà, dans la manière dont cette matière commune est ensuite élaborée, que les divergences commencent.

3° Mais la sensation est facilement subjective. Aussi est-il de règle dans les sciences naturelles d'écarter les données sensibles qui risquent d'être trop personnelles à l'observateur, pour retenir exclusivement celles qui présentent un suffisant degré d'objectivité. C'est ainsi que le physicien substitue aux vagues impressions que produisent la température ou l'électricité la représentation visuelle des oscillations du thermomètre ou de l'électromètre. Le sociologue est tenu aux mêmes précautions. Les caractères extérieurs en fonction desquels il définit l'objet de ses recherches doivent être aussi objectifs que possible.

On peut poser en principe que les faits sociaux sont d'autant plus susceptibles d'être objectivement représentés *qu'ils sont plus complètement dégagés des faits individuels qui les manifestent. *

En effet, une sensation est d'autant plus objective que l'objet auquel elle se rapporte a plus de fixité ; car la condition de toute objectivité, c'est l'existence d'un point de repère, constant et identique, auquel la représentation peut être rapportée et qui permet d'éliminer tout ce qu'elle a de variable, partant de subjectif. Si les seuls points de repère qui sont donnés sont eux-mêmes variables, s'ils sont perpétuellement divers par rapport à eux-mêmes, toute commune mesure fait défaut et nous n'avons aucun moyen de distinguer dans nos impressions ce qui dépend du dehors, et ce qui leur vient de nous. **Or, la vie

---

* « qu'ils sont plus consolidés. » (*R.P.*, p. 497.)
** « Or, la vie sociale, à l'état de liberté, est infiniment mobile et fuyante. Elle n'est pas isolée, au moins immédiatement, des phénomènes particuliers où elle s'incarne et ceux-ci diffèrent d'une fois à l'autre, d'un cas à l'autre. Ce sont des courants » (*R.P.*, p. 497.)

sociale, tant qu'elle n'est pas arrivée à s'isoler des événements particuliers qui l'incarnent pour se constituer à part, a justement cette propriété, car, comme ces événements n'ont pas la même physionomie d'une fois à l'autre, d'un instant à l'autre et qu'elle en est inséparable, ils lui communiquent leur mobilité. Elle consiste alors en libres courants ** qui sont perpétuellement en voie de transformation et que le regard de l'observateur ne parvient pas à fixer. C'est dire que ce côté n'est pas celui par où le savant peut aborder l'étude de la réalité sociale. Mais nous savons qu'elle présente cette particularité que, sans cesser d'être elle-même, elle est susceptible de se cristalliser. En dehors des actes individuels qu'elles suscitent, les habitudes collectives s'expriment sous des formes définies, règles juridiques, morales, dictons populaires, faits de structure sociale, etc. Comme ces formes existent d'une manière permanente, *** qu'elles ne changent pas avec les diverses applications qui en sont faites, *** elles constituent un objet fixe, un étalon constant qui est toujours à la portée de l'observateur et qui ne laisse pas de place aux impressions subjectives et aux observations personnelles. Une règle du droit est ce qu'elle est et il n'y a pas deux manières de la percevoir. Puisque, d'un autre côté, ces pratiques ne sont que de la vie sociale consolidée, il est légitime, sauf indications contraires [1], d'étudier celle-ci à travers celles-là.

*Quand, donc, le sociologue entreprend d'explorer un ordre quelconque de faits sociaux, il doit s'efforcer de les considérer par un côté où ils **** se présentent isolés de leurs manifestations individuelles.* **** C'est en vertu de ce principe que nous avons étudié la solidarité sociale, ses formes diverses et leur évolution à travers le

*** Élément ne figurant pas dans le texte initial.
1. Il faudrait, par exemple, avoir des raisons de croire que, à un moment donné, le droit n'exprime plus l'état véritable des relations sociales, pour que cette substitution ne fût pas légitime.
**** « *présentent un degré suffisant de consolidation.* » (*R.P.*, p. 497.)

système des règles juridiques qui les expriment[1]. De même, si l'on essaie de distinguer et de classer les différents types familiaux d'après les descriptions littéraires que nous en donnent les voyageurs et, parfois, les historiens, on s'expose à confondre les espèces les plus différentes, à rapprocher les types les plus éloignés. Si, au contraire, on prend pour base de cette classification la constitution juridique de la famille et, plus spécialement, le droit successoral, on aura un critère objectif qui, sans être infaillible, préviendra cependant bien des erreurs[2]. Veut-on classer les différentes sortes de crimes ? on s'efforcera de reconstituer les manières de vivre, les coutumes professionnelles usitées dans les différents mondes du crime, et on reconnaîtra autant de types criminologiques que cette organisation présente de formes différentes. Pour atteindre les mœurs, les croyances populaires, on s'adressera aux proverbes, aux dictons qui les expriment. Sans doute, en procédant ainsi, on laisse provisoirement en dehors de la science la matière concrète de la vie collective, et cependant, si changeante qu'elle soit, on n'a pas le droit d'en postuler *a priori* l'inintelligibilité. Mais si l'on veut suivre une voie méthodique, il faut établir les premières assises de la science sur un terrain ferme et non sur un sable mouvant. Il faut aborder le règne social par les endroits où il offre le plus prise à l'investigation scientifique. C'est seulement ensuite qu'il sera possible de pousser plus loin la recherche, et, par des travaux d'approche progressifs, d'enserrer peu à peu cette réalité fuyante dont l'esprit humain ne pourra jamais, peut-être, se saisir complètement.

1. V. *Division du travail social*, l. I.
2. Cf. notre *Introduction à la Sociologie de la famille*, in *Annales de la Faculté des lettres de Bordeaux*, année 1889.

RÈGLES RELATIVES
À LA DISTINCTION
DU NORMAL ET DU PATHOLOGIQUE

L'observation, conduite d'après les règles qui précèdent, confond deux ordres de faits, très dissemblables
par certains côtés : ceux qui sont tout ce qu'ils doivent
être et ceux qui devraient être autrement qu'ils ne sont,
les phénomènes normaux et les phénomènes pathologiques. Nous avons même vu qu'il était nécessaire de les
comprendre également dans la définition par laquelle
doit débuter toute recherche. Mais si, à certains
égards, ils sont de même nature, ils ne laissent pas de
constituer deux variétés différentes et qu'il importe de
distinguer. La science dispose-t-elle de moyens qui
permettent de faire cette distinction ?

La question est de la plus grande importance ; car de
la solution qu'on en donne dépend l'idée qu'on se fait
du rôle qui revient à la science, surtout à la science de
l'homme. D'après une théorie dont les partisans se
recrutent dans les écoles les plus diverses, la science ne
nous apprendrait rien sur ce que nous devons vouloir.
Elle ne connaît, dit-on, que des faits qui ont tous la
même valeur et le même intérêt ; elle les observe, les
explique, mais ne les juge pas ; pour elle, il n'y en a
point qui soient blâmables. Le bien et le mal n'existent
pas à ses yeux. Elle peut bien nous dire comment les
causes produisent leurs effets, non quelles fins doivent
être poursuivies. Pour savoir, non plus ce qui est, mais
ce qui est désirable, c'est aux suggestions de l'inconscient qu'il faut recourir, de quelque nom qu'on

l'appelle, sentiment, instinct, poussée vitale, etc. La science, dit un écrivain déjà cité, peut bien éclairer le monde, mais elle laisse la nuit dans les cœurs ; c'est au cœur lui-même à se faire sa propre lumière. La science se trouve ainsi destituée, ou à peu près, de toute efficacité pratique, et, par conséquent, sans grande raison d'être ; car à quoi bon se travailler pour connaître le réel, si la connaissance que nous en acquérons ne peut nous servir dans la vie ? Dira-t-on que, en nous révélant les causes des phénomènes, elle nous fournit les moyens de les produire à notre guise et, par suite, de réaliser les fins que notre volonté poursuit pour des raisons supra-scientifiques ? Mais tout moyen est lui-même une fin, par un côté ; car, pour le mettre en œuvre, il faut le vouloir tout comme la fin dont il prépare la réalisation. Il y a toujours plusieurs voies qui mènent à un but donné ; il faut donc choisir entre elles. Or, si la science ne peut nous aider dans le choix du but le meilleur, comment pourrait-elle nous apprendre quelle est la meilleure voie pour y parvenir ? Pourquoi nous recommanderait-elle la plus rapide de préférence à la plus économique, la plus sûre plutôt que la plus simple, ou inversement ? Si elle ne peut nous guider dans la détermination des fins supérieures, elle n'est pas moins impuissante quand il s'agit de ces fins secondaires et subordonnées que l'on appelle des moyens.

La méthode idéologique permet, il est vrai, d'échapper à ce mysticisme et c'est, d'ailleurs, le désir d'y échapper qui a fait, en partie, la persistance de cette méthode. Ceux qui l'ont pratiquée, en effet, étaient trop rationalistes pour admettre que la conduite humaine n'eût pas besoin d'être dirigée par la réflexion ; et pourtant, ils ne voyaient dans les phénomènes, pris en eux-mêmes et indépendamment de toute donnée subjective, rien qui permît de les classer suivant leur valeur pratique. Il semblait donc que le seul moyen de les juger fût de les rapporter à quelque concept qui les dominât ; dès lors, l'emploi de notions qui présidassent à la collation des faits, au lieu d'en dériver, devenait indispensable dans toute sociologie rationnelle. Mais nous savons que si, dans ces conditions, la pratique devient réfléchie, la réflexion, ainsi employée, n'est pas scientifique.

Le problème que nous venons de poser va nous permettre de revendiquer les droits de la raison sans retomber dans l'idéologie. En effet, pour les sociétés comme pour les individus, la santé est bonne et désirable, la maladie, au contraire, est la chose mauvaise et qui doit être évitée. Si donc nous trouvons un critère objectif, inhérent aux faits eux-mêmes, qui nous permette de distinguer scientifiquement la santé de la maladie dans les divers ordres de phénomènes sociaux, la science sera en état d'éclairer la pratique tout en restant fidèle à sa propre méthode. Sans doute, comme elle ne parvient pas présentement à atteindre l'individu, elle ne peut nous fournir que des indications générales qui ne peuvent être diversifiées convenablement que si l'on entre directement en contact avec le particulier par la sensation. L'état de santé, tel qu'elle le peut définir, ne saurait convenir exactement à aucun sujet individuel, puisqu'il ne peut être établi que par rapport aux circonstances les plus communes, dont tout le monde s'écarte plus ou moins ; ce n'en est pas moins un point de repère précieux pour orienter la conduite. De ce qu'il y a lieu de l'ajuster ensuite à chaque cas spécial, il ne suit pas qu'il n'y ait aucun intérêt à le connaître. Tout au contraire, il est la norme qui doit servir de base à tous nos raisonnements pratiques. Dans ces conditions, on n'a plus le droit de dire que la pensée est inutile à l'action. Entre la science et l'art il n'y a plus un abîme ; mais on passe de l'une à l'autre sans solution de continuité. La science, il est vrai, ne peut descendre dans les faits que par l'intermédiaire de l'art, mais l'art n'est que le prolongement de la science. Encore peut-on se demander si l'insuffisance pratique de cette dernière ne doit pas aller en diminuant, à mesure que les lois qu'elle établit exprimeront de plus en plus complètement la réalité individuelle.

I

Vulgairement, la souffrance est regardée comme l'indice de la maladie et il est certain que, en général, il existe entre ces deux faits un rapport, mais qui manque de constance et de précision. Il y a de graves diathèses qui sont indolores, alors que des troubles sans importance, comme ceux qui résultent de l'introduction d'un grain de charbon dans l'œil, causent un véritable supplice. Même, dans certains cas, c'est l'absence de douleur ou bien encore le plaisir qui sont les symptômes de la maladie. Il y a une certaine disvulnérabilité qui est pathologique. Dans des circonstances où un homme sain souffrirait, il arrive au neurasthénique d'éprouver une sensation de jouissance dont la nature morbide est incontestable. Inversement, la douleur accompagne bien des états, comme la faim, la fatigue, la parturition qui sont des phénomènes purement physiologiques.

Dirons-nous que la santé, consistant dans un heureux développement des forces vitales, se reconnaît à la parfaite adaptation de l'organisme avec son milieu, et appellerons-nous, au contraire, maladie tout ce qui trouble cette adaptation ? Mais d'abord — nous aurons plus loin à revenir sur ce point — il n'est pas du tout démontré que chaque état de l'organisme soit en correspondance avec quelque état externe. De plus, et quand bien même ce critère serait vraiment distinctif de l'état de santé, il aurait lui-même besoin d'un autre critère pour pouvoir être reconnu ; car il faudrait, en tout cas, nous dire d'après quel principe on peut décider que tel mode de s'adapter est plus parfait que tel autre.

Est-ce d'après la manière dont l'un et l'autre affectent nos chances de survie ? La santé serait l'état d'un organisme où ces chances sont à leur maximum et la maladie, au contraire, tout ce qui a pour effet de les diminuer. Il n'est pas douteux, en effet, que, en général, la maladie n'ait réellement pour conséquence un affaiblissement de l'organisme. Seulement elle n'est pas seule à produire ce résultat. Les fonctions de reproduction, dans certaines espèces inférieures, entraînent fatalement la mort et, même dans les espèces plus élevées, elles créent des risques. Cependant elles sont normales. La vieillesse et l'enfance ont les mêmes effets ; car le vieillard et l'enfant sont plus accessibles aux causes de destruction. Sont-ils donc des malades et faut-il n'admettre d'autre type sain que celui de l'adulte ? Voilà le domaine de la santé et de la physiologie singulièrement rétréci ! Si, d'ailleurs, la vieillesse est déjà, par elle-même, une maladie, comment distinguer le vieillard sain du vieillard maladif ? Du même point de vue, il faudra classer la menstruation parmi les phénomènes morbides ; car, par les troubles qu'elle détermine, elle accroît la réceptivité de la femme à la maladie. Comment, cependant, qualifier de maladif un état dont l'absence ou la disparition prématurée constituent incontestablement un phénomène pathologique ? On raisonne sur cette question comme si, dans un organisme sain, chaque détail, pour ainsi dire, avait un rôle utile à jouer ; comme si chaque état interne répondait exactement à quelque condition externe et, par suite, contribuait à assurer, pour sa part, l'équilibre vital et à diminuer les chances de mort. Il est, au contraire, légitime de supposer que certains arrangements anatomiques ou fonctionnels ne servent directement à rien, mais sont simplement parce qu'ils sont, parce qu'ils ne peuvent pas ne pas être, étant données les conditions générales de la vie. On ne saurait pourtant les taxer de morbides ; car la maladie est, avant tout, quelque chose d'évitable qui n'est pas impliqué dans la constitution régulière de l'être vivant. Or il peut se faire que, au lieu de fortifier l'organisme, ils diminuent sa force de résistance et, par conséquent, accroissent les risques mortels.

D'autre part, il n'est pas sûr que la maladie ait toujours le résultat en fonction duquel on la veut définir. N'y a-t-il pas nombre d'affections trop légères pour que nous puissions leur attribuer une influence

sensible sur les bases vitales de l'organisme ? Même
parmi les plus graves, il en est dont les suites n'ont rien
de fâcheux, si nous savons lutter contre elles avec les
armes dont nous disposons. Le gastrique qui suit une
bonne hygiène peut vivre tout aussi vieux que l'homme
sain. Il est, sans doute, obligé à des soins ; mais n'y
sommes-nous pas tous également obligés et la vie peut-
elle s'entretenir autrement ? Chacun de nous a son
hygiène ; celle du malade ne ressemble pas à celle que
pratique la moyenne des hommes de son temps et de
son milieu ; mais c'est la seule différence qu'il y ait
entre eux à ce point de vue. La maladie ne nous laisse
pas toujours désemparés, dans un état de désadapta-
tion irrémédiable ; elle nous contraint seulement à nous
adapter autrement que la plupart de nos semblables.
Qui nous dit même qu'il n'existe pas de maladies qui,
finalement, se trouvent être utiles ? La variole que
nous nous inoculons par le vaccin est une véritable
maladie que nous nous donnons volontairement, et
pourtant elle accroît nos chances de survie. Il y a
peut-être bien d'autres cas où le trouble causé par la
maladie est insignifiant à côté des immunités qu'elle
confère.

Enfin et surtout, ce critère est le plus souvent
inapplicable. On peut bien établir, à la rigueur, que la
mortalité la plus basse que l'on connaisse se rencontre
dans tel groupe déterminé d'individus ; mais on ne
peut pas démontrer qu'il ne saurait y en avoir de plus
basse. Qui nous dit que d'autres arrangements ne sont
pas possibles, qui auraient pour effet de la diminuer
encore ? Ce *minimum* de fait n'est donc pas la preuve
d'une parfaite adaptation, ni, par suite, l'indice sûr de
l'état de santé si l'on s'en rapporte à la définition
précédente. De plus, un groupe de cette nature est
bien difficile à constituer et à isoler de tous les autres,
comme il serait nécessaire, pour que l'on pût observer
la constitution organique dont il a le privilège et qui est
la cause supposée de cette supériorité. Inversement, si,
quand il s'agit d'une maladie dont le dénouement est
généralement mortel, il est évident que les probabilités

que l'être a de survivre sont diminuées, la preuve est singulièrement malaisée, quand l'affection n'est pas de nature à entraîner directement la mort. Il n'y a, en effet, qu'une manière objective de prouver que des êtres, placés dans des conditions définies, ont moins de chances de survivre que d'autres, c'est de faire voir que, en fait, la plupart d'entre eux vivent moins longtemps. Or, si, dans les cas de maladies purement individuelles, cette démonstration est souvent possible, elle est tout à fait impraticable en sociologie. Car nous n'avons pas ici le point de repère dont dispose le biologiste, à savoir le chiffre de la mortalité moyenne. Nous ne savons même pas distinguer avec une exactitude simplement approchée à quel moment naît une société et à quel moment elle meurt. Tous ces problèmes qui, déjà en biologie, sont loin d'être clairement résolus, restent encore, pour le sociologue, enveloppés de mystère. D'ailleurs, les événements qui se produisent au cours de la vie sociale et qui se répètent à peu près identiquement dans toutes les sociétés du même type sont beaucoup trop variés pour qu'il soit possible de déterminer dans quelle mesure l'un d'eux peut avoir contribué à hâter le dénouement final. Quand il s'agit d'individus, comme ils sont très nombreux, on peut choisir ceux que l'on compare de manière à ce qu'ils n'aient en commun qu'une seule et même * anomalie * ; ** celle-ci se trouve ainsi isolée de tous les phénomènes concomitants et on peut, par suite, étudier la nature de son influence sur l'organisme. ** Si, par exemple, un millier de rhumatisants, pris au hasard, présentent une mortalité sensiblement supérieure à la moyenne, on a de bonnes raisons pour attribuer ce résultat à la diathèse rhumatismale. Mais, en sociologie, comme chaque espèce sociale ne compte qu'un petit nombre d'individus, le champ des compa-

---

* « maladie » (*R.P.*, p. 582.)
** Phrase ne figurant pas dans le texte initial.

raisons est trop restreint pour * que des groupements de ce genre soient démonstratifs. *

Or, à défaut de cette preuve de fait, il n'y a plus rien de possible que des raisonnements déductifs dont les conclusions ne peuvent avoir d'autre valeur que celle de présomptions subjectives. On démontrera non que tel événement affaiblit effectivement l'organisme social, mais qu'il doit avoir cet effet. Pour cela, on fera voir qu'il ne peut manquer d'entraîner à sa suite telle ou telle conséquence que l'on juge fâcheuse pour la société et, à ce titre, on le déclarera morbide. Mais, à supposer même qu'il engendre en effet cette consé-quence, il peut se faire que les inconvénients qu'elle présente soient compensés, et au-delà, par des avan-tages que l'on n'aperçoit pas. De plus, il n'y a qu'une raison qui puisse permettre de la traiter de funeste, c'est qu'elle trouble le jeu normal des fonctions. Mais une telle preuve suppose le problème déjà résolu ; car elle n'est possible que si l'on a déterminé au préalable en quoi consiste l'état normal et, par conséquent, si l'on sait à quel signe il peut être reconnu. Essaiera-t-on de le construire de toutes pièces et *a priori* ? Il n'est pas nécessaire de montrer ce que peut valoir une telle construction. Voilà comment il se fait que, en sociolo-gie comme en histoire, les mêmes événements sont qualifiés, suivant les sentiments personnels du savant, de salutaires ou de désastreux. Ainsi il arrive sans cesse à un théoricien incrédule de signaler, dans les restes de foi qui survivent au milieu de l'ébranlement général des croyances religieuses, un phénomène morbide, tandis que, pour le croyant, c'est l'incrédulité même qui est aujourd'hui la grande maladie sociale. De même, pour le socialiste, l'organisation économique actuelle est un fait de tératologie sociale, alors que, pour l'économiste orthodoxe, ce sont les tendances socialistes qui sont, par excellence, pathologiques. Et

---

* « qu'on puisse procéder à des groupements de ce genre. » (*R.P.*, p. 582.)

chacun trouve à l'appui de son opinion des syllogismes qu'il juge bien faits.

Le défaut commun de ces définitions est de vouloir atteindre prématurément l'essence des phénomènes. Aussi supposent-elles acquises des propositions qui, vraies ou non, ne peuvent être prouvées que si la science est déjà suffisamment avancée. C'est pourtant le cas de nous conformer à la règle que nous avons précédemment établie. Au lieu de prétendre déterminer d'emblée les rapports de l'état normal et de son contraire avec les forces vitales, cherchons simplement quelque signe extérieur, immédiatement perceptible, mais objectif, qui nous permette de reconnaître l'un de l'autre ces deux ordres de faits.

Tout phénomène sociologique, comme, du reste, tout phénomène biologique, est susceptible, tout en restant essentiellement lui-même, de revêtir des formes différentes suivant les cas. Or, parmi ces formes, il en est de deux sortes. Les unes sont générales dans toute l'étendue de l'espèce ; elles se retrouvent, sinon chez tous les individus, du moins chez la plupart d'entre eux et, si elles ne se répètent pas identiquement dans tous les cas où elles s'observent, mais varient d'un sujet à l'autre, ces variations sont comprises entre des limites très rapprochées. Il en est d'autres, au contraire, qui sont exceptionnelles ; non seulement elles ne se rencontrent que chez la minorité, mais, là même où elles se produisent, il arrive le plus souvent qu'elles ne durent pas toute la vie de l'individu. Elles sont une exception dans le temps comme dans l'espace [1]. Nous sommes

---

* 1. On peut distinguer par là la maladie de la monstruosité. La seconde n'est une exception que dans l'espace ; elle ne se rencontre pas dans la moyenne de l'espèce, mais elle dure toute la vie des individus où elle se rencontre. On voit, du reste, que ces deux ordres de faits ne diffèrent qu'en degrés et sont au fond de même nature ; les frontières entre eux sont très indécises, car la maladie n'est pas incapable de toute fixité, ni la monstruosité de tout devenir. On ne peut donc guère les séparer radicalement quand on les définit. La

donc en présence de deux variétés distinctes de phénomènes et qui doivent être désignées par des termes
différents. Nous appellerons normaux les faits qui
présentent les formes les plus générales et nous donnerons aux autres le nom de morbides ou de pathologiques. Si l'on convient de nommer type moyen l'être
schématique que l'on constituerait en rassemblant en
un même tout, en une sorte d'individualité abstraite,
les caractères les plus fréquents dans l'espèce avec leurs
formes les plus fréquentes, on pourra dire que le type
normal se confond avec le type moyen, et que tout
écart par rapport à cet étalon de la santé est un
phénomène morbide. Il est vrai que le type moyen ne
saurait être déterminé avec la même netteté qu'un type
individuel, puisque ses attributs constitutifs ne sont
pas absolument fixés, mais sont susceptibles de varier.
Mais qu'il puisse être constitué, c'est ce qu'on ne
saurait mettre en doute, puisqu'il est la matière
immédiate de la science ; car il se confond avec le type
générique. Ce que le physiologiste étudie, ce sont les
fonctions de l'organisme moyen et il n'en est pas
autrement du sociologue. Une fois qu'on sait reconnaître les espèces sociales les unes des autres — nous
traitons plus loin la question — il est toujours possible
de trouver quelle est la forme la plus générale que
présente un phénomène dans une espèce déterminée.

On voit qu'un fait ne peut être qualifié de pathologique que par rapport à une espèce donnée. Les
conditions de la santé et de la maladie ne peuvent être
définies *in abstracto* et d'une manière absolue. La règle
n'est pas contestée en biologie ; il n'est jamais venu à
l'esprit de personne que ce qui est normal pour un
mollusque le soit aussi pour un vertébré. Chaque
espèce a sa santé, parce qu'elle a son type moyen qui

---

distinction entre eux ne peut être plus catégorique qu'entre le
morphologique et le physiologique, puisque, en somme, le morbide
est l'anormal dans l'ordre physiologique comme le tératologique est
l'anormal dans l'ordre anatomique.
  * Cette note ne figure pas dans le texte initial.

lui est propre, et la santé des espèces les plus basses n'est pas moindre que celle des plus élevées. Le même principe s'applique à la sociologie quoiqu'il y soit souvent méconnu. Il faut renoncer à cette habitude, encore trop répandue, de juger une institution, une pratique, une maxime morale, comme si elles étaient bonnes ou mauvaises en elles-mêmes et par elles-mêmes, pour tous les types sociaux indistinctement.

Puisque le point de repère par rapport auquel on peut juger de l'état de santé ou de maladie varie avec les espèces, il peut varier aussi pour une seule et même espèce, si celle-ci vient à changer. C'est ainsi que, au point de vue purement biologique, ce qui est normal pour le sauvage ne l'est pas toujours pour le civilisé et réciproquement [1]. Il y a surtout un ordre de variations dont il importe de tenir compte parce qu'elles se produisent régulièrement dans toutes les espèces, ce sont celles qui tiennent à l'âge. La santé du vieillard n'est pas celle de l'adulte, de même que celle-ci n'est pas celle de l'enfant ; et il en est de même des sociétés [2]. Un fait social ne peut donc être dit normal pour une espèce sociale déterminée que par rapport à une phase, également déterminée, de son développement ; par conséquent, pour savoir s'il a droit à cette dénomination, il ne suffit pas d'observer sous quelle forme il se présente dans la généralité des sociétés qui appartiennent à cette espèce, il faut encore avoir soin de les considérer à la phase correspondante de leur évolution.

Il semble que nous venions de procéder simplement à une définition de mots ; car nous n'avons rien fait que grouper des phénomènes suivant leurs ressemblances

---

1. Par exemple, le sauvage qui aurait le tube digestif réduit et le système nerveux développé du civilisé sain serait un malade par rapport à son milieu.
2. Nous abrégeons cette partie de notre développement ; car nous ne pouvons que répéter ici à propos des faits sociaux en général ce que nous avons dit ailleurs à propos de la distinction des faits moraux en normaux et anormaux. (V. *Division du travail social*, p. 33-39.)

et leurs différences et qu'imposer des noms aux groupes ainsi formés. Mais, en réalité, les concepts que nous avons ainsi constitués, tout en ayant le grand avantage d'être reconnaissables à des caractères objectifs et facilement perceptibles, ne s'éloignent pas de la notion qu'on se fait communément de la santé et de la maladie. La maladie, en effet, n'est-elle pas conçue par tout le monde comme un accident, que la nature du vivant comporte sans doute, mais n'engendre pas d'ordinaire ? C'est ce que les anciens philosophes exprimaient en disant qu'elle ne dérive pas de la nature des choses, qu'elle est le produit d'une sorte de contingence immanente aux organismes. Une telle conception est, assurément, la négation de toute science ; car la maladie n'a rien de plus miraculeux que la santé ; elle est également fondée dans la nature des êtres. Seulement elle n'est pas fondée dans la nature normale ; elle n'est pas impliquée dans leur tempérament ordinaire ni liée aux conditions d'existence dont ils dépendent généralement. Inversement, pour tout le monde, le type de la santé se confond avec celui de l'espèce. On ne peut même pas, sans contradiction, concevoir une espèce qui, par elle-même et en vertu de sa constitution fondamentale, serait irrémédiablement malade. Elle est la norme par excellence et, par suite, ne saurait rien contenir d'anormal.

Il est vrai que, couramment, on entend aussi par santé un état généralement préférable à la maladie. Mais cette définition est contenue dans la précédente. Si, en effet, les caractères dont la réunion forme le type normal ont pu se généraliser dans une espèce, ce n'est pas sans raison. Cette généralité est elle-même un fait qui a besoin d'être expliqué et qui, pour cela, réclame une cause. Or elle serait inexplicable si les formes d'organisation les plus répandues n'étaient aussi, *du moins dans leur ensemble,* les plus avantageuses. Comment auraient-elles pu se maintenir dans une aussi grande variété de circonstances si elles ne mettaient les individus en état de mieux résister aux causes de destruction ? Au contraire, si les autres sont plus rares, c'est évidemment que, *dans la moyenne des cas,* les sujets qui les présentent ont plus de difficulté à survivre. La plus grande fréquence des premières est donc la preuve de leur supériorité [1].

Cette dernière remarque fournit même un moyen de contrôler les résultats de la précédente méthode.

Puisque la généralité, qui caractérise extérieurement les phénomènes normaux, est elle-même un phénomène explicable, il y a lieu, après qu'elle a été directement établie par l'observation, de chercher à l'expliquer. Sans doute, on peut être assuré par avance qu'elle n'est pas sans cause, mais il est mieux de savoir au juste quelle est cette cause. Le caractère normal du phénomène sera, en effet, plus incontestable, si l'on démontre que le signe extérieur qui l'avait d'abord révélé n'est pas purement apparent, mais est fondé dans la nature des choses ; si, en un mot, on peut ériger cette normalité de fait en une normalité de droit. Cette démonstration, du reste, ne consistera pas toujours à

---

* 1. M. GAROFALO a essayé, il est vrai, de distinguer le morbide de l'anormal (*Criminologie*, p. 109, 110). Mais les deux seuls arguments sur lesquels il appuie cette distinction sont les suivants : 1° Le mot de maladie signifie toujours quelque chose qui tend à la destruction totale ou partielle de l'organisme ; s'il n'y a pas destruction, il y a guérison, jamais stabilité comme dans plusieurs anomalies. Mais vous venons de voir que l'anormal, lui aussi, est une menace pour le vivant dans la moyenne des cas. Il est vrai qu'il n'en est pas toujours ainsi ; mais les dangers qu'implique la maladie n'existent également que dans la généralité des circonstances. Quant à l'absence de stabilité qui distinguerait le morbide, c'est oublier les maladies chroniques et séparer radicalement le tératologique du pathologique. Les monstruosités sont fixes. 2° Le normal et l'anormal varient avec les races, dit-on, tandis que la distinction du physiologique et du pathologique est valable pour tout le *genus homo*. Nous venons de montrer au contraire que, souvent, ce qui est morbide pour le sauvage ne l'est pas pour le civilisé. Les conditions de la santé physique varient avec les milieux.

* Cette note ne figure pas dans le texte initial.

faire voir que le phénomène est utile à l'organisme, quoique ce soit le cas le plus fréquent pour les raisons que nous venons de dire ; mais il peut se faire aussi, comme nous l'avons remarqué plus haut, qu'un arrangement soit normal sans servir à rien, simplement parce qu'il est nécessairement impliqué dans la nature de l'être. Ainsi, il serait peut-être utile que l'accouchement ne déterminât pas des troubles aussi violents dans l'organisme féminin ; mais c'est impossible. Par conséquent, la normalité du phénomène sera expliquée par cela seul qu'il sera rattaché aux conditions d'existence de l'espèce considérée, soit comme un effet mécaniquement nécessaire de ces conditions, soit comme un moyen qui permet aux organismes de s'y adapter [1].

Cette preuve n'est pas simplement utile à titre de contrôle. Il ne faut pas oublier, en effet, que, s'il y a intérêt à distinguer le normal de l'anormal, c'est surtout en vue d'éclairer la pratique. Or, pour agir, en connaissance de cause, il ne suffit pas de savoir ce que nous devons vouloir, mais pourquoi nous le devons. Les propositions scientifiques, relatives à l'état normal, seront plus immédiatement applicables aux cas particuliers quand elles seront accompagnées de leurs raisons ; car, alors, on saura mieux reconnaître dans quels cas il convient de les modifier en les appliquant, et dans quel sens.

Il y a même des circonstances où cette vérification est rigoureusement nécessaire, parce que la première méthode, si elle était employée seule, pourrait induire en erreur. C'est ce qui arrive aux périodes de transition où l'espèce tout entière est en train d'évoluer, sans s'être encore définitivement fixée sous une forme nouvelle. Dans ce cas, le seul type normal qui soit dès à présent réalisé et donné dans les faits est celui du passé, et pourtant il n'est plus en rapport avec les nouvelles

---

1. On peut se demander, il est vrai, si, quand un phénomène dérive nécessairement des conditions générales de la vie, il n'est pas utile par cela même. Nous ne pouvons traiter cette question de philosophie. Nous y touchons pourtant un peu plus loin.

conditions d'existence. Un fait peut ainsi persister dans toute l'étendue d'une espèce, tout en ne répondant plus aux exigences de la situation. Il n'a donc plus, alors, que les apparences de la normalité ; car la généralité qu'il présente n'est plus qu'une étiquette menteuse, puisque, ne se maintenant que par la force aveugle de l'habitude, elle n'est plus l'indice que le phénomène observé est étroitement lié aux conditions générales de l'existence collective. Cette difficulté est, d'ailleurs, spéciale à la sociologie. Elle n'existe, pour ainsi dire, pas pour le biologiste. Il est, en effet, bien rare que les espèces animales soient nécessitées à prendre des formes imprévues. Les seules modifications normales par lesquelles elles passent sont celles qui se reproduisent régulièrement chez chaque individu, principalement sous l'influence de l'âge. Elles sont donc connues ou peuvent l'être, puisqu'elles se sont déjà réalisées dans une multitude de cas ; par suite, on peut savoir à chaque moment du développement de l'animal, et même aux périodes de crise, en quoi consiste l'état normal. Il en est encore ainsi en sociologie pour les sociétés qui appartiennent aux espèces inférieures. Car, comme nombre d'entre elles ont déjà accompli toute leur carrière, la loi de leur évolution normale est ou, du moins, peut être établie. Mais quand il s'agit des sociétés les plus élevées et les plus récentes, cette loi est inconnue par définition, puisqu'elles n'ont pas encore parcouru toute leur histoire. Le sociologue peut ainsi se trouver embarrassé de savoir si un phénomène est normal ou non, tout point de repère lui faisant défaut.

Il sortira d'embarras en procédant comme nous venons de dire. Après avoir établi par l'observation que le fait est général, il remontera aux conditions qui ont déterminé cette généralité dans le passé et cherchera ensuite si ces conditions sont encore données dans le présent ou si, au contraire, elles ont changé. Dans le premier cas, il aura le droit de traiter le phénomène de normal et, dans le second, de lui refuser ce caractère. Par exemple, pour savoir si l'état économique actuel

des peuples européens, avec l'absence d'organisation [1]
qui en est la caractéristique, est normal ou non, on
cherchera ce qui, dans le passé, y a donné naissance. Si
ces conditions sont encore celles où sont actuellement
placées nos sociétés, c'est que cette situation est
normale en dépit des protestations qu'elle soulève.
Mais s'il se trouve, au contraire, qu'elle est liée à cette
vieille structure sociale que nous avons qualifiée ailleurs
de segmentaire [2] et qui, après avoir été l'ossature
essentielle des sociétés, va de plus en plus en s'effaçant,
on devra conclure qu'elle constitue présentement un
état morbide, quelque universelle qu'elle soit. C'est
d'après la même méthode que devront être résolues
toutes les questions controversées de ce genre, comme
celles de savoir si l'affaiblissement des croyances
religieuses, si le développement des pouvoirs de l'État
sont des phénomènes normaux ou non [3].

1. V : sur ce point une note que nous avons publiée dans la *Revue
philosophique* (n° de novembre 1893) sur « La définition du socialisme ».

2. Les sociétés segmentaires, et notamment les sociétés segmentaires à base territoriale, sont celles dont les articulations essentielles
correspondent aux divisions territoriales. (V. *Division du travail
social*, p. 189-210.)

3. Dans certains cas, on peut procéder un peu différemment et
démontrer qu'un fait dont le caractère normal est suspecté mérite ou
non cette suspicion, en faisant voir qu'il se rattache étroitement au
développement antérieur du type social considéré, et même à
l'ensemble de l'évolution sociale en général, ou bien, au contraire,
qu'il contredit l'un et l'autre. C'est de cette manière que nous avons
pu démontrer que l'affaiblissement actuel des croyances religieuses,
plus généralement, des sentiments collectifs à objets collectifs n'a
rien que de normal ; nous avons prouvé que cet affaiblissement
devient de plus en plus accusé à mesure que les sociétés se
rapprochent de notre type actuel et que celui-ci, à son tour, est plus
développé (*Division du travail social*, p. 73-182). Mais, au fond, cette
méthode n'est qu'un cas particulier de la précédente. Car si la
normalité de ce phénomène a pu être établie de cette façon, c'est que,
du même coup, il a été rattaché aux conditions les plus générales de
notre existence collective. En effet, d'une part, si cette régression de
la conscience religieuse est d'autant plus marquée que la structure de
nos sociétés est plus déterminée, c'est qu'elle tient, non à quelque
cause accidentelle, mais à la constitution même de notre milieu

Toutefois, cette méthode ne saurait, en aucun cas, être substituée à la précédente, ni même être employée la première. D'abord, elle soulève des questions dont nous aurons à parler plus loin et qui ne peuvent être abordées que quand on est déjà assez avancé dans la science ; car elle implique, en somme, une explication presque complète des phénomènes, puisqu'elle suppose déterminées ou leurs causes ou leurs fonctions. Or, il importe que, dès le début de la recherche, on puisse classer les faits en normaux et anormaux, sous la réserve de quelques cas exceptionnels, afin de pouvoir assigner à la physiologie son domaine et à la pathologie le sien. Ensuite, c'est par rapport au type normal qu'un fait doit être trouvé utile ou nécessaire pour pouvoir être lui-même qualifié de normal. Autrement, on pourrait démontrer que la maladie se confond avec la santé, puisqu'elle dérive nécessairement de l'organisme qui en est atteint ; ce n'est qu'avec l'organisme moyen qu'elle ne soutient pas la même relation. De même, l'application d'un remède, étant utile au malade, pourrait passer pour un phénomène normal, alors qu'elle est évidemment anormale, car c'est seulement dans des circonstances anormales qu'elle a cette utilité. On ne peut donc se servir de cette méthode que si le type normal a été antérieurement constitué et il ne peut l'avoir été que par un autre procédé. Enfin et surtout, s'il est vrai que tout ce qui est normal est utile, à moins d'être nécessaire, il est faux que tout ce qui est utile soit normal. Nous pouvons bien être certains que les états qui se sont généralisés dans l'espèce sont plus utiles que ceux qui sont restés exceptionnels ; non

social, et comme, d'un autre côté, les particularités caractéristiques de cette dernière sont certainement plus développées aujourd'hui que naguère, il n'y a rien que de normal à ce que les phénomènes qui en dépendent soient eux-mêmes amplifiés. Cette méthode diffère seulement de la précédente en ce que les conditions qui expliquent et justifient la généralité du phénomène sont induites et non directement observées. On sait qu'il tient à la nature du milieu social sans savoir en quoi ni comment.

qu'ils sont les plus utiles qui existent ou qui puissent exister. Nous n'avons aucune raison de croire que toutes les combinaisons possibles ont été essayées au cours de l'expérience et, parmi celles qui n'ont jamais été réalisées mais sont concevables, il en est peut-être de beaucoup plus avantageuses que celles que nous connaissons. La notion de l'utile déborde celle du normal ; elle est à celle-ci ce que le genre est à l'espèce. Or, il est impossible de déduire le plus du moins, l'espèce du genre. Mais on peut retrouver le genre dans l'espèce puisqu'elle le contient. C'est pourquoi, une fois que la généralité du phénomène a été constatée, on peut, en faisant voir comment il sert, confirmer les résultats de la première méthode[1]. Nous pouvons donc formuler les trois règles suivantes :

1° *Un fait social est normal pour un type social déterminé, considéré à une phase déterminée de son développement, quand il se produit dans la moyenne des sociétés de cette espèce, considérées à la phase correspondante de leur évolution.*

2° *On peut vérifier les résultats de la méthode précédente en faisant voir que la généralité du phénomène tient aux conditions générales de la vie collective dans le type social considéré.*

3° *Cette vérification est nécessaire, quand ce fait se rapporte à une espèce sociale qui n'a pas encore accompli son évolution intégrale.*

---

1. Mais alors, dira-t-on, la réalisation du type normal n'est pas l'objectif le plus élevé qu'on puisse se proposer, et pour le dépasser, il faut aussi dépasser la science. Nous n'avons pas à traiter ici cette question *ex professo* ; répondons seulement : 1° qu'elle est toute théorique, car, en fait, le type normal, l'état de santé est déjà assez difficile à réaliser et assez rarement atteint pour que nous ne nous travaillions pas l'imagination à chercher quelque chose de mieux ; 2° que ces améliorations, objectivement plus avantageuses, ne sont pas objectivement désirables pour cela ; car si elles ne répondent à aucune tendance latente ou en acte, elles n'ajouteraient rien au bonheur, et si elles répondent à quelque tendance, c'est que le type normal n'est pas réalisé ; 3° enfin que, pour améliorer le type normal, il faut le connaître. On ne peut donc, en tout cas, dépasser la sience qu'en s'appuyant sur elle.

III

On est tellement habitué à trancher d'un mot ces questions difficiles et à décider rapidement, d'après des observations sommaires et à coup de syllogismes, si un fait social est normal ou non, qu'on jugera peut-être cette procédure inutilement compliquée. Il ne semble pas qu'il faille faire tant d'affaires pour distinguer la maladie de la santé. Ne faisons-nous pas tous les jours de ces distinctions ? — Il est vrai ; mais il reste à savoir si nous les faisons à propos. Ce qui nous masque les difficultés de ces problèmes, c'est que nous voyons le biologiste les résoudre avec une aisance relative. Mais nous oublions qu'il lui est beaucoup plus facile qu'au sociologue d'apercevoir la manière dont chaque phénomène affecte la force de résistance de l'organisme et d'en déterminer par là le caractère normal ou anormal avec une exactitude pratiquement suffisante. En sociologie, la complexité et la mobilité plus grandes des faits obligent à bien plus de précautions, comme le prouvent les jugements contradictoires dont le même phénomène est l'objet de la part des partis. Pour bien montrer combien cette circonspection est nécessaire, faisons voir par quelques exemples à quelles erreurs on s'expose quand on ne s'y astreint pas et sous quel jour nouveau les phénomènes les plus essentiels apparaissent, quand on les traite méthodiquement.

S'il est un fait dont le caractère pathologique paraît incontestable, c'est le crime. Tous les criminologistes s'entendent sur ce point. S'ils expliquent cette morbidité de manières différentes, ils sont unanimes à la reconnaître. Le problème, cependant, demandait à être traité avec moins de promptitude.

Appliquons, en effet, les règles précédentes. Le crime ne s'observe pas seulement dans la plupart des sociétés de telle ou telle espèce, mais dans toutes les sociétés de tous les types. Il n'en est pas où il n'existe une criminalité. Elle change de forme, les actes qui sont ainsi qualifiés ne sont pas partout les mêmes ;

mais, partout et toujours, il y a eu des hommes qui se conduisaient de manière à attirer sur eux la répression pénale. Si, du moins, à mesure que les sociétés passent des types inférieurs aux plus élevés, le taux de la criminalité, c'est-à-dire le rapport entre le chiffre annuel des crimes et celui de la population, tendait à baisser, on pourrait croire que, tout en restant un phénomène normal, le crime, cependant, tend à perdre ce caractère. Mais nous n'avons aucune raison qui nous permette de croire à la réalité de cette régression. Bien des faits sembleraient plutôt démontrer l'existence d'un mouvement en sens inverse. Depuis le commencement du siècle, la statistique nous fournit le moyen de suivre la marche de la criminalité ; or, elle a partout augmenté. En France, l'augmentation est de près de 300 pour cent. Il n'est donc pas de phénomène qui présente de la manière la plus irrécusée tous les symptômes de la normalité, puisqu'il apparaît comme étroitement lié aux conditions de toute vie collective. Faire du crime une maladie sociale, ce serait admettre que la maladie n'est pas quelque chose d'accidentel, mais, au contraire, dérive, dans certains cas, de la constitution fondamentale de l'être vivant ; ce serait effacer toute distinction entre le physiologique et le pathologique. Sans doute, il peut se faire que le crime lui-même ait des formes anormales ; c'est ce qui arrive quand, par exemple, il atteint un taux exagéré. Il n'est pas douteux, en effet, que cet excès ne soit de nature morbide. Ce qui est normal, c'est simplement qu'il y ait une criminalité, pourvu que celle-ci atteigne et ne dépasse pas, pour chaque type social, un certain niveau qu'il n'est peut-être pas impossible de fixer conformément aux règles précédentes [1].

1. De ce que le crime est un phénomène de sociologie normale, il ne suit pas que le criminel soit un individu normalement constitué au point de vue biologique et psychologique. Les deux questions sont indépendantes l'une de l'autre. On comprendra mieux cette indépendance, quand nous aurons montré plus loin la différence qu'il y a entre les faits psychiques et les faits sociologiques.

Nous voilà en présence d'une conclusion, en apparence, assez paradoxale. Car il ne faut pas s'y méprendre. Classer le crime parmi les phénomènes de sociologie normale, ce n'est pas seulement dire qu'il est un phénomène inévitable quoique regrettable, dû à l'incorrigible méchanceté des hommes ; c'est affirmer qu'il est un facteur de la santé publique, une partie intégrante de toute société saine. Ce résultat est, au premier abord, assez surprenant pour qu'il nous ait nous-mêmes déconcertés et pendant longtemps. Cependant, une fois que l'on a dominé cette première impression de surprise, il n'est pas difficile de trouver les raisons qui expliquent cette normalité et, du même coup, la confirment.

En premier lieu, le crime est normal parce qu'une société qui en serait exempte est tout à fait impossible.

Le crime, nous l'avons montré ailleurs, consiste dans un acte qui offense certains sentiments collectifs, doués d'une énergie et d'une netteté particulières. Pour que, dans une société donnée, les actes réputés criminels pussent cesser d'être commis, il faudrait donc que les sentiments qu'ils blessent se retrouvassent dans toutes les consciences individuelles sans exception et avec le degré de force nécessaire pour contenir les sentiments contraires. Or, à supposer que cette condition pût être effectivement réalisée, le crime ne disparaîtrait pas pour cela, il changerait seulement de forme ; car la cause même qui tarirait ainsi les sources de la criminalité en ouvrirait immédiatement de nouvelles.

En effet, pour que les sentiments collectifs que protège le droit pénal d'un peuple, à un moment déterminé de son histoire, parviennent ainsi à pénétrer dans les consciences qui leur étaient jusqu'alors fermées ou à prendre plus d'empire là où ils n'en avaient pas assez, il faut qu'ils acquièrent une intensité supérieure à celle qu'ils avaient jusqu'alors. Il faut que la communauté dans son ensemble les ressente avec plus de vivacité ; car ils ne peuvent pas puiser à une autre source la force plus grande qui leur permet de s'imposer aux individus qui, naguère, leur étaient le plus réfractaires. Pour que les meurtriers disparaissent, il faut que l'horreur du sang versé devienne plus grande dans ces couches sociales où se recrutent les meurtriers ; mais, pour cela, il faut qu'elle devienne plus grande dans toute l'étendue de la société. D'ailleurs, l'absence même du crime contribuerait directement à produire ce résultat ; car un sentiment apparaît comme beaucoup plus respectable quand il est toujours et uniformément respecté. Mais on ne fait pas attention que ces états forts de la conscience commune ne peuvent être ainsi renforcés sans que les états plus faibles, dont la violation ne donnait précédemment naissance qu'à des fautes purement morales, ne soient renforcés du même coup ; car les seconds ne sont que le prolongement, la forme atténuée des premiers. Ainsi, le vol et la simple indélicatesse ne froissent qu'un seul et même sentiment altruiste, le respect de la propriété d'autrui. Seulement, ce même sentiment est offensé plus faiblement par l'un de ces actes que par l'autre ; et comme, d'autre part, il n'a pas dans la moyenne des consciences une intensité suffisante pour ressentir vivement la plus légère de ces deux offenses, celle-ci est l'objet d'une plus grande tolérance. Voilà pourquoi on blâme simplement l'indélicat tandis que le voleur est puni. Mais si ce même sentiment devient plus fort, au point de faire taire dans toutes les consciences le penchant qui incline l'homme au vol, il deviendra plus sensible aux lésions qui, jusqu'alors, ne le touchaient que légèrement ; il réagira donc contre elles avec plus de vivacité ; elles seront l'objet d'une réprobation plus énergique qui fera passer certaines d'entre elles, de simples fautes morales qu'elles étaient, à l'état de crimes. Par exemple, les contrats indélicats ou indélicatement exécutés, qui n'entraînent qu'un blâme public ou des réparations civiles, deviendront des délits. Imaginez une société de saints, un cloître exemplaire et parfait. Les crimes proprement dits y seront inconnus ; mais les fautes qui paraissent vénielles au vulgaire y soulèveront le même scandale que fait le délit ordinaire auprès des consciences ordinaires. Si donc cette société se trouve armée du pouvoir de juger et de punir, elle qualifiera ces actes de criminels et les traitera comme tels. C'est pour la même raison que le parfait honnête homme juge ses moindres défaillances morales avec une sévérité que la foule réserve aux actes vraiment délictueux. Autrefois, les violences contre les personnes étaient plus fréquentes qu'aujourd'hui parce que le respect pour la dignité individuelle était plus faible. Comme il s'est accru, ces crimes sont devenus plus rares ; mais aussi, bien des actes qui lésaient ce sentiment sont entrés dans le droit pénal dont ils ne relevaient primitivement pas [1].

On se demandera peut-être, pour épuiser toutes les hypothèses logiquement possibles, pourquoi cette unanimité ne s'étendrait pas à tous les sentiments collectifs sans exception ; pourquoi même les plus faibles ne prendraient pas assez d'énergie pour prévenir toute dissidence. La conscience morale de la société se retrouverait tout entière chez tous les individus et avec une vitalité suffisante pour empêcher tout acte qui l'offense, les fautes purement morales aussi bien que les crimes. Mais une uniformité aussi universelle et aussi absolue est radicalement impossible ; car le milieu physique immédiat dans lequel chacun de nous est placé, les antécédents héréditaires, les influences sociales dont nous dépendons varient d'un individu à l'autre et, par suite, diversifient les consciences. Il n'est pas possible que tout le monde se ressemble à ce point, par cela seul que chacun a son organisme propre et que ces organismes occupent des portions différentes de l'espace. C'est pourquoi, même chez les peuples inférieurs, où l'originalité individuelle est très peu développée, elle n'est cependant pas nulle. Ainsi donc, puisqu'il ne peut pas y avoir de société où les individus ne divergent plus ou moins du type collectif, il est inévitable aussi que, parmi ces divergences, il y en ait qui présentent un caractère criminel. Car ce qui

1. Calomnies, injures, diffamation, dol, etc.

leur confère ce caractère, ce n'est pas leur importance intrinsèque, mais celle que leur prête la conscience commune. Si donc celle-ci est plus forte, si elle a assez d'autorité pour rendre ces divergences très faibles en valeur absolue, elle sera aussi plus sensible, plus exigeante, et, réagissant contre de moindres écarts avec l'énergie qu'elle ne déploie ailleurs que contre des dissidences plus considérables, elle leur attribue la même gravité, c'est-à-dire qu'elle les marquera comme criminels.

Le crime est donc nécessaire ; il est lié aux conditions fondamentales de toute vie sociale, mais, par cela même, il est utile ; car ces conditions dont il est solidaire sont elles-mêmes indispensables à l'évolution normale de la morale et du droit.

En effet, il n'est plus possible aujourd'hui de contester que non seulement le droit et la morale varient d'un type social à l'autre, mais encore qu'ils changent pour un même type si les conditions de l'existence collective se modifient. Mais, pour que ces transformations soient possibles, il faut que les sentiments collectifs qui sont à la base de la morale ne soient pas réfractaires au changement, par conséquent, n'aient qu'une énergie modérée. S'ils étaient trop forts, ils ne seraient plus plastiques. Tout arrangement, en effet, est un obstacle au réarrangement, et cela d'autant plus que l'arrangement primitif est plus solide. Plus une structure est fortement accusée, plus elle oppose de résistance à toute modification et il en est des arrangements fonctionnels comme des arrangements anatomiques. Or, s'il n'y avait pas de crimes, cette condition ne serait pas remplie ; car une telle hypothèse suppose que les sentiments collectifs seraient parvenus à un degré d'intensité sans exemple dans l'histoire. Rien n'est bon indéfiniment et sans mesure. Il faut que l'autorité dont jouit la conscience morale ne soit pas excessive ; autrement, nul n'oserait y porter la main et elle se figerait trop facilement sous une forme immuable. Pour qu'elle puisse évoluer, il faut que l'originalité individuelle puisse se faire jour ; or, pour que celle de l'idéaliste qui rêve de dépasser son siècle puisse se manifester, il faut que celle du criminel, qui est au-dessous de son temps, soit possible. L'une ne va pas sans l'autre.

Ce n'est pas tout. Outre cette utilité indirecte, il arrive que le crime joue lui-même un rôle utile dans cette évolution. Non seulement il implique que la voie reste ouverte aux changements nécessaires, mais encore, dans certains cas, il prépare directement ces changements. Non seulement, là où il existe, les sentiments collectifs sont dans l'état de malléabilité nécessaire pour prendre une forme nouvelle, mais encore il contribue parfois à prédéterminer la forme qu'ils prendront. Que de fois, en effet, il n'est qu'une anticipation de la morale à venir, un acheminement vers ce qui sera ! D'après le droit athénien, Socrate était un criminel et sa condamnation n'avait rien que de juste. Cependant son crime, à savoir l'indépendance de sa pensée, était utile, non seulement à l'humanité, mais à sa patrie. Car il servait à préparer une morale et une foi nouvelles dont les Athéniens avaient alors besoin parce que les traditions dont ils avaient vécu jusqu'alors n'étaient plus en harmonie avec leurs conditions d'existence. Or le cas de Socrate n'est pas isolé ; il se reproduit périodiquement dans l'histoire. La liberté de penser dont nous jouissons actuellement n'aurait jamais pu être proclamée, si les règles qui la prohibaient n'avaient été violées avant d'être solennel-lement abrogées. Cependant, à ce moment, cette violation était un crime, puisque c'était une offense à des sentiments encore très vifs dans la généralité des consciences. Et néanmoins ce crime était utile puisqu'il préludait à des transformations qui, de jour en jour, devenaient plus nécessaires. La libre philosophie a eu pour précurseurs les hérétiques de toute sorte que le bras séculier a justement frappés pendant tout le cours du Moyen Age et jusqu'à la veille des temps contempo-rains.

De ce point de vue, les faits fondamentaux de la criminologie se présentent à nous sous un aspect entièrement nouveau. Contrairement aux idées courantes, le criminel n'apparaît plus comme un être radicalement insociable, comme une sorte d'élément parasitaire, de corps étranger et inassimilable, introduit au sein de la société[1] ; c'est un agent régulier de la vie sociale. Le crime, de son côté, ne doit plus être conçu comme un mal qui ne saurait être contenu dans de trop étroites limites ; mais, bien loin qu'il y ait lieu de se féliciter quand il lui arrive de descendre trop sensiblement au-dessous du niveau ordinaire, on peut être certain que ce progrès apparent est à la fois contemporain et solidaire de quelque perturbation sociale. C'est ainsi que jamais le chiffre des coups et blessures ne tombe aussi bas qu'en temps de disette[2]. En même temps et par contrecoup, la théorie de la peine se trouve renouvelée ou, plutôt, à renouveler. Si, en effet, le crime est une maladie, la peine en est le remède et ne peut être conçue autrement ; aussi toutes les discussions qu'elle soulève portent-elles sur le point de savoir ce qu'elle doit être pour remplir son rôle de remède. Mais si le crime n'a rien de morbide, la peine ne saurait avoir pour objet de le guérir et sa vraie fonction doit être cherchée ailleurs.

Il s'en faut donc que les règles précédemment

1. Nous avons nous-même commis l'erreur de parler ainsi du criminel, faute d'avoir appliqué notre règle (*Division du travail social*, p. 395, 396).

2. D'ailleurs, de ce que le crime est un fait de sociologie normale, il ne suit pas qu'il ne faille pas le haïr. La douleur, elle non plus, n'a rien de désirable ; l'individu la hait comme la société hait le crime, et pourtant elle relève de la physiologie normale. Non seulement elle dérive nécessairement de la constitution même de tout être vivant, mais elle joue un rôle utile dans la vie et pour lequel elle ne peut être remplacée. *Ce serait donc dénaturer singulièrement notre pensée que de la présenter comme une apologie du crime. Nous ne songerions même pas à protester contre une telle interprétation, si nous ne savions à quelles étranges accusations on s'expose et à quels malentendus, quand on entreprend d'étudier les faits moraux objectivement et d'en parler dans une langue qui n'est pas celle du vulgaire. *

* Phrases ne figurant pas dans le texte initial.

énoncées n'aient d'autre raison d'être que de satisfaire à un formalisme logique sans grande utilité, puisque, au contraire, selon qu'on les applique ou non, les faits sociaux les plus essentiels changent totalement de caractère. Si, d'ailleurs, cet exemple est particulièrement démonstratif — et c'est pourquoi nous avons cru devoir nous y arrêter — il en est bien d'autres qui pourraient être utilement cités. Il n'existe pas de société où il ne soit de règle que la peine doit être proportionnelle au délit ; cependant, pour l'école italienne, ce principe n'est qu'une invention de juristes, dénuée de toute solidité[1]. Même, pour ces criminologistes, c'est l'institution pénale tout entière, telle qu'elle a fonctionné jusqu'à présent chez tous les peuples connus, qui est un phénomène contre nature. Nous avons déjà vu que, pour M. Garofalo, la criminalité spéciale aux sociétés inférieures n'a rien de naturel. Pour les socialistes, c'est l'organisation capitaliste, malgré sa généralité, qui constitue une déviation de l'état normal, produite par la violence et l'artifice. Au contraire, pour M. Spencer, c'est notre centralisation administrative, c'est l'extension des pouvoirs gouvernementaux qui est le vice radical de nos sociétés, et cela quoique l'une et l'autre progressent de la manière la plus régulière et la plus universelle à mesure qu'on avance dans l'histoire. Nous ne croyons pas que jamais on se soit systématiquement astreint à décider du caractère normal ou anormal des faits sociaux d'après leur degré de généralité. C'est toujours à grand renfort de dialectique que ces questions sont tranchées.

Cependant, ce critère écarté, non seulement on s'expose à des confusions et à des erreurs partielles, comme celles que nous venons de rappeler, mais on rend la science même impossible. En effet, elle a pour objet immédiat l'étude du type normal ; or, si les faits les plus généraux peuvent être morbides, il peut se faire que le type normal n'ait jamais existé dans les

1. V. GAROFALO, *Criminologie*, p. 299.

faits. Dès lors, que sert de les étudier ? Ils ne peuvent que confirmer nos préjugés et enraciner nos erreurs puisqu'ils en résultent. Si la peine, si la responsabilité, telles qu'elles existent dans l'histoire, ne sont qu'un produit de l'ignorance et de la barbarie, à quoi bon s'attacher à les connaître pour en déterminer les formes normales ? C'est ainsi que l'esprit est amené à se détourner d'une réalité désormais sans intérêt pour se replier sur soi-même et chercher au dedans de soi les matériaux nécessaires pour le reconstruire. Pour que la sociologie traite les faits comme des choses, il faut que le sociologue sente la nécessité de se mettre à leur école. Or, comme l'objet principal de toute science de la vie, soit individuelle soit sociale, est, en somme, de définir l'état normal, de l'expliquer et de le distinguer de son contraire, si la normalité n'est pas donnée dans les choses mêmes, si elle est, au contraire, un caractère que nous leur imprimons du dehors ou que nous leur refusons pour des raisons quelconques, c'en est fait de cette salutaire dépendance. L'esprit se trouve à l'aise en face du réel qui n'a pas grand-chose à lui apprendre ; il n'est plus contenu par la matière à laquelle il s'applique, puisque c'est lui, en quelque sorte, qui la détermine. Les différentes règles que nous avons établies jusqu'à présent sont donc étroitement solidaires. Pour que la sociologie soit vraiment une science de choses, il faut que la généralité des phénomènes soit prise comme critère de leur normalité.

Notre méthode a, d'ailleurs, l'avantage de régler l'action en même temps que la pensée. Si le désirable n'est pas objet d'observation, mais peut et doit être déterminé par une sorte de calcul mental, aucune borne, pour ainsi dire, ne peut être assignée aux libres inventions de l'imagination à la recherche du mieux. Car comment assigner à la perfection un terme qu'elle ne puisse dépasser ? Elle échappe, par définition, à toute limitation. Le but de l'humanité recule donc à l'infini, décourageant les uns par son éloignement même, excitant, au contraire, et enfiévrant les autres, qui, pour s'en rapprocher un peu, pressent le pas et se précipitent dans les révolutions. On échappe à ce dilemme pratique si le désirable, c'est la santé, et si la santé est quelque chose de défini et de donné dans les choses, car le terme de l'effort est donné et défini du même coup. Il ne s'agit plus de poursuivre désespérément une fin qui fuit à mesure qu'on avance, mais de travailler avec une régulière persévérance à maintenir l'état normal, à le rétablir s'il est troublé, à en retrouver les conditions si elles viennent à changer. Le devoir de l'homme d'État n'est plus de pousser violemment les sociétés vers un idéal qui lui paraît séduisant, mais son rôle est celui du médecin : il prévient l'éclosion des maladies par une bonne hygiène et, quand elles sont déclarées, il cherche à les guérir[1].

* 1. De la théorie développée dans ce chapitre on a quelquefois conclu que, suivant nous, la marche ascendante de la criminalité au cours du XIXe siècle était un phénomène normal. Rien n'est plus éloigné de notre pensée. Plusieurs faits que nous avons indiqués à propos du suicide (voir *Le suicide*, p. 420 et suiv.) tendent, au contraire, à nous faire croire que ce développement est, en général, morbide. Toutefois, il pourrait se faire qu'un certain accroissement de certaines formes de la criminalité fût normal, car chaque état de civilisation a sa criminalité propre. Mais on ne peut faire là-dessus que des hypothèses.
* Note introduite dans l'édition de 1901.

CHAPITRE IV

RÈGLES RELATIVES
À LA CONSTITUTION
DES TYPES SOCIAUX

Puisqu'un fait social ne peut être qualifié de normal ou d'anormal que par rapport à une espèce sociale déterminée, ce qui précède implique qu'une branche de la sociologie est consacrée à la constitution de ces espèces et à leur classification.

Cette notion de l'espèce sociale a, d'ailleurs, le très grand avantage de nous fournir un moyen terme entre les deux conceptions contraires de la vie collective qui se sont, pendant longtemps, partagé les esprits ; je veux dire le nominalisme des historiens [1] et le réalisme extrême des philosophes. Pour l'historien, les sociétés constituent autant d'individualités hétérogènes, incomparables entre elles. Chaque peuple a sa physionomie, sa constitution spéciale, son droit, sa morale, son organisation économique qui ne conviennent qu'à lui, et toute généralisation est à peu près impossible. Pour le philosophe, au contraire, tous ces groupements particuliers, que l'on appelle les tribus, les cités, les nations, ne sont que des combinaisons contingentes et provisoires sans réalité propre. Il n'y a de réel que l'humanité et c'est des attributs généraux de la nature humaine que découle toute l'évolution sociale. Pour les premiers, par conséquent, l'histoire n'est qu'une suite d'événements qui s'enchaînent sans se reproduire ;

---

1. Je l'appelle ainsi, parce qu'il a été fréquent chez les historiens, mais je ne veux pas dire qu'il se retrouve chez tous.

pour les seconds, ces mêmes événements n'ont de valeur et d'intérêt que comme illustration des lois générales qui sont inscrites dans la constitution de l'homme et qui dominent tout le développement historique. Pour ceux-là, ce qui est bon pour une société ne saurait s'appliquer aux autres. Les conditions de l'état de santé varient d'un peuple à l'autre et ne peuvent être déterminées théoriquement ; c'est affaire de pratique, d'expérience, de tâtonnements. Pour les autres, elles peuvent être calculées une fois pour toutes et pour le genre humain tout entier. Il semblait donc que la réalité sociale ne pouvait être l'objet que d'une philosophie abstraite et vague ou de monographies purement descriptives. Mais on échappe à cette alternative une fois qu'on a reconnu qu'entre la multitude confuse des sociétés historiques et le concept unique, mais idéal, de l'humanité, il y a des intermédiaires : ce sont les espèces sociales. Dans l'idée d'espèce, en effet, se trouvent réunies et l'unité qu'exige toute recherche vraiment scientifique et la diversité qui est donnée dans les faits, puisque l'espèce se retrouve la même chez tous les individus qui *en font partie* et que, d'autre part, les espèces diffèrent entre elles. Il reste vrai que les institutions morales, juridiques, économiques, etc., sont infiniment variables, mais ces variations ne sont pas de telle nature qu'elles n'offrent aucune prise à la pensée scientifique.

C'est pour avoir méconnu l'existence d'espèces sociales que Comte a cru pouvoir représenter le progrès des sociétés humaines comme identique à celui d'un peuple unique « auquel seraient idéalement rapportées toutes les modifications consécutives observées chez les populations distinctes [1] ». C'est qu'en effet, s'il n'existe qu'une seule espèce sociale, les sociétés particulières ne peuvent différer entre elles qu'en degrés, suivant qu'elles présentent plus ou moins complètement les traits constitutifs de cette espèce unique, suivant

---

* « l'incarnent » (*R.P.*, p. 599.)
1. *Cours de philos. pos.*, IV, p. 263.

qu'elles *expriment* plus ou moins parfaitement
l'humanité. Si, au contraire, il existe des types sociaux
qualitativement distincts les uns des autres, on aura
beau les rapprocher, on ne pourra pas faire qu'ils se
rejoignent exactement comme les sections homogènes
d'une droite géométrique. Le développement historique perd ainsi l'unité idéale et simpliste qu'on lui
attribuait ; il se fragmente, pour ainsi dire, en une
multitude de tronçons qui, parce qu'ils diffèrent
spécifiquement les uns des autres, ne sauraient se relier
d'une manière continue. La fameuse métaphore de
Pascal, reprise depuis par Comte, se trouve désormais
sans vérité.

Mais comment faut-il s'y prendre pour constituer
ces espèces ?

I

Il peut sembler, au premier abord, qu'il n'y ait pas
d'autre manière de procéder que d'étudier chaque
société en particulier, d'en faire une monographie aussi
exacte et aussi complète que possible, puis de comparer toutes ces monographies entre elles, de voir par où
elles concordent et par où elles divergent, et alors,
suivant l'importance relative de ces similitudes et de
ces divergences, de classer les peuples dans des
groupes semblables ou différents. À l'appui de cette
méthode, on fait remarquer qu'elle seule est recevable
dans une science d'observation. L'espèce, en effet,
n'est que le résumé des individus ; comment donc la
constituer, si l'on ne commence pas par décrire chacun
d'eux et par le décrire tout entier ? N'est-ce pas une
règle de ne s'élever au général qu'après avoir observé le
particulier et tout le particulier ? C'est pour cette raison
que l'on a voulu parfois ajourner la sociologie jusqu'à
l'époque indéfiniment éloignée où l'histoire, dans
l'étude qu'elle fait des sociétés particulières, sera

---

* « incarnent » (*R.P.*, p. 599.)

parvenue à des résultats assez objectifs et définis pour pouvoir être utilement comparés.

Mais, en réalité, cette circonspection n'a de scientifique que l'apparence. Il est inexact, en effet, que la science ne puisse instituer de lois qu'après avoir passé en revue tous les faits qu'elles expriment, ni former de genres qu'après avoir décrit, dans leur intégralité, les individus qu'ils comprennent. La vraie méthode expérimentale tend plutôt à substituer aux faits vulgaires, qui ne sont démonstratifs qu'à condition d'être très nombreux et qui, par suite, ne permettent que des conclusions toujours suspectes, des faits *décisifs* ou *cruciaux*, comme disait Bacon [1], qui, par eux-mêmes et indépendamment de leur nombre, ont une valeur et un intérêt scientifiques. Il est surtout nécessaire de procéder ainsi quand il s'agit de constituer des genres et des espèces. Car faire l'inventaire de tous les caractères qui appartiennent à un individu est un problème insoluble. Tout individu est un infini et l'infini ne peut être épuisé. S'en tiendra-t-on aux propriétés les plus essentielles ? Mais d'après quel principe fera-t-on le triage ? Il faut pour cela un critère qui dépasse l'individu et que les monographies les mieux faites ne sauraient, par conséquent, nous fournir. Sans même pousser les choses à cette rigueur, on peut prévoir que, plus les caractères qui serviront de base à la classification seront nombreux, plus aussi il sera difficile que les diverses manières dont ils se combinent dans les cas particuliers présentent des ressemblances assez franches et des différences assez tranchées pour permettre la constitution de groupes et de sous-groupes définis.

Mais quand même une classification serait possible d'après cette méthode, elle aurait le très grand défaut de ne pas rendre les services qui en sont la raison d'être. En effet, elle doit, avant tout, avoir pour objet d'abréger le travail scientifique en substituant à la multiplicité indéfinie des individus un nombre res-

---

1. *Novum organum*, II, § 36.

treint de types. Mais elle perd cet avantage si ces types n'ont été constitués qu'après que tous les individus ont été passés en revue et analysés tout entiers. Elle ne peut guère faciliter la recherche, si elle ne fait que résumer les recherches déjà faites. Elle ne sera vraiment utile que si elle nous permet de classer d'autres caractères que ceux qui lui servent de base, que si elle nous procure des cadres pour les faits à venir. Son rôle est de nous mettre en mains des points de repère auxquels nous puissions rattacher d'autres observations que celles qui nous ont fourni ces points de repère eux-mêmes. Mais, pour cela, il faut qu'elle soit faite, non d'après un inventaire complet de tous les caractères individuels, mais d'après un petit nombre d'entre eux, soigneusement choisis. Dans ces conditions, elle ne servira pas seulement à mettre un peu d'ordre dans des connaissances toutes faites ; elle servira à en faire. Elle épargnera à l'observateur bien des démarches parce qu'elle le guidera. Ainsi, une fois la classification établie sur ce principe, pour savoir si un fait est général dans une espèce, il ne sera pas nécessaire d'avoir observé toutes les sociétés de cette espèce ; quelques-unes suffiront. Même, dans bien des cas, ce sera assez d'une observation bien faite, de même que, souvent, une expérience bien conduite suffit à l'établissement d'une loi.

Nous devons donc choisir pour notre classification des caractères particulièrement essentiels. Il est vrai qu'on ne peut les connaître que si l'explication des faits est suffisamment avancée. Ces deux parties de la science sont solidaires et progressent l'une par l'autre. Cependant, sans entrer très avant dans l'étude des faits, il n'est pas difficile de conjecturer de quel côté il faut chercher les propriétés caractéristiques des types sociaux. Nous savons, en effet, que les sociétés sont composées de parties ajoutées les unes aux autres. Puisque la nature de toute résultante dépend nécessairement de la nature, du nombre des éléments compo-sants et de leur mode de combinaison, ces caractères sont évidemment ceux que nous devons prendre pour base, et on verra, en effet, dans la suite, que c'est d'eux que dépendent les faits généraux de la vie sociale. D'autre part, comme ils sont d'ordre morphologique, on pourrait appeler *Morphologie sociale* la partie de la sociologie qui a pour tâche de constituer et de classer les types sociaux.

On peut même préciser davantage le principe de cette classification. On sait, en effet, que ces parties constitutives dont est formée toute société sont des sociétés plus simples qu'elle. Un peuple est produit par la réunion de deux ou plusieurs peuples qui l'ont précédé. Si donc nous connaissions la société la plus simple qui ait jamais existé, nous n'aurions, pour faire notre classification, qu'à suivre la manière dont cette société se compose avec elle-même et dont ses composés se composent entre eux.

II

M. Spencer a fort bien compris que la classification méthodique des types sociaux ne pouvait avoir d'autre fondement.

« Nous avons vu, dit-il, que l'évolution sociale commence par de petits agrégats simples ; qu'elle progresse par l'union de quelques-uns de ces agrégats en agrégats plus grands, et qu'après s'être consolidés, ces groupes s'unissent avec d'autres semblables à eux pour former des agrégats encore plus grands. Notre classification doit donc commencer par des sociétés du premier ordre, c'est-à-dire du plus simple [1]. »

Malheureusement, pour mettre ce principe en pratique, il faudrait commencer par définir avec précision ce que l'on entend par société simple. Or, cette définition, non seulement M. Spencer ne la donne pas, mais il la juge à peu près impossible [2]. C'est que, en

1. *Sociologie*, II, p. 135.
2. « Nous ne pouvons pas toujours dire avec précision ce qui constitue une société simple. » (*Ibid.*, p. 135, 136.)

effet, la simplicité, comme il l'entend, consiste essentiellement dans une certaine grossièreté d'organisation.
Or il n'est pas facile de dire avec exactitude à quel
moment l'organisation sociale est assez rudimentaire
pour être qualifiée de simple ; c'est affaire d'appréciation. Aussi la formule qu'il en donne est-elle tellement
flottante qu'elle convient à toute sorte de sociétés.
« Nous n'avons rien de mieux à faire, dit-il, que de
considérer comme une société simple celle qui forme
un tout non assujetti à un autre et dont les parties
coopèrent avec ou sans centre régulateur, en vue de
certaines fins d'intérêt public [1]. » Mais il y a nombre de
peuples qui satisfont à cette condition. Il en résulte
qu'il confond, un peu au hasard, sous cette même
rubrique, toutes les sociétés les moins civilisées. On
imagine ce que peut être, avec un pareil point de
départ, tout le reste de sa classification. On y voit
rapprochées, dans la plus étonnante confusion, les
sociétés les plus disparates, les Grecs homériques mis à
côté des fiefs du Xe siècle et au-dessous des Bechuanas,
des Zoulous et des Fidjiens, la confédération athénienne à côté des fiefs de la France du XIIIe siècle et au-
dessous des Iroquois et des Araucaniens.

Le mot de simplicité n'a de sens défini que s'il
signifie une absence complète de parties. Par société
simple, il faut donc entendre toute société qui n'en
renferme pas d'autres, plus simples qu'elle ; qui non
seulement est actuellement réduite à un segment
unique, mais encore qui ne présente aucune trace
d'une segmentation antérieure. La *horde*, telle que
nous l'avons définie ailleurs [2], répond exactement à
cette définition. C'est un agrégat social qui ne comprend et n'a jamais compris dans son sein aucun autre
agrégat plus élémentaire, mais qui se résout immédiatement en individus. Ceux-ci ne forment pas, à l'intérieur du groupe total, des groupes spéciaux et différents du précédent ; ils sont juxtaposés atomiquement.

1. *Ibid.*, p. 136.
2. *Division du travail social*, p. 189.

On conçoit qu'il ne puisse pas y avoir de société plus simple ; c'est le protoplasme du règne social et, par conséquent, la base naturelle de toute classification.

Il est vrai qu'il n'existe peut-être pas de société historique qui réponde exactement à ce signalement ; mais, ainsi que nous l'avons montré dans le livre déjà cité, nous en connaissons une multitude qui sont formées, immédiatement et sans autre intermédiaire, par une répétition de hordes. Quand la horde devient ainsi un segment social au lieu d'être la société tout entière, elle change de nom, elle s'appelle le clan ; mais elle garde les mêmes traits constitutifs. Le clan est, en effet, un agrégat social qui ne se résout en aucun autre, plus restreint. On fera peut-être remarquer que, généralement, là où nous l'observons aujourd'hui, il renferme une pluralité de familles particulières. Mais, d'abord, pour des raisons que nous ne pouvons développer ici, nous croyons que la formation de ces petits groupes familiaux est postérieure au clan ; puis, elles ne constituent pas, à parler exactement, des segments sociaux parce qu'elles ne sont pas des divisions politiques. Partout où on le rencontre, le clan constitue l'ultime division de ce genre. Par conséquent, quand même nous n'aurions pas d'autres faits pour postuler l'existence de la horde — et il en est que nous aurons un jour l'occasion d'exposer — l'existence du clan, c'est-à-dire de sociétés formées par une réunion de hordes, nous autorise à supposer qu'il y a eu d'abord des sociétés plus simples qui se réduisaient à la horde proprement dite, et à faire de celle-ci la souche d'où sont sorties toutes les espèces sociales.

Une fois posée cette notion de la horde ou société à segment unique — qu'elle soit conçue comme une réalité historique ou comme un postulat de la science — on a le point d'appui nécessaire pour construire l'échelle complète des types sociaux. On distinguera autant de types fondamentaux qu'il y a de manières, pour la horde, de se combiner avec elle-même en donnant naissance à des sociétés nouvelles et, pour celles-ci, de se combiner entre elles. On rencontrera d'abord des agrégats formés par une simple répétition de hordes ou de clans (pour leur donner leur nom nouveau), sans que ces clans soient associés entre eux de manière à former des groupes intermédiaires entre le groupe total qui les comprend tous, et chacun d'eux. Ils sont simplement juxtaposés comme les individus de la horde. On trouve des exemples de ces sociétés que l'on pourrait appeler *polysegmentaires simples* dans certaines tribus iroquoises et australiennes. L'*arch* ou tribu kabyle a le même caractère ; c'est une réunion de clans fixés sous forme de villages. Très vraisemblablement, il y eut un moment dans l'histoire où la *curie* romaine, la *phratrie* athénienne était une société de ce genre. Au-dessus, viendraient les sociétés formées par un assemblage de sociétés de l'espèce précédente, c'est-à-dire les *sociétés polysegmentaires simplement composées*. Tel est le caractère de la confédération iroquoise, de celle formée par la réunion des tribus kabyles ; il en fut de même, à l'origine, de chacune des trois tribus primitives dont l'association donna, plus tard, naissance à la cité romaine. On rencontrerait ensuite les *sociétés polysegmentaires doublement composées* qui résultent de la juxtaposition ou fusion de plusieurs sociétés polysegmentaires simplement composées. Telles sont la cité, agrégat de tribus, qui sont elles-mêmes des agrégats de curies qui, à leur tour, se résolvent en *gentes* ou clans, et la tribu germanique, avec ses comtés, qui se subdivisent en centaines, lesquelles, à leur tour, ont pour unité dernière le clan devenu village.

Nous n'avons pas à développer davantage ni à pousser plus loin ces quelques indications, puisqu'il ne saurait être question d'exécuter ici une classification des sociétés. C'est un problème trop complexe pour pouvoir être traité ainsi, comme en passant ; il suppose, au contraire, tout un ensemble de longues et spéciales recherches. Nous avons seulement voulu, par quelques exemples, préciser les idées et montrer comment doit être appliqué le principe de la méthode. Même il ne faudrait pas considérer ce qui précède comme constituant une classification complète des sociétés inférieures. Nous y avons quelque peu simplifié les choses pour plus de clarté. Nous avons supposé, en effet, que chaque type supérieur était formé par une répétition de sociétés d'un même type, à savoir du type immédiatement inférieur. Or, il n'y a rien d'impossible à ce que des sociétés d'espèces différentes, situées inégalement haut sur l'arbre généalogique des types sociaux, se réunissent de manière à former une espèce nouvelle. On en connaît au moins un cas ; c'est l'Empire romain, qui comprenait dans son sein les peuples les plus divers de nature [1].

Mais une fois ces types constitués, il y aura lieu de distinguer dans chacun d'eux des variétés différentes selon que les sociétés segmentaires, qui servent à former la société résultante, gardent une certaine individualité, ou bien, au contraire, sont absorbées dans la masse totale. On comprend en effet que les phénomènes sociaux doivent varier, non pas seulement suivant la nature des éléments composants, mais suivant leur mode de composition ; ils doivent surtout être très différents suivant que chacun des groupes partiels garde sa vie locale ou qu'ils sont tous entraînés dans la vie générale, c'est-à-dire suivant qu'ils sont plus ou moins étroitement concentrés. On devra, par conséquent, rechercher si, à un moment quelconque, il se produit une coalescence complète de ces segments. On reconnaîtra qu'elle existe à ce signe que cette composition originelle de la société n'affecte plus son organisation administrative et politique. À ce point de vue, la cité se distingue nettement des tribus germaniques. Chez ces dernières l'organisation à base de clans s'est maintenue, quoique effacée, jusqu'au terme de leur histoire, tandis que, à Rome, à Athènes, les *gentes* et les γένη cessèrent très tôt d'être des divisions politiques pour devenir des groupements privés.

---

1. Toutefois il est vraisemblable que, en général, la distance entre les sociétés composantes ne saurait être très grande ; autrement, il ne pourrait y avoir entre elles aucune communauté morale.

À l'intérieur des cadres ainsi constitués, on pourra chercher à introduire de nouvelles distinctions d'après des caractères morphologiques secondaires. Cependant, pour des raisons que nous donnerons plus loin, nous ne croyons guère possible de dépasser utilement les divisions générales qui viennent d'être indiquées. Au surplus, nous n'avons pas à entrer dans ces détails, il nous suffit d'avoir posé le principe de classification qui peut être énoncé ainsi : *On commencera par classer les sociétés d'après le degré de composition qu'elles présentent, en prenant pour base la société parfaitement simple ou à segment unique ; à l'intérieur de ces classes, on distinguera des variétés différentes suivant qu'il se produit ou non une coalescence complète des segments initiaux.*

III

Ces règles répondent implicitement à une question que le lecteur s'est peut-être posée en nous voyant parler d'espèces sociales comme s'il y en avait, sans en avoir directement établi l'existence. Cette preuve est contenue dans le principe même de la méthode qui vient d'être exposée.

Nous venons de voir, en effet, que les sociétés n'étaient que des combinaisons différentes d'une seule et même société originelle. Or, un même élément ne peut se composer avec lui-même et les composés qui en résultent ne peuvent, à leur tour, se composer entre eux que suivant un nombre de modes limité, surtout quand les éléments composants sont peu nombreux ; ce qui est le cas des segments sociaux. La gamme des combinaisons possibles est donc finie et, par suite, la plupart d'entre elles, tout au moins, doivent se répéter. Il se trouve ainsi qu'il y a des espèces sociales. Il reste, d'ailleurs, possible que certaines de ces combinaisons ne se produisent qu'une seule fois. Cela n'empêche pas qu'il y ait des espèces. On dira seulement dans les cas de ce genre que l'espèce ne compte qu'un individu [1].

Il y a donc des espèces sociales pour la même raison qui fait qu'il y a des espèces en biologie. Celles-ci, en effet, sont dues à ce fait que les organismes ne sont que des combinaisons variées d'une seule et même unité anatomique. Toutefois, il y a, à ce point de vue, une grande différence entre les deux règnes. Chez les animaux, en effet, un facteur spécial vient donner aux caractères spécifiques une force de résistance que n'ont pas les autres ; c'est la génération. Les premiers, parce qu'ils sont communs à toute la lignée des ascendants, sont bien plus fortement enracinés dans l'organisme. Ils ne se laissent donc pas facilement entamer par l'action des milieux individuels, mais se maintiennent identiques à eux-mêmes, malgré la diversité des circonstances extérieures. Il y a une force interne qui les fixe en dépit des sollicitations à varier qui peuvent venir du dehors ; c'est la force des habitudes héréditaires. C'est pourquoi ils sont nettement définis et peuvent être déterminés avec précision. Dans le règne social, cette cause interne leur fait défaut. Ils ne peuvent être renforcés par la génération parce qu'ils ne durent qu'une génération. Il est de règle, en effet, que les sociétés engendrées soient d'une autre espèce que les sociétés génératrices, parce que ces dernières, en se combinant, donnent naissance à des arrangements tout à fait nouveaux. Seule, la colonisation pourrait être comparée à une génération par germination ; encore, pour que l'assimilation soit exacte, faut-il que le groupe des colons n'aille pas se mêler à quelque société d'une autre espèce ou d'une autre variété. Les attributs distinctifs de l'espèce ne reçoivent donc pas de l'hérédité un surcroît de force qui lui permette de résister aux variations individuelles. Mais ils se modifient et se nuancent à l'infini sous l'action des circonstances ; aussi, quand on veut les atteindre, une fois qu'on a écarté toutes les variantes qui les voilent, n'obtient-on

---

1. N'est-ce pas le cas de l'Empire romain, qui paraît bien être sans analogue dans l'histoire ?

souvent qu'un résidu assez indéterminé. Cette indétermination croît naturellement d'autant plus que la complexité des caractères est plus grande ; car plus une chose est complexe, plus les parties qui la composent peuvent former de combinaisons différentes. Il en résulte que le type spécifique, au-delà des caractères les plus généraux et les plus simples, ne présente pas de contours aussi définis qu'en biologie [1].

* 1. En rédigeant ce chapitre pour la première édition de cet ouvrage, nous n'avons rien dit de la méthode qui consiste à classer les sociétés d'après leur état de civilisation. A ce moment, en effet, il n'existait pas de classifications de ce genre qui fussent proposées par des sociologues autorisés, sauf peut-être celle, trop évidemment archaïque, de Comte. Depuis, plusieurs essais ont été faits dans ce sens, notamment par Vierkandt (*Die Kulturtypen der Menscheit*, in *Archiv. f. Anthropologie*, 1898), par Sutherland (*The Origin and Growth of the Moral Instinct*), et par Steinmetz (*Classification des types sociaux*, in *Année sociologique*, III, p. 43-147). Néanmoins, nous ne nous arrêterons pas à les discuter, car ils ne répondent pas au problème posé dans ce chapitre. On y trouve classées, non des espèces sociales, mais, ce qui est bien différent, des phases historiques. La France, depuis ses origines, a passé par des formes de civilisation très différentes ; elle a commencé par être agricole, pour passer ensuite à l'industrie des métiers et au petit commerce, puis à la manufacture et enfin à la grande industrie. Or il est impossible d'admettre qu'une même individualité collective puisse changer d'espèce trois ou quatre fois. Une espèce doit se définir par des caractères plus constants. L'état économique, technologique, etc., présente des phénomènes trop instables et trop complexes pour fournir la base d'une classification. Il est même très possible qu'une même civilisation industrielle, scientifique, artistique puisse se rencontrer dans des sociétés dont la constitution congénitale est très différente. Le Japon pourra nous emprunter nos arts, notre industrie, même notre organisation politique ; il ne laissera pas d'appartenir à une autre espèce sociale que la France et l'Allemagne. Ajoutons que ces tentatives, quoique conduites par des sociologues de valeur, n'ont donné que des résultats vagues, contestables et de peu d'utilité.

* Note introduite dans l'édition de 1901.

CHAPITRE V

RÈGLES RELATIVES
À L'EXPLICATION
DES FAITS SOCIAUX

Mais la constitution des espèces est avant tout un moyen de grouper les faits pour en faciliter l'interprétation ; la morphologie sociale est un acheminement à la partie vraiment explicative de la science. Quelle est la méthode propre de cette dernière ?

I

La plupart des sociologues croient avoir rendu compte des phénomènes une fois qu'ils ont fait voir à quoi ils servent, quel rôle ils jouent. On raisonne comme s'ils n'existaient qu'en vue de ce rôle et n'avaient d'autre cause déterminante que le sentiment, clair ou confus, des services qu'ils sont appelés à rendre. C'est pourquoi on croit avoir dit tout ce qui est nécessaire pour les rendre intelligibles, quand on a établi la réalité de ces services et montré à quel besoin social ils apportent satisfaction. C'est ainsi que Comte ramène toute la force progressive de l'espèce humaine à cette tendance fondamentale « qui pousse directement l'homme à améliorer sans cesse sous tous les rapports sa condition quelconque [1] », et M. Spencer, au besoin d'un plus grand bonheur. C'est en vertu de ce principe qu'il explique la formation de la société par les

1. *Cours de philos. pos.*, IV, p. 262.

avantages qui résultent de la coopération, l'institution du gouvernement par l'utilité qu'il y a à régulariser la coopération militaire[1], les transformations par lesquelles a passé la famille par le besoin de concilier de plus en plus parfaitement les intérêts des parents, des enfants et de la société.

Mais cette méthode confond deux questions très différentes. Faire voir à quoi un fait est utile n'est pas expliquer comment il est né ni comment il est ce qu'il est. Car les emplois auxquels il sert supposent les propriétés spécifiques qui le caractérisent, mais ne le créent pas. Le besoin que nous avons des choses ne peut pas faire qu'elles soient telles ou telles et, par conséquent, ce n'est pas ce besoin qui peut les tirer du néant et leur conférer l'être. C'est de causes d'un autre genre qu'elles tiennent leur existence. Le sentiment que nous avons de l'utilité qu'elles présentent peut bien nous inciter à mettre ces causes en œuvre et à en tirer les effets qu'elles impliquent, non à susciter ces effets de rien. Cette proposition est évidente tant qu'il ne s'agit que des phénomènes matériels ou même psychologiques. Elle ne serait pas plus contestée en sociologie si les faits sociaux, à cause de leur extrême immatérialité, ne nous paraissaient, à tort, destitués de toute réalité intrinsèque. *Comme on n'y voit que des combinaisons purement mentales, il semble qu'ils doivent se produire d'eux-mêmes dès qu'on en a l'idée, si, du moins, on les trouve utiles.* Mais puisque chacun d'eux est une force et qui domine la nôtre, puisqu'il a une nature qui lui est propre, il ne saurait suffire, pour lui donner l'être, d'en avoir le désir ni la volonté. Encore faut-il que des forces capables de produire cette force déterminée, que des natures capables de produire cette nature spéciale, soient données. C'est à cette condition seulement qu'il sera possible. Pour ranimer l'esprit de famille là où il est affaibli, il ne suffit pas que tout le monde en com-

---

1. *Sociologie*, III, p. 336.
* Phrase ne figurant pas dans le texte initial.

prenne les avantages ; il faut faire directement agir les causes qui, seules, sont susceptibles de l'engendrer. Pour rendre à un gouvernement l'autorité qui lui est nécessaire, il ne suffit pas d'en sentir le besoin ; il faut s'adresser aux seules sources d'où dérive toute autorité, c'est-à-dire constituer des traditions, un esprit commun, etc., etc. ; pour cela, il faut encore remonter plus haut la chaîne des causes et des effets, jusqu'à ce qu'on trouve un point où l'action de l'homme puisse s'insérer efficacement.

Ce qui montre bien la dualité de ces deux ordres de recherches, c'est qu'un fait peut exister sans servir à rien, soit qu'il n'ait jamais été ajusté à aucune fin vitale, soit que, après avoir été utile, il ait perdu toute utilité en continuant à exister par la seule force de l'habitude. Il y a, en effet, encore plus de survivances dans la société que dans l'organisme. Il y a même des cas où soit une pratique, soit une institution sociale changent de fonctions sans, pour cela, changer de nature. La règle *is pater est quem justae nuptiae declarant* est matériellement restée dans notre Code ce qu'elle était dans le vieux droit romain. Mais, tandis qu'alors elle avait pour objet de sauvegarder les droits de propriété du père sur les enfants issus de la femme légitime, c'est bien plutôt le droit des enfants qu'elle protège aujourd'hui. Le serment a commencé par être une sorte d'épreuve judiciaire pour devenir simplement une forme solennelle et imposante du témoignage. Les dogmes religieux du christianisme n'ont pas changé depuis des siècles ; mais le rôle qu'ils jouent dans nos sociétés modernes n'est plus le même qu'au Moyen Âge. C'est ainsi encore que les mots servent à exprimer des idées nouvelles sans que leur contexture change. C'est, du reste, une proposition vraie en sociologie comme en biologie que l'organe est indépendant de la fonction, c'est-à-dire que, tout en restant le même, il peut servir à des fins différentes. C'est donc que les causes qui le font être sont indépendantes des fins auxquelles il sert.

Nous n'entendons pas dire, d'ailleurs, que les tendances, les besoins, les désirs des hommes n'interviennent jamais, d'une manière active, dans l'évolution sociale. * Il est, au contraire, certain qu'il leur est possible, suivant la manière dont ils se portent sur les conditions dont dépend un fait, d'en presser ou d'en contenir le développement. Seulement, outre qu'ils ne peuvent, en aucun cas, faire quelque chose de rien, leur intervention elle-même, quels qu'en soient les effets, ne peut avoir lieu qu'en vertu de causes efficientes. * En effet, une tendance ne peut concourir, même dans cette mesure restreinte, à la production d'un phénomène nouveau que si elle est nouvelle elle-même, qu'elle se soit constituée de toutes pièces ou qu'elle soit due à quelque transformation d'une tendance antérieure. Car, à moins de postuler une harmonie préétablie vraiment providentielle, on ne saurait admettre que, dès l'origine, l'homme portât en lui à l'état virtuel, mais toutes prêtes à s'éveiller à l'appui des circonstances, toutes les tendances dont l'opportunité devait se faire sentir dans la suite de l'évolution. Or une tendance est, elle aussi, une chose ; elle ne peut donc ni se constituer ni se modifier par cela seul que nous le jugeons utile. C'est une force qui a sa nature propre ; pour que cette nature soit suscitée ou altérée, il ne suffit pas que nous y trouvions quelque avantage. ** Pour déterminer de tels changements, il faut que des causes agissent qui les impliquent physiquement. **

Par exemple, nous avons expliqué les progrès constants de la division du travail social en montrant qu'ils sont nécessaires pour que l'homme puisse se maintenir dans les nouvelles conditions d'existence où il se trouve

---

* « S'ils ne peuvent pas faire quelque chose de rien, il leur est possible, en se portant sur les conditions dont dépend un fait, d'en presser ou d'en contenir le développement. Seulement cette intervention elle-même a lieu en vertu de causes efficientes. » (*Revue Philosophique,* tome XXXVIII, juillet à décembre 1894, p. 16.)

** « Mais il faut tout autre chose que la représentation des services qu'ils peuvent rendre pour déterminer de tels changements. » (*R. P.,* p. 16.)

placé à mesure qu'il avance dans l'histoire ; nous avons donc attribué à cette tendance, qu'on appelle assez improprement l'instinct de conservation, un rôle important dans notre explication. Mais, en premier lieu, elle ne saurait à elle seule rendre compte de la spécialisation même la plus rudimentaire. Car elle ne peut rien si les conditions dont dépend ce phénomène ne sont pas déjà réalisées, c'est-à-dire si les différences individuelles ne se sont pas suffisamment accrues par suite de l'indétermination progressive de la conscience commune et des influences héréditaires [1]. Même il fallait que la division du travail eût déjà commencé d'exister pour que l'utilité en fût aperçue et que le besoin s'en fît sentir ; et le seul développement des divergences individuelles, en impliquant une plus grande diversité de goûts et d'aptitudes, devait nécessairement produire ce premier résultat. Mais de plus, ce n'est pas de soi-même et sans cause que l'instinct de conservation est venu féconder ce premier germe de spécialisation. S'il s'est orienté et nous a orientés dans cette voie nouvelle, c'est, d'abord, que la voie qu'il suivait et nous faisait suivre antérieurement s'est trouvée comme barrée, parce que l'intensité plus grande de la lutte, due à la condensation plus grande des sociétés, a rendu de plus en plus difficile la survie des individus qui continuaient à se consacrer à des tâches générales. Il a été ainsi nécessité à changer de direction. D'autre part, s'il s'est tourné et a tourné de préférence notre activité dans le sens d'une division du travail toujours plus développée, c'est que c'était aussi le sens de la moindre résistance. Les autres solutions possibles étaient l'émigration, le suicide, le crime. Or, dans la moyenne des cas, les liens qui nous attachent à notre pays, à la vie, la sympathie que nous avons pour nos semblables sont des sentiments plus forts et plus résistants que les habitudes qui peuvent nous détourner d'une spécialisation plus étroite. C'est donc ces dernières qui devaient inévitablement céder à chaque

---

1. *Division du travail*, l. II, ch. III et IV.

chaque poussée qui s'est produite. Ainsi on ne revient pas, même partiellement, au finalisme parce qu'on ne se refuse pas à faire une place aux besoins humains dans les explications sociologiques. Car ils ne peuvent avoir d'influence sur l'évolution sociale qu'à condition d'évoluer eux-mêmes, et les changements par lesquels ils passent ne peuvent être expliqués que par des causes qui n'ont rien de final.

Mais ce qui est plus convaincant encore que les considérations qui précèdent, c'est la pratique même des faits sociaux. Là où règne le finalisme, règne aussi une plus ou moins large contingence ; car il n'est pas de fins, et moins encore de moyens, qui s'imposent nécessairement à tous les hommes, même quand on les suppose placés dans les mêmes circonstances. Étant donné un même milieu, chaque individu, suivant son humeur, s'y adapte à sa manière qu'il préfère à toute autre. L'un cherchera à le changer pour le mettre en harmonie avec ses besoins ; l'autre aimera mieux se changer soi-même et modérer ses désirs, et, pour arriver à un même but, que de voies différentes peuvent être et sont effectivement suivies ! Si donc il était vrai que le développement historique se fît en vue de fins clairement ou obscurément senties, les faits sociaux devraient présenter la plus infinie diversité et toute comparaison presque devrait se trouver impossible. Or c'est le contraire qui est la vérité. Sans doute, les événements extérieurs dont la trame constitue la partie superficielle de la vie sociale varient d'un peuple à l'autre. Mais c'est ainsi que chaque individu a son histoire, quoique les bases de l'organisation physique et morale soient les mêmes chez tous. En fait, quand on est entré quelque peu en contact avec les phénomènes sociaux, on est, au contraire, surpris de l'étonnante régularité avec laquelle ils se reproduisent dans les mêmes circonstances. Même les pratiques les plus minutieuses et, en apparence, les plus puériles, se répètent avec la plus étonnante uniformité. Telle cérémonie nuptiale, purement symbolique à ce qu'il semble, comme l'enlèvement de la fiancée, se retrouve exactement partout où existe un certain type familial, lié lui-même à toute une organisation politique. Les usages les plus bizarres, comme la couvade, le lévirat, l'exogamie, etc., s'observent chez les peuples les plus divers et sont symptomatiques d'un certain état social. Le droit de tester apparaît à une phase déterminée de l'histoire et, d'après les restrictions plus ou moins importantes qui le limitent, on peut dire à quel moment de l'évolution sociale on se trouve. Il serait facile de multiplier les exemples. Or cette généralité des formes collectives serait inexplicable si les causes finales avaient en sociologie la prépondérance qu'on leur attribue.

Quand donc on entreprend d'expliquer un phénomène social, il faut rechercher séparément la cause efficiente qui le produit et la fonction qu'il remplit. Nous nous servons du mot de fonction de préférence à celui de fin ou de but, précisément parce que les phénomènes sociaux n'existent généralement pas en vue des résultats utiles qu'ils produisent. Ce qu'il faut déterminer, c'est s'il y a correspondance entre le fait considéré et les besoins généraux de l'organisme social et en quoi consiste cette correspondance, sans se préoccuper de savoir si elle a été intentionnelle ou non. Toutes ces questions d'intention sont, d'ailleurs, trop subjectives pour pouvoir être traitées scientifiquement.

Non seulement ces deux ordres de problèmes doivent être disjoints, mais il convient, en général, de traiter le premier avant le second. Cet ordre, en effet, correspond à celui des faits. Il est naturel de chercher la cause d'un phénomène avant d'essayer d'en déterminer les effets. Cette méthode est d'autant plus logique que la première question, une fois résolue, aidera souvent à résoudre la seconde. En effet, le lien de solidarité qui unit la cause à l'effet a un caractère de réciprocité qui n'a pas été assez reconnu. Sans doute, l'effet ne peut pas exister sans sa cause, mais celle-ci, à son tour, a besoin de son effet. C'est d'elle qu'il tire son énergie, mais aussi il la lui restitue à l'occasion et, par conséquent, ne peut pas disparaître sans qu'elle s'en ressente[1]. Par exemple, la réaction sociale qui constitue la peine est due à l'intensité des sentiments collectifs que le crime offense ; mais, d'un autre côté, elle a pour fonction utile d'entretenir ces sentiments au même degré d'intensité, car ils ne tarderaient pas à s'énerver si les offenses qu'ils subissent n'étaient pas châtiées[2]. De même, à mesure que le milieu social devient plus complexe et plus mobile, les traditions, les croyances toutes faites s'ébranlent, prennent quelque chose de plus indéterminé et de plus souple et les facultés de réflexion se développent ; mais ces mêmes facultés sont indispensables aux sociétés et aux individus pour s'adapter à un milieu plus mobile et plus complexe[3]. A mesure que les hommes sont obligés de fournir un travail plus intense, les produits de ce travail deviennent plus nombreux et de meilleure qualité ; mais ces produits plus abondants et meilleurs sont nécessaires pour réparer les dépenses qu'entraîne ce travail plus considérable[4]. Ainsi, bien loin que la cause des phénomènes sociaux consiste dans une anticipation mentale de la fonction qu'ils sont appelés à remplir, cette fonction consiste, au contraire, au moins dans nombre de cas, à maintenir la cause préexistante d'où ils dérivent[*] ; on trouvera donc plus facilement la première, si la seconde est déjà connue[*].

Mais si l'on ne doit procéder qu'en second lieu à la détermination de la fonction, elle ne laisse pas d'être nécessaire pour que l'explication du phénomène soit complète. En effet, si l'utilité du fait n'est pas ce qui le fait être, il faut généralement qu'il soit utile pour pouvoir se maintenir. Car c'est assez qu'il ne serve à

1. Nous ne voudrions pas soulever ici des questions de philosophie générale qui ne seraient pas à leur place. Remarquons pourtant que, mieux étudiée, cette réciprocité de la cause et de l'effet pourrait fournir un moyen de réconcilier le mécanisme scientifique avec le finalisme qu'impliquent l'existence et surtout la persistance de la vie.
2. *Division du travail*, l. II, ch. II, et notamment p. 105 et suiv.
3. *Ibid.*, p. 52, 53.
4. *Ibid.*, p. 301 et suiv.
* Phrases ne figurant pas dans le texte initial.

rien pour être nuisible par cela même puisque, dans ce cas, il coûte sans rien rapporter. Si donc la généralité des phénomènes sociaux avait ce caractère parasitaire, le budget de l'organisme serait en déficit, la vie sociale serait impossible. Par conséquent, pour donner de celle-ci une intelligence satisfaisante, il est nécessaire de montrer comment les phénomènes qui en sont la matière concourent entre eux de manière à mettre la société en harmonie avec elle-même et avec le dehors. Sans doute, la formule courante, qui définit la vie une correspondance entre le milieu interne et le milieu externe, n'est qu'approchée ; cependant elle est vraie en général et, par suite, pour expliquer un fait d'ordre vital, il ne suffit pas de montrer la cause dont il dépend, il faut encore, au moins dans la plupart des cas, trouver la part qui lui revient dans l'établissement de cette harmonie générale.

II

Ces deux questions distinguées, il nous faut déterminer la méthode d'après laquelle elles doivent être résolues.

En même temps qu'elle est finaliste, la méthode d'explication généralement suivie par les sociologues est essentiellement psychologique. Ces deux tendances sont solidaires l'une de l'autre. En effet, si la société n'est qu'un système de moyens institués par les hommes en vue de certaines fins, ces fins ne peuvent être qu'individuelles ; car, avant la société, il ne pouvait exister que des individus. C'est donc de l'individu qu'émanent les idées et les besoins qui ont déterminé la formation des sociétés, et, si c'est de lui que tout vient, c'est nécessairement par lui que tout doit s'expliquer. D'ailleurs, il n'y a rien dans la société que des consciences particulières ; c'est donc dans ces dernières que se trouve la source de toute l'évolution sociale. Par suite, les lois sociologiques ne pourront être qu'un corollaire des lois plus générales de la psychologie ; l'explication suprême de la vie collective consistera à faire voir comment elle découle de la nature humaine en général, soit qu'on l'en déduise directement et sans observation préalable, soit qu'on l'y rattache après l'avoir observée.

Ces termes sont à peu près textuellement ceux dont se sert Auguste Comte pour caractériser sa méthode. « Puisque, dit-il, le phénomène social, conçu en totalité, n'est, au fond, *qu'un simple développement de l'humanité, sans aucune création de facultés quelconques,* ainsi que je l'ai établi ci-dessus, toutes les dispositions effectives que l'observation sociologique pourra successivement dévoiler devront donc se retrouver au moins en germe dans ce type primordial que la biologie a construit par avance pour la sociologie [1]. » C'est que, suivant lui, le fait dominateur de la vie sociale est le progrès et que, d'autre part, le progrès dépend d'un facteur exclusivement psychique, à savoir la tendance qui pousse l'homme à développer de plus en plus sa nature. Les faits sociaux dériveraient même si immédiatement de la nature humaine que, pendant les premières phases de l'histoire, ils en pourraient être directement déduits sans qu'il soit nécessaire de recourir à l'observation [2]. Il est vrai que, de l'aveu de Comte, il est impossible d'appliquer cette méthode déductive aux périodes plus avancées de l'évolution. Seulement cette impossibilité est purement pratique. Elle tient à ce que la distance entre le point de départ et le point d'arrivée devient trop considérable pour que l'esprit humain, s'il entreprenait de le parcourir sans guide, ne risquât pas de s'égarer [3]. Mais le rapport entre les lois fondamentales de la nature humaine et les résultats ultimes du progrès ne laisse pas d'être analytique. Les formes les plus complexes de la civilisation ne sont que de la vie psychique développée. Aussi, alors même que les théories de la psychologie ne peuvent pas suffire

1. *Cours de philos. pos.*, IV, p. 333.
2. *Ibid.*, p. 345.
3. *Ibid.*, p. 346.

comme prémisses au raisonnement sociologique, elles
sont la pierre de touche qui seule permet d'éprouver la
validité des propositions inductivement établies.
« Aucune loi de succession sociale, dit Comte, indi-
quée, même avec toute l'autorité possible, par la
méthode historique, ne devra être finalement admise
qu'après avoir été rationnellement rattachée, d'une
manière d'ailleurs directe ou indirecte, mais toujours
incontestable, à la théorie positive de la nature
humaine[1]. » C'est donc toujours la psychologie qui
aura le dernier mot.

Telle est également la méthode suivie par M. Spencer. Suivant lui, en effet, les deux facteurs primaires
des phénomènes sociaux sont le milieu cosmique et la
constitution physique et morale de l'individu[2]. Or le
premier ne peut avoir d'influence sur la société qu'à
travers le second, qui se trouve être ainsi le moteur
essentiel de l'évolution sociale. Si la société se forme,
c'est pour permettre à l'individu de réaliser sa nature,
et toutes les transformations par lesquelles elle a passé
n'ont d'autre objet que de rendre cette réalisation plus
facile et plus complète. C'est en vertu de ce principe
que, avant de procéder à aucune recherche sur l'organisation sociale, M. Spencer a cru devoir consacrer
presque tout le premier tome de ses *Principes de
sociologie* à l'étude de l'homme primitif physique,
émotionnel et intellectuel. « La science de la sociologie, dit-il, part des unités sociales, soumises aux
conditions que nous avons vues, constituées physiquement, émotionnellement et intellectuellement, et en
possession de certaines idées acquises de bonne heure
et des sentiments correspondants[3]. » Et c'est dans
deux de ces sentiments, la crainte des vivants et la
crainte des morts, qu'il trouve l'origine du gouvernement politique et du gouvernement religieux[4]. Il

1. *Ibid.*, p. 335.
2. *Principes de sociologie*, I, 14, p. 14.
3. *Op. cit.*, I, p. 583.
4. *Ibid.*, p. 582.

admet, il est vrai, que, une fois formée, la société réagit sur les individus [1]. Mais il ne s'ensuit pas qu'elle ait le pouvoir d'engendrer directement le moindre fait social ; elle n'a d'efficacité causale à ce point de vue que par l'intermédiaire des changements qu'elle détermine chez l'individu. C'est donc toujours de la nature humaine, soit primitive, soit dérivée, que tout découle. D'ailleurs, cette action que le corps social exerce sur ses membres ne peut rien avoir de spécifique, puisque les fins politiques ne sont rien en elles-mêmes, mais une simple expression résumée des fins individuelles [2]. Elle ne peut donc être qu'une sorte de retour de l'activité privée sur elle-même. Surtout, on ne voit pas en quoi elle peut consister dans les sociétés industrielles, qui ont précisément pour objet de rendre l'individu à lui-même et à ses impulsions naturelles, en le débarrassant de toute contrainte sociale.

Ce principe n'est pas seulement à la base de ces grandes doctrines de sociologie générale ; il inspire également un très grand nombre de théories particulières. C'est ainsi qu'on explique couramment l'organisation domestique par les sentiments que les parents ont pour leurs enfants et les seconds pour les premiers ; l'institution du mariage, par les avantages qu'il présente pour les époux et leur descendance ; la peine, par la colère que détermine chez l'individu toute lésion grave de ses intérêts. Toute la vie économique, telle que la conçoivent et l'expliquent les économistes, surtout de l'école orthodoxe, est, en définitive, suspendue à ce facteur purement individuel, le désir de la richesse. S'agit-il de la morale ? On fait des devoirs de l'individu envers lui-même la base de l'éthique. De la religion ? On y voit un produit des impressions que les

1. *Ibid.*, p. 18.
2. « La société existe pour le profit de ses membres, les membres n'existent pas pour le profit de la société... : les droits du corps politique ne sont rien en eux-mêmes, ils ne deviennent quelque chose qu'à condition d'incarner les droits des individus qui le composent. » (*Op. cit.*, II, p. 20.)

grandes forces de la nature ou certaines personnalités éminentes éveillent chez l'homme, etc., etc.

Mais une telle méthode n'est applicable aux phénomènes sociologiques qu'à condition de les dénaturer. Il suffit, pour en avoir la preuve, de se reporter à la définition que nous en avons donnée. Puisque leur caractéristique essentielle consiste dans le pouvoir qu'ils ont d'exercer, du dehors, une pression sur les consciences individuelles, c'est qu'ils n'en dérivent pas et que, par suite, la sociologie n'est pas un corollaire de la psychologie. Car cette puissance contraignante témoigne * qu'ils expriment une nature différente de la nôtre puisqu'ils ne pénètrent en nous que de force ou, tout au moins, en pesant sur nous d'un poids plus ou moins lourd. * Si la vie sociale n'était qu'un prolongement de l'être individuel, on ne la verrait pas ainsi remonter vers sa source et l'envahir impétueusement. Puisque l'autorité devant laquelle s'incline l'individu quand il agit, sent ou pense socialement, le domine à ce point, c'est qu'elle ** est un produit de forces qui le dépassent et dont il ne saurait, par conséquent, rendre compte. ** Ce n'est pas de lui que peut venir cette poussée extérieure qu'il subit ***, ce n'est donc pas ce qui se passe en lui qui la peut expliquer ***. Il est vrai que nous ne sommes pas incapables de nous contraindre nous-mêmes ; nous pouvons contenir nos tendances, nos habitudes, nos instincts même et en arrêter le développement par un acte d'inhibition. Mais les mouvements inhibitifs ne sauraient être confondus avec ceux qui constituent la contrainte sociale. Le *processus* des premiers est centrifuge ; celui des seconds, centripète. Les uns s'élaborent dans la cons-

---

* « qu'ils viennent de quelque chose, qui non seulement est en dehors de nous, mais encore est d'une nature différente de la nôtre puisqu'elle lui est supérieure. » (*R. P.*, p. 23.)

** « n'en émane pas, mais est un produit de forces qui le dépassent et qui, par conséquent, n'en peuvent être déduites. » (*R.P.*, p. 23.)

*** Phrase ne figurant pas dans le texte initial.

cience individuelle et tendent ensuite à s'extérioriser ; les autres sont d'abord extérieurs à l'individu, qu'ils tendent ensuite à façonner du dehors à leur image. L'inhibition est bien, si l'on veut, le moyen par lequel la contrainte sociale produit ses effets psychiques : elle n'est pas cette contrainte.

Or, l'individu écarté, il ne reste que la société ; c'est donc dans la nature de la société elle-même qu'il faut aller chercher l'explication de la vie sociale. On conçoit, en effet, que, puisqu'elle dépasse infiniment l'individu dans le temps comme dans l'espace, elle soit en état de lui imposer les manières d'agir et de penser qu'elle a consacrées de son autorité. Cette pression, qui est le signe distinctif des faits sociaux, c'est celle que tous exercent sur chacun.

Mais, dira-t-on, puisque les seuls éléments dont est formée la société sont des individus, l'origine première des phénomènes sociologiques ne peut être que psychologique. En raisonnant ainsi, on peut tout aussi facilement établir que les phénomènes biologiques s'expliquent analytiquement par les phénomènes inorganiques. En effet, il est bien certain qu'il n'y a dans la cellule vivante que des molécules de matière brute. Seulement, ils y sont associés et c'est cette association qui est la cause de ces phénomènes nouveaux qui caractérisent la vie et dont il est impossible de retrouver même le germe dans aucun des éléments associés. C'est qu'un tout n'est pas identique à la somme de ses parties, il est quelque chose d'autre et dont les propriétés diffèrent de celles que présentent les parties dont il est composé. L'association n'est pas, comme on l'a cru quelquefois, un phénomène, par soi-même, infécond, qui consiste simplement à mettre en rapports extérieurs des faits acquis et des propriétés constituées. N'est-elle pas, au contraire, la source de toutes les nouveautés qui se sont successivement produites au cours de l'évolution générale des choses ? Quelles différences y a-t-il entre les organismes inférieurs et les autres, entre le vivant organisé et le simple plastide, entre celui-ci et les molécules inorganiques qui le composent, sinon des différences d'association ? Tous ces êtres, en dernière analyse, se résolvent en éléments de même nature ; mais ces éléments sont, ici, juxtaposés, là, associés ; ici, associés d'une manière, là, d'une autre. On est même en droit de se demander si cette loi ne pénètre pas jusque dans le monde minéral et si les différences qui séparent les corps inorganisés n'ont pas la même origine.

En vertu de ce principe, la société n'est pas une simple somme d'individus, mais le système formé par leur association représente une réalité spécifique qui a ses caractères propres. Sans doute, il ne peut rien se produire de collectif si des consciences particulières ne sont pas données ; mais cette condition nécessaire n'est pas suffisante. Il faut encore que ces consciences soient associées, combinées, et combinées d'une certaine manière ; c'est de cette combinaison que résulte la vie sociale et, par suite, c'est cette combinaison qui l'explique. En s'agrégeant, en se pénétrant, en se fusionnant, les âmes individuelles donnent naissance à un être, psychique si l'on veut, mais qui constitue une individualité psychique d'un genre nouveau [1]. C'est donc dans la nature de cette individualité, non dans celle des unités composantes, qu'il faut aller chercher les causes prochaines et déterminantes des faits qui s'y produisent. Le groupe pense, sent, agit tout autrement

---

* 1. Voilà dans quel sens et pour quelles raisons on peut et on doit parler d'une conscience collective distincte des consciences individuelles. Pour justifier cette distinction, il n'est pas nécessaire d'hypostasier la première ; elle est quelque chose de spécial et doit être désignée par un terme spécial, simplement parce que les états qui la constituent diffèrent spécifiquement de ceux qui constituent les consciences particulières. Cette spécificité leur vient de ce qu'ils ne sont pas formés des mêmes éléments. Les uns, en effet, résultent de la nature de l'être organico-psychique pris isolément, les autres de la combinaison d'une pluralité d'êtres de ce genre. Les résultantes ne peuvent donc pas manquer de différer, puisque les composantes diffèrent à ce point. Notre définition du fait social ne faisait, d'ailleurs, que marquer d'une autre manière cette ligne de démarcation.

* Cette note ne figure pas dans le texte initial.

que ne feraient ses membres, s'ils étaient isolés. Si donc on part de ces derniers, on ne pourra rien comprendre à ce qui se passe dans le groupe. En un mot, il y a entre la psychologie et la sociologie la même solution de continuité qu'entre la biologie et les sciences physico-chimiques. Par conséquent, toutes les fois qu'un phénomène social est directement expliqué par un phénomène psychique, on peut être assuré que l'explication est fausse.

On répondra, peut-être, que, si la société, une fois formée, est, en effet, la cause prochaine des phéno- mènes sociaux, les causes qui en ont déterminé la formation sont de nature psychologique. On accorde que, quand les individus sont associés, leur association peut donner naissance à une vie nouvelle, mais on prétend qu'elle ne peut avoir lieu que pour des raisons individuelles. — Mais, en réalité, aussi loin qu'on remonte dans l'histoire, le fait de l'association est le plus obligatoire de tous ; car il est la source de toutes les autres obligations. Par suite de ma naissance, je suis obligatoirement rattaché à un peuple déterminé. On dit que, dans la suite, une fois adulte, j'acquiesce à cette obligation par cela seul que je continue à vivre dans mon pays. Mais qu'importe ? Cet acquiescement ne lui enlève pas son caractère impératif. Une pression acceptée et subie de bonne grâce ne laisse pas d'être une pression. D'ailleurs, quelle peut être la portée d'une telle adhésion ? D'abord, elle est forcée, car, dans l'immense majorité des cas, il nous est matérielle- ment et moralement impossible de dépouiller notre nationalité * ; un tel changement passe même générale- ment pour une apostasie *. Ensuite, elle ne peut concerner le passé qui n'a pu être consenti et qui, pourtant, détermine le présent : je n'ai pas voulu l'éducation que j'ai reçue ; or, c'est elle qui, plus que toute autre cause, me fixe au sol natal. Enfin, elle ne saurait avoir de valeur morale pour l'avenir, dans la mesure où il est inconnu. Je ne connais même pas tous

---

* Phrase ne figurant pas dans le texte initial.

les devoirs qui peuvent m'incomber un jour ou l'autre en ma qualité de citoyen ; comment pourrais-je y acquiescer par avance ? Or tout ce qui est obligatoire, nous l'avons démontré, a sa source en dehors de l'individu. Tant donc qu'on ne sort pas de l'histoire, le fait de l'association présente le même caractère que les autres et, par conséquent, s'explique de la même manière. D'autre part, comme toutes les sociétés sont nées d'autres sociétés sans solution de continuité, on peut être assuré que, dans tout le cours de l'évolution sociale, il n'y a pas eu un moment où les individus aient eu vraiment à délibérer pour savoir s'ils entreraient ou non dans la vie collective, et dans celle-ci plutôt que dans celle-là. Pour que la question pût se poser, il faudrait donc remonter jusqu'aux origines premières de toute société. Mais les solutions, toujours douteuses, que l'on peut apporter à de tels problèmes, ne sauraient en aucun cas affecter la méthode d'après laquelle doivent être traités les faits donnés dans l'histoire. Nous n'avons donc pas à les discuter.

Mais on se méprendrait étrangement sur notre pensée, si, de ce qui précède, on tirait cette conclusion que la sociologie, suivant nous, doit ou même peut faire abstraction de l'homme et de ses facultés. Il est clair, au contraire, que les caractères généraux de la nature humaine entrent dans le travail d'élaboration d'où résulte la vie sociale. Seulement, ce n'est pas eux qui la suscitent ni qui lui donnent sa forme spéciale ; ils ne font que la rendre possible. Les représentations, les émotions, les tendances collectives n'ont pas pour causes génératrices certains états de la conscience des particuliers, mais les conditions où se trouve le corps social dans son ensemble. Sans doute, elles ne peuvent se réaliser que si les natures individuelles n'y sont pas réfractaires ; mais celles-ci ne sont que la matière indéterminée que le facteur social détermine et transforme. Leur contribution consiste exclusivement en états très généraux, en prédispositions vagues et, par suite, plastiques qui, par elles-mêmes, ne sauraient prendre les formes définies et complexes qui caractérisent les phénomènes sociaux, si d'autres agents n'intervenaient.

Quel abîme, par exemple, entre les sentiments que l'homme éprouve en face de forces supérieures à la sienne et l'institution religieuse avec ses croyances, ses pratiques si multipliées et si compliquées, son organisation matérielle et morale ; entre les conditions psychiques de la sympathie que deux êtres de même sang éprouvent l'un pour l'autre [1] et cet ensemble touffu de règles juridiques et morales qui déterminent la structure de la famille, les rapports des personnes entre elles, des choses avec les personnes, etc. ! Nous avons vu que, même quand la société se réduit à une foule inorganisée, les sentiments collectifs qui s'y forment peuvent, non seulement ne pas ressembler, mais être opposés à la moyenne des sentiments individuels. Combien l'écart doit-il être plus considérable encore quand la pression que subit l'individu est celle d'une société régulière, où, à l'action des contemporains, s'ajoute celle des générations antérieures et de la tradition ! Une explication purement psychologique des faits sociaux ne peut donc manquer de laisser échapper tout ce qu'ils ont de spécifique, c'est-à-dire de social.

Ce qui a masqué aux yeux de tant de sociologues l'insuffisance de cette méthode, c'est que, prenant l'effet pour la cause, il leur est arrivé très souvent d'assigner comme conditions déterminantes aux phénomènes sociaux certains état psychiques, relativement définis et spéciaux, mais qui, en fait, en sont la conséquence. C'est ainsi qu'on a considéré comme inné à l'homme un certain sentiment de religiosité, un certain *minimum* de jalousie sexuelle, de piété filiale, d'amour paternel, etc., et c'est par là que l'on a voulu expliquer la religion, le mariage, la famille. Mais l'histoire montre que ces inclinations, loin d'être inhérentes à la nature humaine, ou bien font totale-

---

1. Si tant est qu'elle existe avant toute vie sociale. V. sur ce point ESPINAS, *Sociétés animales*, p. 474.

ment défaut dans certaines circonstances sociales, ou, d'une société à l'autre, présentent de telles variations que le résidu que l'on obtient en éliminant toutes ces différences, et qui seul peut être considéré comme d'origine psychologique, se réduit à quelque chose de vague et de schématique qui laisse à une distance infinie les faits qu'il s'agit d'expliquer. C'est donc que ces sentiments résultent de l'organisation collective, loin d'en être la base. Même il n'est pas du tout prouvé que la tendance à la sociabilité ait été, dès l'origine, un instinct congénital du genre humain. Il est beaucoup plus naturel d'y voir un produit de la vie sociale, qui s'est lentement organisé en nous ; car c'est un fait d'observation que les animaux sont sociables ou non suivant que les dispositions de leurs habitats les obligent à la vie commune ou les en détournent. — Et encore faut-il ajouter que, même entre ces inclinations plus déterminées et la réalité sociale, l'écart reste considérable.

Il y a d'ailleurs un moyen d'isoler à peu près complètement le facteur psychologique de manière à pouvoir préciser l'étendue de son action, c'est de chercher de quelle façon la race affecte l'évolution sociale. En effet, les caractères ethniques sont d'ordre organico-psychique. La vie sociale doit donc varier quand ils varient, si les phénomènes psychologiques ont sur la société l'efficacité causale qu'on leur attribue. Or nous ne connaissons aucun phénomène social qui soit placé sous la dépendance incontestée de la race. Sans doute, nous ne saurions attribuer à cette proposition la valeur d'une loi ; nous pouvons du moins l'affirmer comme un fait constant de notre pratique. Les formes d'organisation les plus diverses se rencontrent dans des sociétés de même race, tandis que des similitudes frappantes s'observent entre des sociétés de races différentes. La cité a existé chez les Phéniciens, comme chez les Romains et les Grecs ; on la trouve en voie de formation chez les Kabyles. La famille patriarcale était presque aussi développée chez les Juifs que chez les Indous, mais elle ne se retrouve pas chez les Slaves qui sont pourtant de race aryenne. En revanche, le type familial qu'on y rencontre existe aussi chez les Arabes. La famille maternelle et le clan s'observent partout. Le détail des preuves judiciaires, des cérémonies nuptiales est le même chez les peuples les plus dissemblables au point de vue ethnique. S'il en est ainsi, c'est que l'apport psychique est trop général pour prédéterminer le cours des phénomènes sociaux. Puisqu'il n'implique pas une forme sociale plutôt qu'une autre, il ne peut en expliquer aucune. Il y a, il est vrai, un certain nombre de faits qu'il est d'usage d'attribuer à l'influence de la race. C'est ainsi, notamment, qu'on explique comment le développement des lettres et des arts a été si rapide et si intense à Athènes, si lent et si médiocre à Rome. Mais cette interprétation des faits, pour être classique, n'a jamais été méthodiquement démontrée ; elle semble bien tirer à peu près toute son autorité de la seule tradition. On n'a même pas essayé si une explication sociologique des mêmes phénomènes n'était pas possible et nous sommes convaincu qu'elle pourrait être tentée avec succès. En somme, quand on rapporte avec cette rapidité à des facultés esthétiques congénitales le caractère artistique de la civilisation athénienne, on procède à peu près comme faisait le Moyen Âge quand il expliquait le feu par le phlogistique et les effets de l'opium par sa vertu dormitive.

Enfin, si vraiment l'évolution sociale avait son origine dans la constitution psychologique de l'homme, on ne voit pas comment elle aurait pu se produire. Car alors il faudrait admettre qu'elle a pour moteur quelque ressort intérieur à la nature humaine. Mais quel pourrait être ce ressort ? Serait-ce cette sorte d'instinct dont parle Comte et qui pousse l'homme à réaliser de plus en plus sa nature ? Mais c'est répondre à la question par la question et expliquer le progrès par une tendance innée au progrès, véritable entité métaphysique dont rien, du reste, ne démontre l'existence ; car les espèces animales, même les plus élevées, ne sont aucunement travaillées par le besoin de progresser, et même parmi les sociétés humaines, il en est beaucoup qui se plaisent à rester indéfiniment stationnaires. Serait-ce, comme semble le croire M. Spencer, le besoin d'un plus grand bonheur que les formes de plus en plus complexes de la civilisation seraient destinées à réaliser de plus en plus complètement ? Il faudrait alors établir que le bonheur croît avec la civilisation et nous avons exposé ailleurs toutes les difficultés que soulève cette hypothèse [1]. Mais il y a plus ; alors même que l'un ou l'autre de ces deux postulats devrait être admis, le développement historique ne serait pas, pour cela, rendu intelligible ; car l'explication qui en résulterait serait purement finaliste et nous avons montré plus haut que les faits sociaux, comme tous les phénomènes naturels, ne sont pas expliqués par cela seul qu'on a fait voir qu'ils servent à quelque fin. Quand on a bien prouvé que les organisations sociales de plus en plus savantes qui se sont succédé au cours de l'histoire ont eu pour effet de satisfaire toujours davantage tel ou tel de nos penchants fondamentaux, on n'a pas fait comprendre pour autant comment elles se sont produites. Le fait qu'elles étaient utiles ne nous apprend pas ce qui les a fait être. Alors même qu'on s'expliquerait comment nous sommes parvenus à les imaginer, à en faire comme le plan par avance de manière à nous représenter les services que nous en pouvions attendre — et le problème est déjà difficile — les vœux dont elles pouvaient être ainsi l'objet n'avaient pas la vertu de les tirer du néant. En un mot, étant admis qu'elles sont les moyens nécessaires pour atteindre le but poursuivi, la question reste tout entière : Comment, c'est-à-dire de quoi et par quoi ces moyens ont-ils été constitués ?

Nous arrivons donc à la règle suivante : *La cause déterminante d'un fait social doit être cherchée parmi les faits sociaux antécédents, et non parmi les états de la conscience individuelle.* D'autre part, on conçoit aisément que tout ce qui précède s'applique à la détermi-

---

1. *Division du travail social*, 1. II, ch. I.

nation de la fonction, aussi bien qu'à celle de la cause. La fonction d'un fait social ne peut être que sociale, c'est-à-dire qu'elle consiste dans la production d'effets socialement utiles. Sans doute, il peut se faire, et il arrive en effet que, par contre-coup, il serve aussi à l'individu. Mais ce résultat heureux n'est pas sa raison d'être immédiate. Nous pouvons donc compléter la proposition précédente en disant : *La fonction d'un fait social doit toujours être recherchée dans le rapport qu'il soutient avec quelque fin sociale.*

C'est parce que les sociologues ont souvent méconnu cette règle et considéré les phénomènes sociaux d'un point de vue trop psychologique, que leurs théories paraissent à de nombreux esprits trop vagues, trop flottantes, trop éloignées de la nature spéciale des choses qu'ils croient expliquer. L'historien, notamment, qui vit dans l'intimité de la réalité sociale, ne peut manquer de sentir fortement combien ces interprétations trop générales sont impuissantes à rejoindre les faits ; et c'est, sans doute, ce qui a produit, en partie, la défiance que l'histoire a souvent témoignée à la sociologie. Ce n'est pas à dire, assurément, que l'étude des faits psychiques ne soit pas indispensable au sociologue. Si la vie collective ne dérive pas de la vie individuelle, l'une et l'autre sont étroitement en rapports ; si la seconde ne peut expliquer la première, elle peut, du moins, en faciliter l'explication. D'abord comme nous l'avons montré, il est incontestable que les faits sociaux sont produits par une élaboration *sui generis* de faits psychiques. Mais, en outre, cette élaboration elle-même n'est pas sans analogie avec celle qui se produit dans chaque conscience individuelle et qui transforme progressivement les éléments primaires (sensations, réflexes, instincts) dont elle est originellement constituée. Ce n'est pas sans raison qu'on a pu dire du moi qu'il était lui-même une société, au même titre que l'organisme, quoique d'une autre manière, et il y a longtemps que les psychologues ont montré toute l'importance du facteur *association* pour l'explication de la vie de l'esprit. Une culture psychologique, plus encore qu'une culture biologique, constitue donc pour le sociologue une propédeutique nécessaire ; mais elle ne lui sera utile qu'à condition qu'il s'en affranchisse après l'avoir reçue et qu'il la dépasse en la complétant par une culture spécialement sociologique. Il faut qu'il renonce à faire de la psychologie, en quelque sorte, le centre de ses opérations, le point d'où doivent partir et où doivent le ramener les incursions qu'il risque dans le monde social, et qu'il s'établisse au cœur même des faits sociaux, pour les observer de front et sans intermédiaire, en ne demandant à la science de l'individu qu'une préparation générale, et, au besoin, d'utiles suggestions[1].

III

Puisque les faits de morphologie sociale sont de même nature que les phénomènes physiologiques, ils doivent s'expliquer d'après cette même règle que nous venons d'énoncer. Toutefois, il résulte de tout ce qui précède qu'ils jouent dans la vie collective et, par suite,

---

1. Les phénomènes psychiques ne peuvent avoir de conséquences sociales que quand ils sont si intimement unis à des phénomènes sociaux que l'action des uns et des autres est nécessairement confondue. C'est le cas de certains faits socio-psychiques. Ainsi, un fonctionnaire est une force sociale, mais c'est en même temps un individu. Il en résulte qu'il peut se servir de l'énergie sociale qu'il détient, dans un sens déterminé par sa nature individuelle, et, par là, il peut avoir une influence sur la constitution de la société. C'est ce qui arrive aux hommes d'État et, plus généralement, aux hommes de génie. Ceux-ci, alors même qu'ils ne remplissent pas une fonction sociale, tirent des sentiments collectifs dont ils sont l'objet, une autorité qui est, elle aussi, une force sociale, et qu'ils peuvent mettre, dans une certaine mesure, au service d'idées personnelles. Mais on voit que ces cas sont dus à des accidents individuels et, par suite, sauraient affecter les traits constitutifs de l'espèce sociale qui, seule, est objet de science. La restriction au principe énoncé plus haut n'est donc pas de grande importance pour le sociologue.

dans les explications sociologiques un rôle prépondérant.

En effet, si la condition déterminante des phénomènes sociaux consiste, comme nous l'avons montré, dans le fait même de l'association, ils doivent varier avec les formes de cette association, c'est-à-dire suivant les manières dont sont groupées les parties constituantes de la société. Puisque, d'autre part, l'ensemble déterminé que forment par leur réunion, les éléments de toute nature qui entrent dans la composition d'une société, en constitue le milieu interne, de même que l'ensemble des éléments anatomiques, avec la manière dont ils sont disposés dans l'espace, constitue le milieu interne des organismes, on pourra dire : *L'origine première de tout processus social de quelque importance doit être recherchée dans la constitution du milieu social interne.*

Il est même possible de préciser davantage. En effet, les éléments qui composent ce milieu sont de deux sortes : il y a les choses et les personnes. Parmi les choses, il faut comprendre, outre les objets matériels qui sont incorporés à la société, les produits de l'activité sociale antérieure, le droit constitué, les mœurs établies, les monuments littéraires, artistiques, etc. Mais il est clair que ce n'est ni des uns ni des autres que peut venir l'impulsion qui détermine les transformations sociales ; car ils ne recèlent aucune puissance motrice. Il y a, assurément, lieu d'en tenir compte dans les explications que l'on tente. Ils pèsent, en effet, d'un certain poids sur l'évolution sociale dont la vitesse et la direction même varient suivant ce qu'ils sont ; mais ils n'ont rien de ce qui est nécessaire pour la mettre en branle. Ils sont la matière à laquelle s'appliquent les forces vives de la société, mais ils ne dégagent par eux-mêmes aucune force vive. Reste donc, comme facteur actif, le milieu proprement humain.

L'effort principal du sociologue devra donc tendre à découvrir les différentes propriétés de ce milieu qui sont susceptibles d'exercer une action sur le cours des phénomènes sociaux. Jusqu'à présent, nous avons trouvé deux séries de caractères qui répondent d'une

manière éminente à cette condition ; c'est le nombre
des unités sociales ou, comme nous avons dit aussi, le
volume de la société, et le degré de concentration de la
masse, ou ce que nous avons appelé la densité dynamique. Par ce dernier mot, il faut entendre non pas le
resserrement purement matériel de l'agrégat qui ne
peut avoir d'effet si les individus ou plutôt les groupes
d'individus restent séparés par des vides moraux, mais
le resserrement moral dont le précédent n'est que
l'auxiliaire et, assez généralement, la conséquence. La
densité dynamique peut se définir, à volume égal, en
fonction du nombre des individus qui sont effectivement en relations non pas seulement commerciales,
mais morales ; c'est-à-dire, qui non seulement échangent des services ou se font concurrence, mais vivent
d'une vie commune. Car, comme les rapports purement économiques laissent les hommes en dehors les
uns des autres, on peut en avoir de très suivis sans
participer pour cela à la même existence collective. Les
affaires qui se nouent par-dessus les frontières qui
séparent les peuples ne font pas que ces frontières
n'existent pas. Or, la vie commune ne peut être
affectée que par le nombre de ceux qui y collaborent
efficacement. C'est pourquoi ce qui exprime le mieux
la densité dynamique d'un peuple, c'est le degré de
coalescence des segments sociaux. Car si chaque agrégat partiel forme un tout, une individualité distincte,
séparée des autres par une barrière, c'est que l'action
de ses membres, en général, y reste localisée ; si, au
contraire, ces sociétés partielles sont toutes confondues
au sein de la société totale ou tendent à s'y confondre,
c'est que, dans la même mesure, * le cercle de la vie
sociale s'est étendu. *

Quant à la densité matérielle — si, du moins, on
entend par là non pas seulement le nombre des
habitants par unité de surface, mais le développement
des voies de communication et de transmission — elle
marche *d'ordinaire* du même pas que la densité dynami-

---

* « la vie sociale s'est généralisée. » (*R. P.* p. 32.)

que et, *en général,* peut servir à la mesurer. Car si les différentes parties de la population tendent à se rapprocher, il est inévitable qu'elles se frayent des voies qui permettent ce rapprochement, et, d'un autre côté, des relations ne peuvent s'établir entre des points distants de la masse sociale que si cette distance n'est pas un obstacle, c'est-à-dire, est, en fait, supprimée. Cependant il y a des exceptions [1] et on s'exposerait à de sérieuses erreurs si l'on jugeait toujours de la concentration morale d'une société d'après le degré de concentration matérielle qu'elle présente. Les routes, les lignes ferrées, etc., peuvent servir au mouvement des affaires plus qu'à la fusion des populations, qu'elles n'expriment alors que très imparfaitement. C'est le cas de l'Angleterre dont la densité matérielle est supérieure à celle de la France, et où, pourtant, la coalescence des segments est beaucoup moins avancée*, comme le prouve la persistance de l'esprit local et de la vie régionale*.

Nous avons montré ailleurs comment tout accroissement dans le volume et dans la densité dynamique des sociétés, en rendant la vie sociale plus intense, en étendant l'horizon que chaque individu embrasse par sa pensée et emplit de son action, modifie profondément les conditions fondamentales de l'existence collective. Nous n'avons pas à revenir sur l'application que nous avons faite alors de ce principe. Ajoutons seulement qu'il nous a servi à traiter non pas seulement la question encore très générale qui faisait l'objet de cette étude, mais beaucoup d'autres problèmes plus spéciaux, et que nous avons pu en vérifier ainsi l'exactitude par un nombre déjà respectable d'expé-

---

1. Nous avons eu le tort, dans notre *Division du travail,* de trop présenter la densité matérielle comme l'expression exacte de la densité dynamique. Toutefois, la substitution de la première à la seconde est absolument légitime pour tout ce qui concerne les effets économiques de celle-ci, par exemple la division du travail comme fait purement économique.

* Phrase ne figurant pas dans le texte initial.

riences. Toutefois, il s'en faut que nous croyions avoir trouvé toutes les particularités du milieu social qui sont susceptibles de jouer un rôle dans l'explication des faits sociaux. Tout ce que nous pouvons dire, c'est que ce sont les seules que nous ayons aperçues et que nous n'avons pas été amené à en rechercher d'autres.

Mais cette espèce de prépondérance que nous attribuons au milieu social et, plus particulièrement, au milieu humain n'implique pas qu'il faille y voir une sorte de fait ultime et absolu au-delà duquel il n'y ait pas lieu de remonter. Il est évident, au contraire, que l'état où il se trouve à chaque moment de l'histoire dépend lui-même de causes sociales, dont les unes sont inhérentes à la société elle-même, tandis que les autres tiennent aux actions et aux réactions qui s'échangent entre cette société et ses voisines. D'ailleurs, la science ne connaît pas de causes premières, au sens absolu du mot. Pour elle, un fait est primaire simplement quand il est assez général pour expliquer un grand nombre d'autres faits. Or le milieu social est certainement un facteur de ce genre ; car les changements qui s'y produisent, quelles qu'en soient les causes, se répercutent dans toutes les directions de l'organisme social et ne peuvent manquer d'en affecter plus ou moins toutes les fonctions.

Ce que nous venons de dire du milieu général de la société peut se répéter des milieux spéciaux à chacun des groupes particuliers qu'elle renferme. Par exemple, selon que la famille sera plus ou moins volumineuse, plus ou moins repliée sur elle-même, la vie domestique sera tout autre. De même, si les corporations professionnelles se reconstituent de manière à ce que chacune d'elles soit ramifiée sur toute l'étendue du territoire au lieu de rester enfermée, comme jadis, dans les limites d'une cité, l'action qu'elles exerceront sera très différente de celle qu'elles exercèrent autrefois. Plus généralement, la vie professionnelle sera tout autre suivant que le milieu propre à chaque profession sera fortement constitué ou que la trame en sera lâche, comme elle est aujourd'hui. Toutefois, l'action de ces milieux particuliers ne saurait avoir l'importance du milieu général ; car ils sont soumis eux-mêmes à l'influence de ce dernier. C'est toujours à celui-ci qu'il en faut revenir. C'est la pression qu'il exerce sur ces groupes partiels qui fait varier leur constitution.

Cette conception du milieu social comme facteur déterminant de l'évolution collective est de la plus haute importance. Car, si on la rejette, la sociologie est dans l'impossibilité d'établir aucun rapport de causalité.

En effet, cet ordre de causes écarté, il n'y a pas de conditions concomitantes dont puissent dépendre les phénomènes sociaux ; car si le milieu social externe, c'est-à-dire celui qui est formé par les sociétés ambiantes, est susceptible d'avoir quelque action, ce n'est guère que sur les fonctions qui ont pour objet l'attaque et la défense et, de plus, il ne peut faire sentir son influence que par l'intermédiaire du milieu social interne. Les principales causes du développement historique ne se trouveraient donc pas parmi les *circumfusa* ; elles seraient toutes dans le passé. Elles feraient elles-mêmes partie de ce développement dont elles constitueraient simplement des phases plus anciennes. Les événements actuels de la vie sociale dériveraient non de l'état actuel de la société, mais des événements antérieurs, des précédents historiques, et les explications sociologiques consisteraient exclusivement à rattacher le présent au passé.

Il peut sembler, il est vrai, que ce soit suffisant. Ne dit-on pas couramment que l'histoire a précisément pour objet d'enchaîner les événements selon leur ordre de succession ? *Mais il est impossible de concevoir comment l'état où la civilisation se trouve parvenue à un moment donné pourrait être la cause déterminante de l'état qui suit. Les étapes que parcourt successive-

---

* « Mais s'il est certain que tout changement, une fois accompli, doive avoir des répercussions qu'il explique, ce qu'on ne voit pas, dans cette conception, c'est comment le changement lui-même est possible. » (*R. P.*, p. 34.)

ment l'humanité ne s'engendrent pas les unes les autres. * On comprend bien que les progrès réalisés à une époque déterminée dans l'ordre juridique, économique, politique, etc., rendent possibles de nouveaux progrès, mais en quoi les prédéterminent-ils ? Ils sont un point de départ qui permet d'aller plus loin ; mais qu'est-ce qui nous incite à aller plus loin ? Il faudrait admettre alors une tendance interne qui pousse l'humanité à dépasser sans cesse les résultats acquis, soit pour se réaliser complètement, soit pour accroître son bonheur, et l'objet de la sociologie serait de retrouver l'ordre selon lequel s'est développée cette tendance. Mais **, sans revenir sur les difficultés qu'implique une pareille hypothèse, en tout cas, ** la loi qui exprime ce développement ne saurait avoir rien de causal. Un rapport de causalité, en effet, ne peut s'établir qu'entre deux faits donnés ; or cette tendance, qui est censée être la cause de ce développement, n'est pas donnée ; elle n'est que postulée et construite par l'esprit d'après les effets qu'on lui attribue. C'est une sorte de faculté motrice que nous imaginons sous le mouvement, pour en rendre compte ; mais la cause efficiente d'un mouvement ne peut être qu'un autre mouvement, non une virtualité de ce genre. Tout ce que nous atteignons donc expérimentalement en l'espèce, c'est une suite de changements entre lesquels il n'existe pas de lien causal. L'état antécédent ne produit pas le conséquent, mais le rapport entre eux est exclusivement chronologique. Aussi, dans ces conditions, toute prévision scientifique est-elle impossible. Nous pouvons bien dire comment les choses se sont succédé jusqu'à présent, non dans quel ordre elles se succéderont désormais, parce que la cause dont elles sont censées dépendre n'est pas scientifiquement déterminée, ni déterminable. D'ordinaire, il est vrai, on admet que l'évolution se poursuivra dans le même sens que par le passé, mais c'est en vertu d'un simple postulat. Rien ne nous assure que les faits réalisés

** Élément ne figurant pas dans le texte initial.

expriment assez complètement la nature de cette tendance pour qu'on puisse préjuger le terme auquel elle aspire d'après ceux par lesquels elle a successivement passé. Pourquoi même la direction qu'elle suit et qu'elle imprime serait-elle rectiligne ?

Voilà pourquoi, en fait, le nombre des relations causales, établies par les sociologues, se trouve être si restreint. À quelques exceptions près, dont Montesquieu est le plus illustre exemple, l'ancienne philosophie de l'histoire s'est uniquement attachée à découvrir le sens général dans lequel s'oriente l'humanité, sans chercher à relier les phases de cette évolution à aucune condition concomitante. Quelque grands services que Comte ait rendus à la philosophie sociale, les termes dans lesquels il pose le problème sociologique ne diffèrent pas des précédents. Aussi, sa fameuse loi des trois états n'a-t-elle rien d'un rapport de causalité ; fût-elle exacte, elle n'est et ne peut être qu'empirique. C'est un coup d'œil sommaire sur l'histoire écoulée du genre humain. C'est tout à fait arbitrairement que Comte considère le troisième état comme l'état définitif de l'humanité. Qui nous dit qu'il n'en surgira pas un autre dans l'avenir ? Enfin, la loi qui domine la sociologie de M. Spencer ne paraît pas être d'une autre nature. Fût-il vrai que nous tendons actuellement à chercher notre bonheur dans une civilisation industrielle, rien n'assure que, dans la suite, nous ne le chercherons pas ailleurs. Or, ce qui fait la généralité et la persistance de cette méthode, c'est qu'on a vu le plus souvent dans le milieu social un moyen par lequel le progrès se réalise, non la cause qui le détermine.

D'un autre côté, c'est également par rapport à ce même milieu que se doit mesurer la valeur utile ou, comme nous avons dit, la fonction des phénomènes sociaux. Parmi les changements dont il est la cause, ceux-là servent qui sont en rapport avec l'état où il se trouve, puisqu'il est la condition essentielle de l'existence collective. À ce point de vue encore, la conception que nous venons d'exposer est, croyons-nous, fondamentale ; car, seule, elle permet d'expliquer comment le caractère utile des phénomènes sociaux peut varier sans pourtant dépendre d'arrangements arbitraires. Si, en effet, on se représente l'évolution historique comme mue par une sorte de *vis a tergo* qui pousse les hommes en avant, puisqu'une tendance motrice ne peut avoir qu'un but et qu'un seul, il ne peut y avoir qu'un point de repère par rapport auquel on calcule l'utilité ou la nocivité des phénomènes sociaux. Il en résulte qu'il n'existe et ne peut exister qu'un seul type d'organisation sociale qui convienne parfaitement à l'humanité, et que les différentes sociétés historiques ne sont que des approximations successives de cet unique modèle. Il n'est pas nécessaire de montrer combien un pareil simplisme est aujourd'hui inconciliable avec la variété et la complexité reconnues des formes sociales. Si, au contraire, la convenance ou la disconvenance des institutions ne peut s'établir que par rapport à un milieu donné, comme ces milieux sont divers, il y a dès lors une diversité de points de repère et, par suite, de types qui, tout en étant qualitativement distincts les uns des autres, sont tous également fondés dans la nature des milieux sociaux.

La question que nous venons de traiter est donc étroitement connexe de celle qui a trait à la constitution des types sociaux. S'il y a des espèces sociales, c'est que la vie collective dépend avant tout de conditions concomitantes qui présentent une certaine diversité. Si, au contraire, les principales causes des événements sociaux étaient toutes dans le passé, chaque peuple ne serait plus que le prolongement de celui qui l'a précédé et les différentes sociétés perdraient leur individualité pour ne plus devenir que des moments divers d'un seul et même développement. Puisque d'autre part, la constitution du milieu social résulte du mode de composition des agrégats sociaux, que même ces deux expressions sont, au fond, synonymes, nous avons maintenant la preuve qu'il n'y a pas de caractères plus essentiels que ceux que nous avons assignés comme base à la classification sociologique.

Enfin, on doit comprendre maintenant, mieux que précédemment, combien il serait injuste de s'appuyer sur ces mots de conditions extérieures et de milieu, pour accuser notre méthode et chercher les sources de la vie en dehors du vivant. Tout au contraire, les considérations qu'on vient de lire se ramènent à cette idée que les causes des phénomènes sociaux sont internes à la société. C'est bien plutôt à la théorie qui fait dériver la société de l'individu qu'on pourrait justement reprocher de chercher à tirer le dedans du dehors, puisqu'elle explique l'être social par autre chose que lui-même, et le plus du moins, puisqu'elle entreprend de déduire le tout de la partie. Les principes qui précèdent méconnaissent si peu le caractère spontané de tout vivant que, si on les applique à la biologie et à la psychologie, on devra admettre que la vie individuelle, elle aussi, s'élabore tout entière à l'intérieur de l'individu.

IV

Du groupe de règles qui viennent d'être établies se dégage une certaine conception de la société et de la vie collective.

Deux théories contraires se partagent sur ce point les esprits.

Pour les uns, comme Hobbes, Rousseau, il y a solution de continuité entre l'individu et la société. L'homme est donc naturellement réfractaire à la vie commune, il ne peut s'y résigner que forcé. Les fins sociales ne sont pas simplement le point de rencontre des fins individuelles ; elles leur sont plutôt contraires. Aussi, pour amener l'individu à les poursuivre, est-il nécessaire d'exercer sur lui une contrainte, et c'est dans l'institution et l'organisation de cette contrainte que consiste, par excellence, l'œuvre sociale. Seulement, parce que l'individu est regardé comme la seule et unique réalité du règne humain, cette organisation, qui a pour objet de le gêner et de le contenir, ne peut être conçue que comme artificielle. Elle n'est pas fondée dans la nature, puisqu'elle est destinée à lui faire violence en l'empêchant de produire ses conséquences anti-sociales. C'est une œuvre d'art, une machine construite tout entière de la main des hommes et qui, comme tous les produits de ce genre, n'est ce qu'elle est que parce que les hommes l'ont voulue telle ; un décret de la volonté l'a créée, un autre décret la peut transformer. Ni Hobbes ni Rousseau ne paraissent avoir aperçu tout ce qu'il y a de contradictoire à admettre que l'individu soit lui-même l'auteur d'une machine qui a pour rôle essentiel de le dominer et de le contraindre, ou du moins il leur a paru que, pour faire disparaître cette contradiction, il suffisait de la dissimuler aux yeux de ceux qui en sont les victimes par l'habile artifice du pacte social.

C'est de l'idée contraire que se sont inspirés et les théoriciens du droit naturel et les économistes et, plus récemment, M. Spencer [1]. Pour eux, la vie sociale est essentiellement spontanée et la société une chose naturelle. Mais, s'ils lui confèrent ce caractère, ce n'est pas qu'ils lui reconnaissent une nature spécifique ; c'est qu'ils lui trouvent une base dans la nature de l'individu. Pas plus que les précédents penseurs, ils n'y voient un système de choses qui existe par soi-même, en vertu de causes qui lui sont spéciales. Mais, tandis que ceux-là ne la concevaient que comme un arrangement conventionnel qu'aucun lien ne rattache à la réalité et qui se tient en l'air, pour ainsi dire, ils lui donnent pour assises les instincts fondamentaux du cœur humain. L'homme est naturellement enclin à la vie politique, domestique, religieuse, aux échanges, etc., et c'est de ces penchants naturels que dérive l'organisation sociale. Par conséquent, partout où elle est normale, elle n'a pas besoin de s'imposer. Quand elle recourt à la contrainte, c'est qu'elle n'est pas ce qu'elle doit être ou que les circonstances sont anor-

---

1. La position de Comte sur ce sujet est d'un éclectisme assez ambigu.

males. En principe, il n'y a qu'à laisser les forces individuelles se développer en liberté pour qu'elles s'organisent socialement.

Ni l'une ni l'autre de ces doctrines n'est la nôtre.

Sans doute, nous faisons de la contrainte la caractéristique de tout fait social. Seulement, cette contrainte ne résulte pas d'une machinerie plus ou moins savante, destinée à masquer aux hommes les pièges dans lesquels ils se sont pris eux-mêmes. Elle est simplement due à ce que l'individu se trouve en présence d'une force qui le domine et devant laquelle il s'incline ; mais cette force est naturelle. Elle ne dérive pas d'un arrangement conventionnel que la volonté humaine a surajouté de toutes pièces au réel ; elle sort des entrailles mêmes de la réalité ; elle est le produit nécessaire de causes données. Aussi, pour amener l'individu à s'y soumettre de son plein gré, n'est-il nécessaire de recourir à aucun artifice ; il suffit de lui faire prendre conscience de son état de dépendance et d'infériorité naturelles — qu'il s'en fasse par la religion une représentation sensible et symbolique ou qu'il arrive à s'en former par la science une notion adéquate et définie. Comme la supériorité que la société a sur lui n'est pas simplement physique, mais intellectuelle et morale, elle n'a rien à craindre du libre examen, pourvu qu'il en soit fait un juste emploi. La réflexion, en faisant comprendre à l'homme combien l'être social est plus riche, plus complexe et plus durable que l'être individuel, ne peut que lui révéler les raisons intelligibles de la subordination qui est exigée de lui et des sentiments d'attachement et de respect que l'habitude a fixés dans son cœur [1].

Il n'y a donc qu'une critique singulièrement superfi-

---

1. Voilà pourquoi toute contrainte n'est pas normale. Celle-là seulement mérite ce nom qui correspond à quelque supériorité sociale, c'est-à-dire intellectuelle ou morale. Mais celle qu'un individu exerce sur l'autre parce qu'il est plus fort ou plus riche, surtout si cette richesse n'exprime pas sa valeur sociale, est anormale et ne peut se maintenir que par la violence.

cielle qui pourrait reprocher à notre conception de la contrainte sociale de rééditer les théories de Hobbes et de Machiavel. Mais si, contrairement à ces philosophes, nous disons que la vie sociale est naturelle, ce n'est pas que nous en trouvions la source dans la nature de l'individu ; c'est qu'elle dérive directement de l'être collectif qui est, par lui-même, une nature *sui generis* ; c'est qu'elle résulte de cette élaboration spéciale à laquelle sont soumises les consciences particulières par le fait de leur association et d'où se dégage une nouvelle forme d'existence [1]. Si donc nous reconnaissons avec les uns qu'elle se présente à l'individu sous l'aspect de la contrainte, nous admettons avec les autres qu'elle est un produit spontané de la réalité ; et ce qui relie logiquement ces deux éléments, contradictoires en apparence, c'est que cette réalité d'où elle émane dépasse l'individu. C'est dire que ces mots de contrainte et de spontanéité n'ont pas dans notre terminologie le sens que Hobbes donne au premier et M. Spencer au second.

En résumé, à la plupart des tentatives qui ont été faites pour expliquer rationellement les faits sociaux, on a pu objecter ou qu'elles faisaient évanouir toute idée de discipline sociale, ou qu'elles ne parvenaient à la maintenir qu'à l'aide de subterfuges mensongers. Les règles que nous venons d'exposer permettraient, au contraire, de faire une sociologie qui verrait dans l'esprit de discipline la condition essentielle de toute vie en commun, tout en le fondant en raison et en vérité.

1. Notre théorie est même plus contraire à celle de Hobbes que celle du droit naturel. En effet, pour les partisans de cette dernière doctrine, la vie collective n'est naturelle que dans la mesure où elle peut être déduite de la nature individuelle. Or, seules les formes les plus générales de l'organisation sociale peuvent, à la rigueur, être dérivées de cette origine. Quant au détail, il est trop éloigné de l'extrême généralité des propriétés psychiques pour y pouvoir être rattaché ; il paraît donc aux disciples de cette école tout aussi artificiel qu'à leurs adversaires. Pour nous, au contraire, tout est naturel, même les arrangements les plus spéciaux ; car tout est fondé dans la nature de la société.

CHAPITRE VI

RÈGLES RELATIVES
À L'ADMINISTRATION DE LA PREUVE

I

Nous n'avons qu'un moyen de démontrer qu'un phénomène est cause d'un autre, c'est de comparer les cas où ils sont simultanément présents ou absents et de chercher si les variations qu'ils présentent dans ces différentes combinaisons de circonstances témoignent que l'un dépend de l'autre. Quand ils peuvent être artificiellement produits au gré de l'observateur, la méthode est l'expérimentation proprement dite. Quand, au contraire, la production des faits n'est pas à notre disposition et que nous ne pouvons que les rapprocher tels qu'ils se sont spontanément produits, la méthode que l'on emploie est celle de l'expérimentation indirecte ou méthode comparative.

Nous avons vu que l'explication sociologique consiste exclusivement à établir des rapports de causalité, qu'il s'agisse de rattacher un phénomène à sa cause, ou, au contraire, une cause à ses effets utiles. Puisque, d'autre part, les phénomènes sociaux échappent évidemment à l'action de l'opérateur, la méthode comparative est la seule qui convienne à la sociologie. Comte, il est vrai, ne l'a pas jugée suffisante ; il a trouvé nécessaire de la compléter par ce qu'il nomme la méthode historique ; mais la cause en est dans sa conception particulière des lois sociologiques. Suivant lui, elles doivent principalement exprimer, non des rapports définis de causalité, mais le sens dans lequel se dirige l'évolution humaine en général ; elles ne peuvent donc être découvertes à l'aide de comparaison, * car pour pouvoir comparer les différentes formes que prend un phénomène social chez différents peuples, il faut l'avoir détaché des séries temporelles auxquelles il appartient. Or, si l'on commence par fragmenter ainsi le développement humain, on se met dans l'impossibilité d'en retrouver la suite. Pour y parvenir, ce n'est pas par analyses, mais par larges synthèses qu'il convient de procéder. Ce qu'il faut c'est rapprocher les uns des autres et réunir dans une même intuition, en quelque sorte, * les états successifs de l'humanité de manière à apercevoir « l'accroissement continu de chaque disposition physique, intellectuelle, morale et politique [1] ». ** Telle est la raison d'être de cette méthode que Comte appelle historique et ** qui, par suite, est dépourvue de tout objet dès qu'on a rejeté la conception fondamentale de la sociologie comtiste.

Il est vrai que Mill déclare l'expérimentation, même indirecte, inapplicable à la sociologie. Mais ce qui suffit déjà à enlever à son argumentation une grande partie de son autorité, c'est qu'il l'appliquait également aux phénomènes biologiques, et même aux faits physico-chimiques les plus complexes [2] ; or il n'y a plus à démontrer aujourd'hui que la chimie et la biologie ne peuvent être que des sciences expérimentales. Il n'y a donc pas de raison pour que ses critiques soient mieux fondées en ce qui concerne la sociologie ; car les phénomènes sociaux ne se distinguent des précédents que par une complexité plus grande. Cette différence peut bien impliquer que l'emploi du raisonnement

---

1. *Cours de philosophie positive*, IV, p. 328.
2. *Système de Logique*, II, p. 478.
* « puisque celles-ci ont pour objet de considérer isolément les couples formés par chaque phénomène social avec le groupe de ses conditions. Il faut, au contraire, rapprocher les uns des autres et réunir dans une même synthèse. » (*R.P.*, p. 169.)
** « Tel est le rôle de cette méthode historique » (*R.P.*, p. 169.)

expérimental en sociologie offre plus de difficultés
encore que dans les autres sciences ; mais on ne voit pas
pourquoi il y serait radicalement impossible.

Du reste, toute cette théorie de Mill repose sur un
postulat qui, sans doute, est lié aux principes fondamentaux de sa logique, mais qui est en contradiction
avec tous les résultats de la science. Il admet, en effet,
qu'un même conséquent ne résulte pas toujours d'un
même antécédent, mais peut-être dû tantôt à une cause
et tantôt à une autre. Cette conception du lien causal,
en lui enlevant toute détermination, le rend à peu près
inaccessible à l'analyse scientifique ; car il introduit
une telle complication dans l'enchevêtrement des
causes et des effets que l'esprit s'y perd sans retour. Si
un effet peut dériver de causes différentes, pour savoir
ce qui le détermine dans un ensemble de circonstances
données, il faudrait que l'expérience se fît dans des
conditions d'isolement pratiquement irréalisables, surtout en sociologie.

Mais ce prétendu axiome de la pluralité des causes
est une négation du principe de causalité. Sans doute,
si l'on croit avec Mill que la cause et l'effet sont
absolument hétérogènes, qu'il n'y a entre eux aucune
relation logique, il n'y a rien de contradictoire à
admettre qu'un effet puisse suivre tantôt une cause et
tantôt une autre. Si le rapport qui unit C à A est
purement chronologique, il n'est pas exclusif d'un
autre rapport du même genre qui unirait C à B par
exemple. Mais si, au contraire, le lien causal a quelque
chose d'intelligible, il ne saurait être à ce point
indéterminé. S'il consiste en un rapport qui résulte de
la nature des choses, un même effet ne peut soutenir ce
rapport qu'avec une seule cause, car il ne peut
exprimer qu'une seule nature. Or il n'y a que les
philosophes qui aient jamais mis en doute l'intelligibilité de la relation causale. Pour le savant, elle ne fait pas
question ; elle est supposée par la méthode de la
science. Comment expliquer autrement et le rôle si
important de la déduction dans le raisonnement expérimental et le principe fondamental de la proportionna-

lité entre la cause et l'effet ? Quant aux cas que l'on cite
et où l'on prétend observer une pluralité de causes,
pour qu'ils fussent démonstratifs, il faudrait avoir
établi au préalable ou que cette pluralité n'est pas
simplement apparente, ou que l'unité extérieure de
l'effet ne recouvre par une réelle pluralité. Que de fois
il est arrivé à la science de réduire à l'unité des causes
dont la diversité, au premier abord, paraissait irréductible ! Stuart Mill en donne lui-même un exemple en
rappelant que, suivant les théories modernes, la production de la chaleur par le frottement, la percussion,
l'action chimique, etc., dérive d'une seule et même
cause. Inversement, quand il s'agit de l'effet, le savant
distingue souvent ce que le vulgaire confond. Pour le
sens commun, le mot de fièvre désigne une seule et
même entité morbide ; pour la science, il y a une
multitude de fièvres spécifiquement différentes et la
pluralité des causes se trouve en rapport avec celle des
effets ; et si entre toutes ces espèces nosologiques il y a
pourtant quelque chose de commun, c'est que ces
causes, également, se confondent par certains de leurs
caractères.

 Il importe d'autant plus d'exorciser ce principe de la
sociologie que nombre de sociologues en subissent
encore l'influence, et cela alors même qu'ils n'en font
pas une objection contre l'emploi de la méthode
comparative. Ainsi, on dit couramment que le crime
peut être également produit par les causes les plus
différentes ; qu'il en est de même du suicide, de la
peine, etc. En pratiquant dans cet esprit le raisonnement expérimental, on aura beau réunir un nombre
considérable de faits, on ne pourra jamais obtenir de
lois précises, de rapports déterminés de causalités. On
ne pourra qu'assigner vaguement un conséquent mal
défini à un groupe confus et indéfini d'antécédents. Si
donc on veut employer la méthode comparative d'une
manière scientifique, c'est-à-dire en se conformant au
principe de causalité tel qu'il se dégage de la science
elle-même, on devra prendre pour base des comparaisons que l'on institue la proposition suivante : *À un*

même effet correspond toujours une même cause. Ainsi, pour reprendre les exemples cités plus haut, * si le suicide dépend de plus d'une cause, c'est que, en réalité, il y a plusieurs espèces de suicides. Il en est de même du crime. Pour la peine, au contraire, si l'on a cru qu'elle s'expliquait également bien par des causes différentes, c'est que l'on n'a pas aperçu l'élément commun qui se retrouve dans tous ces antécédents et en vertu duquel ils * produisent leur effet commun[1].

II

Toutefois, si les divers procédés de la méthode comparative ne sont pas inapplicables à la sociologie, ils n'y ont pas tous une force également démonstrative.

La méthode dite des résidus, si tant est d'ailleurs qu'elle constitue une forme du raisonnement expérimental, n'est, pour ainsi dire, d'aucun usage dans l'étude des phénomènes sociaux. Outre qu'elle ne peut servir qu'aux sciences assez avancées, puisqu'elle suppose déjà connues un nombre important de lois, les phénomènes sociaux sont beaucoup trop complexes pour que, dans un cas donné, on puisse exactement retrancher l'effet de toutes les causes moins une.

La même raison rend difficilement utilisables et la méthode de concordance et celle de différence. Elles supposent, en effet, que les cas comparés ou concordent en un seul point ou diffèrent par un seul. Sans doute, il n'est pas de science qui ait jamais pu instituer d'expériences où le caractère rigoureusement unique d'une concordance ou d'une différence fût établi d'une manière irréfutable. On n'est jamais sûr de n'avoir pas laissé échapper quelque antécédent qui concorde ou

---

* « si le crime, si le suicide reconnaissent des causes différentes, c'est que, en réalité, il y a des espèces très différentes de crimes et de suicides. Pour la peine, au contraire, c'est en vertu d'un élément qui leur est commun à toutes que les causes différentes en apparence, qu'on lui attribue » (*R.P.*, p. 171.)

1. *Division du travail social*, p. 87.

qui diffère comme le conséquent, en même temps et de la même manière que l'unique antécédent connu. Cependant, quoique l'élimination absolue de tout élément adventice soit une limite idéale qui ne peut être réellement atteinte, en fait, les sciences physico-chimiques et même les sciences biologiques s'en rapprochent assez pour que, dans un grand nombre de cas, la démonstration puisse être regardée comme pratiquement suffisante. Mais il n'en est plus de même en sociologie par suite de la complexité trop grande des phénomènes, jointe à l'impossibilité de toute expérience artificielle. Comme on ne saurait faire un inventaire, même à peu près complet, de tous les faits qui coexistent au sein d'une même société ou qui se sont succédé au cours de son histoire, on ne peut jamais être assuré, même d'une manière approximative, que deux peuples concordent ou diffèrent sous tous les rapports, sauf un. Les chances de laisser un phénomène se dérober sont bien supérieures à celles de n'en négliger aucun. Par conséquent, une pareille méthode de démonstration ne peut donner naissance qu'à des conjectures qui, réduites à elles seules, sont presque dénuées de tout caractère scientifique.

Mais il en est tout autrement de la méthode des variations concomitantes. En effet, pour qu'elle soit démonstrative, il n'est pas nécessaire que toutes les variations différentes de celles que l'on compare aient été rigoureusement exclues. Le simple parallélisme des valeurs par lesquelles passent les deux phénomènes, pourvu qu'il ait été établi dans un nombre suffisant de cas suffisamment variés, est la preuve qu'il existe entre eux une relation. Cette méthode doit ce privilège à ce qu'elle atteint le rapport causal, non du dehors comme les précédentes, mais par le dedans. Elle ne nous fait pas simplement voir deux faits qui s'accompagnent ou qui s'excluent extérieurement[1], de sorte que rien ne

---

* 1. Dans le cas de la méthode de différence, l'absence de la cause exclut la présence de l'effet.
* Cette note ne figure pas dans le texte initial.

prouve directement qu'ils soient unis par un lien interne ; au contraire, elle nous les montre participant l'un de l'autre et d'une manière continue, du moins pour ce qui regarde leur quantité. Or cette participation, à elle seule, suffit à démontrer qu'ils ne sont pas étrangers l'un à l'autre. La manière dont un phénomène se développe en exprime la nature ; pour que deux développements se correspondent, il faut qu'il y ait aussi une correspondance dans les natures qu'ils manifestent. La concomitance constante est donc, par elle-même, une loi, quel que soit l'état des phénomènes restés en dehors de la comparaison. Aussi, pour l'infirmer, ne suffit-il pas de montrer qu'elle est mise en échec par quelques applications particulières de la méthode de concordance ou de différence ; ce serait attribuer à ce genre de preuves une autorité qu'il ne peut avoir en sociologie. Quand deux phénomènes varient régulièrement l'un comme l'autre, il faut maintenir ce rapport alors même que, dans certains cas, l'un de ces phénomènes se présenterait sans l'autre. Car il peut se faire, ou bien que la cause ait été empêchée de produire son effet par l'action de quelque cause contraire, ou bien qu'elle se trouve présente, mais sous une forme différente de celle que l'on a précédemment observée. Sans doute, il y a lieu de voir, comme on dit, d'examiner les faits à nouveau, mais non d'abandonner sur-le-champ les résultats d'une démonstration régulièrement faite.

Il est vrai que les lois établies par ce procédé ne se présentent pas toujours d'emblée sous la forme de rapports de causalité. La concomitance peut être due non à ce qu'un des phénomènes est la cause de l'autre, mais à ce qu'ils sont tous deux des effets d'une même cause, ou bien encore à ce qu'il existe entre eux un troisième phénomène, intercalé mais inaperçu, qui est l'effet du premier et la cause du second. Les résultats auxquels conduit cette méthode ont donc besoin d'être interprétés. Mais quelle est la méthode expérimentale qui permet d'obtenir mécaniquement un rapport de causalité sans que les faits qu'elle établit aient besoin d'être élaborés par l'esprit ? Tout ce qui importe, c'est que cette élaboration soit méthodiquement conduite et voici de quelle manière on pourra y procéder. On cherchera d'abord, à l'aide de la déduction, comment l'un des deux termes a pu produire l'autre ; puis on s'efforcera de vérifier le résultat de cette déduction à l'aide d'expériences, c'est-à-dire de comparaisons nouvelles. Si * la déduction est possible et si la vérification réussit, on pourra regarder la preuve comme faite. Si, au contraire, * l'on n'aperçoit entre ces faits aucun lien direct, surtout si l'hypothèse d'un tel lien contredit des lois déjà démontrées, on se mettra à la recherche d'un troisième phénomène dont les deux autres dépendent également ou qui ait pu servir d'intermédiaire entre eux. Par exemple, on peut établir de la manière la plus certaine que la tendance au suicide varie comme la tendance à l'instruction. Mais il est impossible de comprendre comment l'instruction peut conduire au suicide ; une telle explication est en contradiction avec les lois de la psychologie. L'instruction, surtout réduite aux connaissances élémentaires, n'atteint que les régions les plus superficielles de la conscience ; au contraire, l'instinct de conservation est une de nos tendances fondamentales. Il ne saurait donc être sensiblement affecté par un phénomène aussi éloigné et d'un aussi faible retentissement. On en vient ainsi à se demander si l'un et l'autre fait ne seraient pas la conséquence d'un même état. Cette cause commune, c'est l'affaiblissement du traditionalisme religieux qui renforce à la fois le besoin de savoir et le penchant au suicide.

Mais il est une autre raison qui fait de la méthode des variations concomitantes l'instrument par excellence des recherches sociologiques. En effet, même quand les circonstances leur sont le plus favorables, les autres méthodes ne peuvent être employées utilement que si le nombre des faits comparés est très considérable. Si l'on ne peut trouver deux sociétés qui ne diffèrent ou

---

* Phrase ne figurant pas dans le texte initial.

qui ne se ressemblent qu'en un point, du moins, on peut constater que deux faits ou s'accompagnent ou s'excluent très généralement. Mais, pour que cette constatation ait une valeur scientifique, il faut qu'elle ait été faite un très grand nombre de fois; il faudrait presque être assuré que tous les faits ont été passés en revue. Or, non seulement un inventaire aussi complet n'est pas possible, mais encore les faits qu'on accumule ainsi ne peuvent jamais être établis avec une précision suffisante, justement parce qu'ils sont trop nombreux. Non seulement on risque d'en omettre d'essentiels et qui contredisent ceux qui sont connus, mais encore on n'est pas sûr de bien connaître ces derniers. En fait, ce qui a souvent discrédité les raisonnements des sociologues, c'est que, comme ils ont employé de préférence la méthode de concordance ou celle de différence et surtout la première, ils se sont plus préoccupés d'entasser les documents que de les critiquer et de les choisir. C'est ainsi qu'il leur arrive sans cesse de mettre sur le même plan les observations confuses et rapidement faites des voyageurs et les textes précis de l'histoire. Non seulement, en voyant ces démonstrations, on ne peut s'empêcher de se dire qu'un seul fait pourrait suffire à les infirmer, mais les faits mêmes sur lesquels elles sont établies n'inspirent pas toujours confiance.

La méthode des variations concomitantes ne nous oblige ni à de ces énumérations incomplètes, ni à de ces observations superficielles. Pour qu'elle donne des résultats, quelques faits suffisent. Dès qu'on a prouvé que, dans un certain nombre de cas, deux phénomènes varient l'un comme l'autre, on peut être certain qu'on se trouve en présence d'une loi. N'ayant pas besoin d'être nombreux, les documents peuvent être choisis et, de plus, étudiés de près par le sociologue qui les emploie. Il pourra donc et, par suite, il devra prendre pour matière principale de ses inductions les sociétés dont les croyances, les traditions, les mœurs, le droit ont pris corps en des monuments écrits et authentiques. Sans doute, il ne dédaignera pas les renseignements de l'ethnographie (il n'est pas de faits qui

puissent être dédaignés par le savant), mais il les
mettra à leur vraie place. Au lieu d'en faire le centre de
gravité de ses recherches, il ne les utilisera en général
que comme complément de ceux qu'il doit à l'histoire
ou, tout au moins, il s'efforcera de les confirmer par
ces derniers. Non seulement il circonscrira ainsi, avec
plus de discernement, l'étendue de ses comparaisons,
mais il les conduira avec plus de critique ; car, par cela
même qu'il s'attachera à un ordre restreint de faits, il
pourra les contrôler avec plus de soin. Sans doute, il
n'a pas à refaire l'œuvre des historiens ; mais il ne peut
pas non plus recevoir passivement et de toutes mains
les informations dont il se sert.

Mais il ne faut pas croire que la sociologie soit dans
un état de sensible infériorité vis-à-vis des autres
sciences parce qu'elle ne peut guère se servir que d'un
seul procédé expérimental. Cet inconvénient est, en
effet, compensé par la richesse des variations qui
s'offrent spontanément aux comparaisons du sociologue et dont on ne trouve aucun exemple dans les autres
règnes de la nature. Les changements qui ont lieu dans
un organisme au cours d'une existence individuelle
sont peu nombreux et très restreints ; ceux qu'on peut
provoquer artificiellement sans détruire la vie sont eux-
mêmes compris dans d'étroites limites. Il est vrai qu'il
s'en est produit de plus importants dans la suite de
l'évolution zoologique, mais ils n'ont laissé d'eux-
mêmes que de rares et obscurs vestiges, et il est encore
plus difficile de retrouver les conditions qui les ont
déterminés. Au contraire, la vie sociale est une suite
ininterrompue de transformations, parallèles à d'autres
transformations dans les conditions de l'existence
collective ; et nous n'avons pas seulement à notre
disposition celles qui se rapportent à une époque
récente, mais un grand nombre de celles par lesquelles
ont passé les peuples disparus sont parvenues jusqu'à
nous. Malgré ses lacunes, l'histoire de l'humanité est
autrement claire et complète que celle des espèces
animales. De plus, il existe une multitude de phénomènes sociaux qui se produisent dans toute l'étendue

de la société, mais qui prennent des formes diverses selon les régions, les professions, les confessions, etc. Tels sont, par exemple, le crime, le suicide, la natalité, la nuptialité, l'épargne, etc. De la diversité de ces milieux spéciaux résultent, pour chacun de ces ordres de faits, de nouvelles séries de variations, en dehors de celles que produit l'évolution historique. Si donc le sociologue ne peut pas employer avec une égale efficacité tous les procédés de la recherche expérimentale, l'unique méthode, dont il doit presque se servir à l'exclusion des autres, peut, dans ses mains, être très féconde, car il a, pour la mettre en œuvre, d'incomparables ressources.

* Mais elle ne produit les résultats qu'elle comporte que si elle est pratiquée avec rigueur. On ne prouve rien quand, comme il arrive si souvent, on se contente de faire voir par des exemples plus ou moins nombreux que, dans des cas épars, les faits ont varié comme le veut l'hypothèse. De ces concordances sporadiques et fragmentaires, on ne peut tirer aucune conclusion générale. Illustrer une idée n'est pas la démontrer. Ce qu'il faut, c'est comparer non des variations isolées, mais des séries de variations, régulièrement constituées, dont les termes se relient les uns aux autres par une gradation aussi continue que possible, et qui, de plus, soient d'une suffisante étendue. Car les variations d'un phénomène ne permettent d'en induire la loi que si elles expriment clairement la manière dont il se développe dans des circonstances données. Or, pour cela, il faut qu'il y ait entre elles la même suite qu'entre les moments divers d'une même évolution naturelle, et, en outre, que cette évolution qu'elles figurent soit assez prolongée pour que le sens n'en soit pas douteux. *

---

* Ce paragraphe, dans son ensemble, est absent du texte initial.

III

Mais * la manière dont doivent être formées ces séries * diffère selon les cas. Elles peuvent comprendre des faits empruntés ou à une seule et unique société — ou à plusieurs sociétés de même espèce — ou à plusieurs espèces sociales distinctes.

Le premier procédé peut suffire, à la rigueur, quand il s'agit de faits d'une grande généralité et sur lesquels nous avons des informations statistiques assez étendues et variées. Par exemple, en rapprochant la courbe qui exprime la marche du suicide pendant une période de temps suffisamment longue des variations que présente le même phénomène suivant les provinces, les classes, les habitats ruraux ou urbains, les sexes, les âges, l'état civil, etc., on peut arriver, même sans étendre ses recherches au-delà d'un seul pays, à établir de véritables lois, quoiqu'il soit toujours préférable de confirmer ces résultats par d'autres observations faites sur d'autres peuples de la même espèce. Mais on ne peut se contenter de comparaisons aussi limitées que quand on étudie quelqu'un de ces courants sociaux qui sont répandus dans toute la société, tout en variant d'un point à l'autre. Quand, au contraire, il s'agit d'une institution, d'une règle juridique ou morale, d'une coutume organisée, qui est la même et fonctionne de la même manière sur toute l'étendue du pays et qui ne change que dans le temps, on ne peut se renfermer dans l'étude d'un seul peuple ; car, alors, on n'aurait pour matière de la preuve qu'un seul couple de courbes parallèles, à savoir celles qui expriment la marche historique du phénomène considéré et de la cause conjecturée, mais dans cette seule et unique société. Sans doute, même ce seul parallélisme, s'il est constant, est déjà un fait considérable, mais il ne saurait, à lui seul, constituer une démonstration.

* « la nature même des comparaisons sociologiques » (*R.P.*, p. 175.)

En faisant entrer en ligne de compte plusieurs peuples de même espèce, on dispose déjà d'un champ de comparaison plus étendu. D'abord, on peut confronter l'histoire de l'un par celle des autres et voir si, chez chacun d'eux pris à part, le même phénomène évolue dans le temps en fonction des mêmes conditions. Puis on peut établir des comparaisons entre ces divers développements. Par exemple, on déterminera la forme que le fait étudié prend chez ces différentes sociétés au moment où il parvient à son apogée. Comme, tout en appartenant au même type, elles sont pourtant des individualités distinctes, cette forme n'est pas partout la même * ; elle est plus ou moins accusée, suivant les cas *. On aura ainsi une nouvelle série de variations qu'on rapprochera de celles que présente, au même moment et dans chacun de ces pays, la condition ** présumée. ** Ainsi, après avoir suivi l'évolution de la famille patriarcale à travers l'histoire de Rome, d'Athènes, de Sparte, on classera ces mêmes cités suivant le degré maximum de développement qu'atteint chez chacune d'elles ce type familial et on verra ensuite si, par rapport à l'état du milieu social dont il paraît dépendre d'après la première expérience, elles se classent encore de la même manière.

Mais cette méthode elle-même ne peut guère se suffire. Elle ne s'applique, en effet, qu'aux phénomènes qui ont pris naissance pendant la vie des peuples comparés. Or, une société ne crée pas de toutes pièces son organisation ; elle la reçoit, en partie, toute faite de celles qui l'ont précédée. Ce qui lui est ainsi transmis n'est, au cours de son histoire, le produit d'aucun développement, par conséquent ne peut être expliqué si l'on ne sort pas des limites de l'espèce dont elle fait partie. Seules, les additions qui se surajoutent à ce fond primitif et le transforment peuvent être traitées de cette manière. Mais, plus on s'élève dans l'échelle sociale, plus les caractères acquis par chaque peuple

---

* Phrase ne figurant pas dans le texte initial.
** « conjecturée. » (*R.P.*, p. 176.)

sont peu de chose à côté des caractères transmis. C'est, d'ailleurs, la condition de tout progrès. Ainsi, les éléments nouveaux que nous avons introduits dans le droit domestique, le droit de propriété, la morale, depuis le commencement de notre histoire, sont relativement peu nombreux et peu importants, comparés à ceux que le passé nous a légués. Les nouveautés qui se produisent ainsi ne sauraient donc se comprendre si l'on n'a pas étudié d'abord ces phénomènes plus fondamentaux qui en sont les racines * et ils ne peuvent être étudiés qu'à l'aide de comparaisons beaucoup plus étendues. Pour pouvoir expliquer l'état actuel de la famille, du mariage, de la propriété, etc., il faudrait connaître quelles en sont les origines, quels sont les éléments simples dont ces institutions sont composées et, sur ces points, l'histoire comparée des grandes sociétés européennes ne saurait nous apporter de grandes lumières. Il faut remonter plus haut.

Par conséquent, pour rendre compte d'une institution sociale, appartenant à une espèce déterminée, on comparera les formes différentes qu'elle présente, non seulement chez les peuples de cette espèce, mais dans toutes les espèces antérieures. S'agit-il, par exemple, de l'organisation domestique ? On constituera d'abord le type le plus rudimentaire qui ait jamais existé, pour suivre ensuite pas à pas la manière dont il s'est progressivement compliqué. Cette méthode, que l'on pourrait appeler génétique, donnerait d'un seul coup l'analyse et la synthèse du phénomène. Car, d'une part, elle nous montrerait à l'état dissocié les éléments qui le composent, par cela seul qu'elle nous les ferait voir se surajoutant successivement les uns aux autres et, en même temps, grâce à ce large champ de comparaison, elle serait beaucoup mieux en état de déterminer les conditions dont dépendent leur formation et leur association. *Par conséquent, on ne peut expliquer un fait social de quelque complexité qu'à condi-*

---

* Élément ne figurant pas dans le texte initial.

tion d'en suivre le développement intégral à travers toutes les espèces sociales. La sociologie comparée n'est pas une branche particulière de la sociologie ; c'est la sociologie même, en tant qu'elle cesse d'être purement descriptive et aspire à rendre compte des faits.

Au cours de ces comparaisons étendues, se commet souvent une erreur qui en fausse les résultats. Parfois, pour juger du sens dans lequel se développent les événements sociaux, il est arrivé qu'on a simplement comparé ce qui se passe au déclin de chaque espèce avec ce qui se produit au début de l'espèce suivante. En procédant ainsi, on a cru pouvoir dire, par exemple, que l'affaiblissement des croyances religieuses et de tout traditionalisme ne pouvait jamais être qu'un phénomène passager de la vie des peuples, parce qu'il n'apparaît que pendant la dernière période de leur existence pour cesser dès qu'une évolution nouvelle recommence. Mais, avec une telle méthode, on est exposé à prendre pour la marche régulière et nécessaire du progrès ce qui est l'effet d'une tout autre cause. En effet, l'état où se trouve une société jeune n'est pas le simple prolongement de l'état où étaient parvenues à la fin de leur carrière les sociétés qu'elle remplace, mais provient en partie de cette jeunesse même qui empêche les produits des expériences faites par les peuples antérieurs d'être tous immédiatement assimilables et utilisables. C'est ainsi que l'enfant reçoit de ses parents des facultés et des prédispositions qui n'entrent en jeu que tardivement dans sa vie. Il est donc possible, pour reprendre le même exemple, que ce retour du traditionalisme que l'on observe au début de chaque histoire soit dû non à ce fait qu'un recul du même phénomène ne peut jamais être que transitoire, mais aux conditions spéciales où se trouve placée toute société qui commence. La comparaison ne peut être démonstrative que si l'on élimine ce facteur de l'âge qui la trouble ; pour y arriver, *il suffira de considérer les sociétés que l'on compare à la même période de leur développement.* Ainsi, pour savoir dans quel sens évolue un phénomène social, on comparera ce qu'il est pendant la jeunesse de chaque espèce avec ce qu'il devient pendant la jeunesse de l'espèce suivante, et suivant que, de l'une de ces étapes à l'autre, il présentera plus, moins ou autant d'intensité, on dira qu'il progresse, recule ou se maintient.

CONCLUSION

En résumé, les caractères de cette méthode sont les suivants.

D'abord, elle est indépendante de toute philosophie. Parce que la sociologie est née des grandes doctrines philosophiques, elle a gardé l'habitude de s'appuyer sur quelque système dont elle se trouve ainsi solidaire. C'est ainsi qu'elle a été successivement positiviste, évolutionniste, spiritualiste, alors qu'elle doit se contenter d'être la sociologie tout court. Même nous hésiterions à la qualifier de naturaliste à moins qu'on ne veuille seulement indiquer par là qu'elle considère les faits sociaux comme explicables naturellement, et, dans ce cas, l'épithète est assez inutile, puisqu'elle signifie simplement que le sociologue fait œuvre de science et n'est pas un mystique. Mais nous repoussons le mot, si on lui donne un sens doctrinal sur l'essence des choses sociales, si, par exemple, on entend dire qu'elles sont réductibles aux autres forces cosmiques. La sociologie n'a pas à prendre de parti entre les grandes hypothèses qui divisent les métaphysiciens. Elle n'a pas plus à affirmer la liberté que le déterminisme. Tout ce qu'elle demande qu'on lui accorde, c'est que le principe de causalité s'applique aux phénomènes sociaux. Encore ce principe est-il posé par elle, non comme une nécessité rationnelle, mais seulement comme un postulat empirique, produit d'une induction légitime. Puisque la loi de causalité a été vérifiée dans les autres règnes de la nature, que, progressivement, elle a étendu son empire du monde physico-chimique au monde biologique, de celui-ci au monde psychologique, on est en droit d'admettre qu'elle est également vraie du monde social ; et il est possible d'ajouter aujourd'hui que les recherches entreprises sur la base de ce postulat tendent à le confirmer. Mais la question de savoir si la nature du lien causal exclut toute contingence n'est pas tranchée pour cela.

Au reste, la philosophie elle-même a tout intérêt à cette émancipation de la sociologie. Car, tant que le sociologue n'a pas suffisamment dépouillé le philosophe, il ne considère les choses sociales que par leur côté le plus général, celui par où elles ressemblent le plus aux autres choses de l'univers. Or, si * la sociologie ainsi conçue peut servir à illustrer de faits curieux une philosophie, elle ne saurait l'enrichir de vues nouvelles, puisqu'elle ne signale rien de nouveau dans l'objet qu'elle étudie. Mais en réalité, si * les faits fondamentaux des autres règnes se retrouvent dans le règne social, c'est sous des formes ** spéciales qui en font mieux comprendre la nature parce qu'elles en sont l'expression la plus haute. ** Seulement, pour les apercevoir sous cet aspect, il faut sortir des généralités et entrer dans le détail des faits. C'est ainsi que la sociologie, à mesure qu'elle se spécialisera, fournira des matériaux plus originaux à la réflexion philosophique. Déjà ce qui précède a pu faire entrevoir comment des notions essentielles, telles que celles d'espèce, d'organe, de fonction, de santé et de maladie, de cause et de fin s'y présentent sous des jours tout nouveaux. D'ailleurs, n'est-ce pas la sociologie qui est destinée à mettre dans tout son relief une idée qui pourrait bien être la base non pas seulement d'une psychologie, mais de toute une philosophie, l'idée d'association ?

Vis-à-vis des doctrines pratiques, notre méthode

---

* Développement ne figurant pas dans le texte initial.
** « nouvelles et qui par cela même en font mieux comprendre la nature. » (*R.P.*, p. 179.)

permet et commande la même indépendance. La sociologie ainsi entendue ne sera ni individualiste, ni communiste, ni socialiste, au sens qu'on donne vulgairement à ces mots. Par principe, elle ignorera ces théories auxquelles elle ne saurait reconnaître de valeur scientifique, puisqu'elles tendent directement, non à exprimer les faits, mais à les réformer. Du moins, si elle s'y intéresse, c'est dans la mesure où elle y voit des faits sociaux qui peuvent l'aider à comprendre la réalité sociale en manifestant les besoins qui travaillent la société. Ce n'est pas, toutefois, qu'elle doive se désintéresser des questions pratiques. On a pu voir, au contraire, que notre préoccupation constante était de l'orienter de manière à ce qu'elle puisse aboutir pratiquement. Elle rencontre nécessairement ces problèmes au terme de ses recherches. Mais, par cela même qu'ils ne se présentent à elle qu'à ce moment, que, par suite, ils se dégagent des faits et non des passions, on peut prévoir qu'ils doivent se poser pour le sociologue dans de tout autres termes que pour la foule, et que les solutions, d'ailleurs partielles, qu'il y peut apporter ne sauraient coïncider exactement avec aucune de celles auxquelles s'arrêtent les partis. Mais le rôle de la sociologie à ce point de vue doit justement consister à nous affranchir de tous les partis, non pas tant en opposant une doctrine aux doctrines, qu'en faisant contracter aux esprits, en face de ces questions, une attitude spéciale que la science peut seule donner par le contact direct des choses. Seule, en effet, elle peut apprendre à traiter avec respect, mais sans fétichisme, les institutions historiques quelles qu'elles soient, en nous faisant sentir ce qu'elles ont, à la fois, de nécessaire et de provisoire, leur force de résistance et leur infinie variabilité.

En second lieu, notre méthode est objective. Elle est dominée tout entière par cette idée que les faits sociaux sont des choses et doivent être traités comme telles. Sans doute, ce principe se retrouve, sous une forme un peu différente, à la base des doctrines de Comte et de M. Spencer. Mais ces grands penseurs en ont donné la formule théorique, plus qu'ils ne l'ont mise en pratique. Pour qu'elle ne restât pas lettre morte, il ne suffisait pas de la promulguer ; il fallait en faire la base de toute une discipline qui prît le savant au moment même où il aborde l'objet de ses recherches et qui l'accompagnât pas à pas dans toutes ses démarches. C'est à instituer cette discipline que nous nous sommes attaché. Nous avons montré comment le sociologue devait écarter les notions anticipées qu'il avait des faits pour se mettre en face des faits eux-mêmes ; comment il devait les atteindre par leurs caractères les plus objectifs ; comment il devait leur demander à eux-mêmes le moyen de les classer en sains et en morbides ; comment, enfin, il devait s'inspirer du même principe dans les explications qu'il tentait comme dans la manière dont il prouvait ces explications. Car une fois qu'on a le sentiment qu'on se trouve en présence de choses, on ne songe même plus à les expliquer par des calculs utilitaires ni par des raisonnements d'aucune sorte. On comprend trop bien l'écart qu'il y a entre de telles causes et de tels effets. Une chose est une force qui ne peut être engendrée que par une autre force. On cherche donc, pour rendre compte des faits sociaux, des énergies capables de les produire. Non seulement les explications sont autres, mais elles sont autrement démontrées, ou plutôt c'est alors seulement qu'on éprouve le besoin de les démontrer. Si les phénomènes sociologiques ne sont que des systèmes d'idées objectivées, les expliquer, c'est les repenser dans leur ordre logique et cette explication est à elle-même sa propre preuve ; tout au plus peut-il y avoir lieu de la confirmer par quelques exemples. Au contraire, il n'y a que des expériences méthodiques qui puissent arracher leur secret à des choses.

Mais si nous considérons les faits sociaux comme des choses, c'est comme *des choses sociales*. C'est le troisième trait caractéristique de notre méthode d'être exclusivement sociologique. Il a souvent paru que ces phénomènes, à cause de leur extrême complexité, ou bien étaient réfractaires à la science, ou bien n'y pouvaient entrer que réduits à leurs conditions élémentaires, soit psychiques, soit organiques, c'est-à-dire dépouillés de leur nature propre. Nous avons, au contraire, entrepris d'établir qu'il était possible de les traiter scientifiquement sans rien leur enlever de leurs caractères spécifiques. Même nous avons refusé de ramener cette immatérialité *sui generis* qui les caractérise à celle, déjà complexe pourtant, des phénomènes psychologiques ; à plus forte raison nous sommes-nous interdit de la résorber, à la suite de l'école italienne, dans les propriétés générales de la matière organisée[1]. Nous avons fait voir qu'un fait social ne peut être expliqué que par un autre fait social, et, en même temps, nous avons montré comment cette sorte d'explication est possible en signalant * dans le milieu social interne le moteur principal de l'évolution collective. * La sociologie n'est donc l'annexe d'aucune autre science ; elle est elle-même une science distincte et autonome, et le sentiment de ce qu'a de spécial la réalité sociale est même tellement nécessaire au sociologue que, seule, une culture spécialement sociologique peut le préparer à l'intelligence des faits sociaux.

Nous estimons que ce progrès est le plus important de ceux qui restent à faire à la sociologie. Sans doute, quand une science est en train de naître, on est bien obligé, pour la faire, de se référer aux seuls modèles qui existent, c'est-à-dire aux sciences déjà formées. Il y a là un trésor d'expériences toutes faites qu'il serait insensé de ne pas mettre à profit. Cependant, une science ne peut se regarder comme définitivement constituée que quand elle est parvenue à se faire une

----

** 1. On est donc mal venu à qualifier notre méthode de matérialiste.

* « un ordre de causes douées d'une suffisante efficience pour rendre intelligible la production des effets que nous leur attribuons, et assez rapprochées de ces effets pour pouvoir en rendre compte sans qu'il soit nécessaire de les dénaturer par une simplification artificielle : ce sont les propriétés du milieu social. » (*R.P.*, id., p. 181.)

** Cette note ne figure pas dans le texte initial.

personnalité indépendante. Car elle n'a de raison d'être que si elle a pour matière un ordre de faits que n'étudient pas les autres sciences. Or il est impossible que les mêmes notions puissent convenir identiquement à des choses de nature différente.

Tels nous paraissent être les principes de la méthode sociologique.

Cet ensemble de règles paraîtra peut-être inutilement compliqué, si on le compare aux procédés qui sont couramment mis en usage. Tout cet appareil de précautions peut sembler bien laborieux * pour une science qui, jusqu'ici, ne réclamait guère, de ceux qui s'y consacraient, qu'une culture générale et philosophique, * et il est, en effet, certain que la mise en pratique d'une telle méthode ne saurait avoir pour effet de vulgariser la curiosité des choses sociologiques. Quand, comme condition d'initiation préalable, on demande aux gens de se défaire des concepts qu'ils ont l'habitude d'appliquer à un ordre de choses, pour repenser celles-ci à nouveaux frais, on ne peut s'attendre à recruter une nombreuse clientèle. Mais ce n'est pas le but où nous tendons. Nous croyons, au contraire, que le moment est venu pour la sociologie de renoncer aux succès mondains, pour ainsi parler, et de prendre le caractère ésotérique qui convient à toute science. Elle gagnera ainsi en dignité et en autorité ce qu'elle perdra peut-être en popularité. Car tant qu'elle reste mêlée aux luttes des partis, tant qu'elle se contente d'élaborer, avec plus de logique que le vulgaire, les idées communes et que, par suite, elle ne suppose aucune compétence spéciale, elle n'est pas en droit de parler assez haut pour faire taire les passions et les préjugés. Assurément, le temps est encore loin où elle pourra jouer ce rôle efficacement ; pourtant, c'est à la mettre en état de le remplir un jour qu'il nous faut, dès maintenant, travailler.

---

* « quand on voit la facilité avec laquelle d'élégants et subtils esprits se jouent au milieu des phénomènes sociaux, » (*R.P.*, p. 182.)

INDEX DES AUTEURS

(Nous recensons, dans cet index, l'ensemble des auteurs cités par Durkheim dans *Les règles*. Les pages où les auteurs sont évoqués sont indiquées entre parenthèses. Nous ajoutons une notice plus ou moins développée en donnant la préférence aux contemporains de Durkheim.)

BACON Francis (1561-1626)
(p. 110, 111, 125, 172)

Homme politique et célèbre philosophe anglais, auteur notamment du *Novum organum* (1620). Bien que relativisée au XXᵉ siècle, son influence a été cependant considérable : sur la pensée anglaise, mais également sur la philosophie des lumières (d'Alembert) et le positivisme du XIXᵉ siècle. Il est un auteur suffisamment vivant à l'époque des *Règles* pour qu'Adam en 1890 et Brochard en 1891 lui consacrent chacun un article dans la *Revue philosophique*.

COMTE Auguste (1798-1857)
(p. IX, 74, 93, 112, 122, 170, 182, 191, 192, 201, 211, 214, 217, 218)

Considéré comme le père du positivisme français et le fondateur de la sociologie, Comte, ancien élève de l'École Polytechnique, ancien secrétaire de Saint-Simon, gagna sa vie chichement comme répétiteur à l'École Polytechnique. Dès 1826 il entreprend de donner, à un public de savants, les leçons de son *Cours de philosophie positive* dont l'influence sera considérable. La fin du XIXᵉ siècle cependant, indépendamment même du développement d'une philosophie de l'intuition avec Bergson, est marquée par une prise de distance avec Comte, émanant d'une nouvelle génération d'épistémologues (Milhaud, Goblot, Lalande).

CONDILLAC Étienne BONNOT de (1715-1780)
(p. 123)

Philosophe français des lumières, théoricien d'un fondement de la connaissance sur les sensations ; auteur notamment d'un *Essai sur l'origine des connaissances humaines* (1756), et du *Traité des sensations* (1754).

DARMESTETER James (1849-1894)
(p. 126)

Philologue français, spécialiste de langues orientales (sanscrit, iranien, afghan), il est l'auteur de divers ouvrages consacrés à la civilisation et aux littératures indiennes, afghanes et iraniennes. Il occupe en 1885 une chaire de persan au Collège de France et est nommé directeur de l'École des hautes études en 1892. Durkheim s'en prend assez violemment à lui, dans *Les règles*, en en faisant un représentant de l'irrationalisme.

DESCARTES René (1596-1650)
(p. 125)

Philosophe et mathématicien français, considéré par beaucoup comme le fondateur de la philosophie moderne.

DURKHEIM Émile (1858-1917)
(p. 94, 115, 139, 150, 155, 156, 165, 168, 175, 186, 189, 202, 207, 221)

Ces nombreuses auto-références concernent surtout, mais pas exclusivement, *La division du travail social*.

ESPINAS Alfred (1844-1922)
(p. 199)

Philosophe et sociologue, Espinas fut professeur à l'université de Bordeaux de 1878 à 1893 et contribua à y faire nommer Durkheim. Il précéda ensuite ce dernier à la Sorbonne, avant de succéder à Tarde à l'Académie des sciences morales et politiques. Admirateur de Spencer et ami de Ribot, il publia notamment *Des sociétés animales* (1877) et *Les origines de la technologie* (1897).

GAROFALO Raffaele (1852-1934)
(p. 132, 134, 152, 153, 166)

Juriste, professeur de droit pénal à l'université de Naples, à partir de 1887, Garofalo est avec Lombroso et Ferri l'un des fondateurs de l'école positiviste et anthropologique de criminologie italienne, dont l'influence fut très forte à la fin du XIXe siècle. Il écrivit notamment une *Criminologia* en 1885. Durkheim lui reproche à diverses reprises, dans *Les règles*, son manque de rigueur quant à la définition de l'objet.

GIDE Charles (1847-1932)
(p. 118)

Juriste il s'oriente vers l'économie et est successivement, professeur aux universités de Bordeaux, Montpellier et Paris ; opposé au libéralisme classique il introduit en économie une perspective historique et sociologique, tout en se faisant le porte-parole d'une doctrine d'inspiration chrétienne : le solidarisme.

HOBBES Thomas (1588-1679)
(p. 213, 216)

Grand philosophe anglais auteur notamment d'un ouvrage de philosophie politique célèbre : *Léviathan* (1651).

LOCKE John (1632-1704)
(p. 123)

Grand philosophe, un des pères de l'empirisme anglais et de la philosophie du droit naturel, auteur notamment des *Deux traités du gouvernement* (1689) et de l'*Essai sur l'entendement humain* (1690).

LUBBOCK John (1834-1913)
(p. 134)

Préhistorien, proposa le premier les termes de « paléolithique » et « néolithique », pour distinguer les deux grandes périodes de la préhistoire.

MACHIAVEL Nicolas (1469-1527)
(p. 216)

MILL John Stuart (1806-1873)
(p. 93, 117, 218, 219, 220)

Philosophe, économiste et logicien anglais, administrateur à la Compagnie des Indes, il reçut de son père une éducation qui l'imprégna très tôt des doctrines libérales et utilitaristes. Auteur des *Principes d'économie politique* (1848) et du *Système de logique inductive et déductive* (1872). Ce dernier ouvrage qui systématisait notamment les règles de l'induction eut une influence considérable. Il fut cependant critiqué en France dès 1881 par Brochard (article de la *Revue philosophique*), et en 1899, 1901, par Wilbois, dans une série d'articles à la *Revue de Métaphysique et de Morale*.

MONTESQUIEU Charles de SECONDAT de (1689-1755)
(p. 211)

Peu cité dans *Les règles,* Montesquieu était bien connu de Durkheim qui lui consacra sa thèse complémentaire en latin s'efforçant notamment d'y apprécier son apport méthodologique : « Si chez Montesquieu, l'induction fait sa première apparition dans la science sociale, elle ne s'éloigne pas encore de la méthode contraire [la déduction] et se trouve altérée par ce mélange. » (trad. française : « La contribution de Montesquieu à la constitution de la science sociale » in *Montesquieu et Rousseau précurseurs de la sociologie*, Paris, 1966.)

ROUSSEAU Jean-Jacques (1712-1778)
(p. 213)

Durkheim a consacré une partie d'un cours à Rousseau. Il y développe la thèse déjà avancée dans *Les règles* d'une conception si « artificielle » de la société « que l'on ne voit pas clairement comment elle est possible ». (« Le Contrat social de Rousseau », *Revue de Métaphysique et de Morale*, t. XXV, 1918.)

SPENCER Herbert (1820-1903)
(p. 74, 93, 100, 114, 115, 122, 131, 166, 174, 175, 182, 192, 202, 211, 214, 216)

Instituteur, journaliste, ingénieur des chemins de fer, Spencer a construit totalement en dehors de l'Université une œuvre considérable qui fait de lui l'un des pères de l'évolutionnisme. Ses *Principes de sociologie* qui paraissent en trois volumes de 1876 à 1896 appliquent à une collection de faits multiples l'hypothèse évolutionniste. Une partie de ce travail sera traduite et publiée dans la *Revue philosophique* en 1880 et 1881. Si l'influence de Spencer a été énorme sur la pensée de la seconde moitié du XIXe siècle, elle se voit ensuite de plus en plus contestée : ainsi Lalande soutient en 1898 une thèse qu'il rééditera en 1930 sous le titre significatif : *Les illusions évolutionnistes*.

TARDE Gabriel de (1843-1904)
(p. XX, 87, 104)

Directeur de la statistique au ministère de la Justice, professeur au Collège de France (1900), Tarde est un criminologue qui réagit au biologisme et au naturalisme en fondant le social sur les « actes individuels » et leur imitation. Il publie *Les lois de l'imitation* en 1890 et *La logique sociale* en 1893. La *Revue philosophique* lui ouvre largement ses colonnes et publie entre 1880 et 1893 plus de onze articles ou extraits de ses livres. Ce que l'on appellerait aujourd'hui son « individualisme méthodologique » (Raymond Boudon rend hommage en ce sens à Tarde dans une introduction à la réédition des *Lois de l'imitation*, Genève, 1979) lui vaut la critique sans appel de Durkheim.

VIE DE DURKHEIM
(1858-1917)

I. LES ANNÉES DE FORMATION (1858-1882)

1858   Naissance à Épinal, au sein d'une famille de rabbins :
« On le destinait à être rabbin, par tradition familiale
et par droit, pour ainsi dire immémorial [1]. »
Études au collège d'Épinal.

1876   Arrivée à Paris, pour préparer l'École normale supérieure au lycée Louis-le-Grand. À la pension Jauffret
où il s'installe, Durkheim rencontre un jeune étudiant
venu du Midi pour préparer lui aussi l'École normale : Jean Jaurès. Entre les deux hommes se déve-
loppera une profonde amitié.

1879   Intégration à l'École normale. « La première année
d'École apporta à Durkheim, comme à quelques
autres, de grandes déceptions. Ce n'était qu'une
rhétorique assez misérable, imposée à des jeunes gens
qui étaient saturés de rhétorique [2]. » S'il dut y peiner
sur des exercices de versification latine, il y trouva
également « un véritable séminaire de réflexion politique et sociale [3] ». Gambettiste ardent il participait
activement aux discussions d'une époque marquée,
après la défaite de la Commune et la tentative de
restauration, par la radicalisation des républicains, la
renaissance du mouvement ouvrier et les polémiques

---

1. G. Davy : « Émile Durkheim » in *Revue de Métaphysique et de Morale*, 1919.
2. M. Holleaux, cité par G. Davy, *ibid.*
3. J.-C. Filloux, édition de *La science sociale et l'action*, introduction, PUF, 1970.

entre les divers courants anarchistes et socialistes. Mais ce fut également un temps de lectures approfondies (Espinas, Spencer, Comte) et d'influences intellectuelles durables (Renouvier et Boutroux pour la philosophie, Monod et Fustel de Coulanges pour l'histoire).

1882   Durkheim est reçu à l'agrégation : « demi-échec » déclare son disciple et biographe Georges Davy, « il ne fut reçu qu'avant-dernier devant le même jury qui l'année précédente avait déjà classé Bergson et Jaurès à la suite de Lesbazeilles [1] ! ».

II. LES ANNÉES DE TRANSITION (1883-1887)

1882   Durkheim est nommé au lycée de Sens. S'il doit sacrifier au rituel du plus jeune agrégé et prononcer le discours officiel de distribution des prix [2], il consacre les deux années qu'il passe à Sens à l'étude des économistes allemands et à l'élaboration des premières réflexions concernant sa thèse dont Boutroux acceptera d'être le rapporteur, et dont il élabore le premier plan en 1884.

1884   Professeur au lycée de Saint-Quentin.

1885   Durkheim obtient un an de congé, à la suite d'un important entretien avec Louis Liard, directeur de l'enseignement supérieur, profondément engagé dans la réforme scolaire [3]. Voué initialement à compléter ses lectures en vue de sa thèse, ce congé se transforme en mission d'étude en Allemagne. Durkheim, simultanément, s'initie à la psychologie expérimentale, auprès de Ribot, en France, et de Wundt, en

1. G. Davy, *ibid*. Cette remarque n'est pas dénuée d'un certain sel lorsque l'on sait que G. Davy devait être amené à présider aux destinées de l'agrégation de philosophie durant plus d'un quart de siècle (de 1940 à 1966) !

2. « Le rôle des grands hommes dans l'histoire », publié in E. DURKHEIM, *Textes*, tome I, édition établie par V. Karady, Les éditions de minuit, 1875.

3. Jean-Claude Filloux présente cet engagement de Louis Liard, par ailleurs disciple de Renouvier et spécialiste de logique, dans sa thèse : *Individualisme, socialisme et changement social chez Émile Durkheim*, université de Paris V, 1975, éd. Lille, 1977.

Allemagne. Enfin la *Revue philosophique* publie les trois premiers textes de Durkheim, des recensions d'ouvrages de Fouillée, de Gumplowicz et de Schäffle.

1886   De retour en France, Durkheim est nommé au lycée de Troyes. Il y rédige les deux rapports de sa mission en Allemagne, que la *Revue philosophique* publiera l'année suivante : « La science positive de la morale en Allemagne » et « la philosophie dans les universités allemandes »[1].

1887   Le 20 juillet, un arrêté ministériel nomme Durkheim à l'université de Bordeaux, sur la première chaire de sciences sociales de France. « Mesure révolutionnaire, car cette discipline n'existait pas encore. Assurément elle fut conseillée par Victor Espinas [...] appuyé par un ancien membre de cette université, devenu directeur de l'enseignement supérieur, Louis Liard. Quant au décret, il porte la signature de Eugène Spuller qui, dix ans plus tôt, proche ami de Gambetta, avait rapporté à la chambre des députés le célèbre projet de Jules Ferry sur l'enseignement supérieur[2]. »

III. LES ANNÉES D'ESSOR (1887-1902)

1887   Dès sa leçon d'ouverture, Durkheim, brossant à grands traits l'histoire de la sociologie ancre celle-ci du côté de la science. Il ne s'agit pas d'enseigner une doctrine acquise, mais une science qui se fait, une science positive, au domaine circonscrit, tant « il est nécessaire pour la sociologie de clore enfin l'ère des généralités[3] ».

1. Publiés in E. DURKHEIM, *Textes*, tome I, *opus cit.*
2. J. DUVIGNAUD, *Durkheim, sa vie, son œuvre*, PUF, 1965. Durkheim évoque dans l'introduction des *Règles* (cf. *infra* p. 94) cette nomination en parlant de « l'acte d'initiative qui a créé en notre faveur un cours régulier de sociologie à la Faculté des Lettres de Bordeaux ». Notons qu'il emploie ici le terme de sociologie, en l'occurrence impropre, mais correspondant à son projet d'une science intégrant les diverses sciences sociales.
3. « Cours de science sociale, leçon d'ouverture » in *La science sociale et l'action*, *opus cit.*

1888 Premières études sur le suicide et sur la famille.

1890 Mise en place d'un cours intitulé « Physique des mœurs et du droit », que Durkheim reprendra régulièrement jusqu'en 1900.

1893 Durkheim soutient en Sorbonne, le 3 mars, sa thèse principale : *De la division du travail social. Étude sur l'organisation des sociétés supérieures*. Même si souvent le débat semble à côté du sujet, il arrache au rédacteur du compte rendu de la *Revue universitaire* l'aveu suivant : « J'ai trop souvent l'obligation de montrer le candidat écrasé par la supériorité de son jury pour n'être pas heureux, une fois, par compensation, de parler d'une soutenance où le beau rôle a presque constamment été pour le candidat[1]. »

1894 Publication, dans la *Revue philosophique* des *Règles de la méthode sociologique*.

1895 Durkheim inaugure un cours d'histoire du socialisme.

1896 Durkheim est nommé professeur titulaire.

1897 Publication du *Suicide*, première application systématique de la méthode de l'analyse causale et manifeste de la capacité de la sociologie à traiter de phénomènes apparemment réservés à la psychologie ou à la psychiatrie.

1898 Fondation de l'*Année sociologique*. Avec cette revue qui paraîtra annuellement jusqu'en 1907, s'inaugure une étonnante entreprise collective. Vont se rassembler autour de Durkheim, pour opérer, par rubriques et thèmes, la recension et l'analyse critique des divers travaux de sciences sociales, de vingt à quarante collaborateurs, souvent jeunes agrégés, parfois fort critiques vis-à-vis du maître, correspondant essentiellement de façon épistolaire et aboutissant néanmoins à une remarquable unité de ton et de projet[2].
Dans ce premier numéro, Durkheim signe, outre la préface, une vingtaine de comptes rendus et un mémoire original, « La prohibition de l'inceste et ses

1. Extrait de la *Revue universitaire*, in DURKHEIM *Textes, opus cit.*, tome II.
2. Cf. l'article éclairant de Philippe Besnard « La formation de l'équipe de l'*Année sociologique* », in *Revue Française de Sociologie*, n° spécial, *Les Durkheimiens*, 1979, 1.

origines », marquant l'infléchissement de ses recherches vers l'origine du fait religieux.

L'année 1898 est, par ailleurs, marquée par l'affaire Dreyfus. Les collaborateurs de l'*Année* se rangent majoritairement dans les rangs des dreyfusards, ce qui renforce leur unité, avant de se regrouper l'année suivante dans le Groupe de l'unité socialiste fondé par Lucien Herr [1]. Durkheim ne les suit pas jusque-là. Mais il adhère à La ligue des droits de l'homme, convainc Jaurès de s'engager aux côtés des dreyfusards [2] et répond, après la condamnation de Zola, à un article de Brunetière dénonçant les intellectuels et l'individualisme, « la grande maladie du temps présent [3] ». Cela lui vaut une attaque antisémite d'une feuille locale bordelaise.

1899   Deuxième tome de l'*Année sociologique* : Durkheim y publie un nouveau mémoire original, dans la même veine que le précédent, « De la définition des phénomènes religieux » et quarante-neuf recensions d'ouvrages.

1902   Nomination comme chargé de cours à la Sorbonne, sur la chaire de science de l'éducation libérée par Ferdinand Buisson.

IV. LES ANNÉES DE MATURITÉ (1902-1913)

1902   Durkheim fait sa leçon inaugurale, le 4 décembre. Intitulée « Pédagogie et sociologie », celle-ci est publiée un mois plus tard par la *Revue de Métaphysique et de Morale*.

Jusqu'en 1907, année de parution du dernier volume annuel de l'*Année sociologique* (vol. X), Durkheim se donnera sans compter à la revue, distribuant les

---

1. Pour plus de détails cf. Philippe BESNARD, « La formation de l'équipe de l'*Année sociologique* », *opus cit.*
2. Rapporté par Jean-Claude Filloux, à la suite d'un entretien avec Henri Durkheim, neveu du sociologue, in *La science sociale et l'action, opus cit.*
3. L'article de Brunetière s'intitulait « Après le procès » et parut dans la *Revue des Deux Mondes*. Durkheim lui répondit dans la *Revue bleue*, par un article intitulé « L'individualisme et les intellectuels » (publié in *La science sociale et l'action*).

ouvrages à recenser entre ses collaborateurs, fournissant lui-même mémoires originaux et recensions : de 1898 à 1907 il écrira ainsi plus de trois cent quatrevingts comptes rendus...

1903 Durkheim signe avec Marcel Mauss un mémoire posant les prémices d'une sociologie de la connaissance : « De quelques formes primitives de classifications » publié dans le tome VI de l'*Année*[1].

1905 Durkheim est chargé d'un cours de science de l'éducation pour les agrégatifs. Intitulé « L'évolution pédagogique en France », ce cours, inauguré cette année, repris les années suivantes, et édité à partir de 1938, constitue la première étude de sociologie historique consacrée au système scolaire français.

1906 Durkheim est nommé professeur titulaire à la Sorbonne. Depuis qu'il est à Paris, mais surtout à partir de 1905, il participe activement aux réunions et discussions de diverses associations et sociétés savantes : Union pour l'action morale, Société française de philosophie, Comité des travaux historiques et scientifiques, Société d'économie politique...
Ainsi le 11 mars 1906, lors d'un débat de l'Union pour l'action morale consacré à « l'internationalisme et la lutte des classes », auquel participèrent entre autres, Paul Desjardins, Léopold Dor, membre du Labour Party, Charles Gide, Frédéric Rauh, Émile Pouget, secrétaire adjoint de la toute jeune CGT, Durkheim s'opposa vivement aux thèses du socialiste révolutionnaire Hubert Lagardelle[2]. Durkheim participa également aux séances de la Société française de philosophie. Comme la plupart de ses collègues philosophes il collabora au fameux *Vocabulaire technique et critique de la philosophie* rédigé par André Lalande. Il fit également un certain nombre d'exposés, dont certains restés célèbres, tel celui sur « La détermination du fait moral », prononcé en février 1906.

---

1. Ce mémoire, ainsi qu'une partie des textes écrits par Durkheim pour l'*Année* a été publié par Jean Duvignaud, sous le titre *Émile Durkheim, Journal sociologique*, PUF, 1969.
2. Ce débat qui fut publié la même année est réédité et présenté par Jean-Claude Filloux in *La science sociale et l'action, opus cit.*

Enfin Durkheim siège dans diverses instances universitaires : Conseil d'Université, Comité consultatif de l'enseignement supérieur, et, bien évidemment, jurys de thèse.

1910   Parution de la nouvelle série de l'*Année sociologique* (vol. XI, triannuel). Celle-ci, comme l'indique Durkheim dans la préface [1], est désormais vouée exclusivement aux comptes rendus critiques, les mémoires originaux étant détachés pour s'intégrer dans une collection d'ouvrages. Cette décision cependant semble bien renvoyer à une crise qui affecta les collaborateurs de l'*Année* après le numéro de 1907. Une lettre de Bouglé en garde la trace sibyllinne : « Au fond, en dehors de la bibliothécaire quel personnel reste-t-il à l'*Année* ? Un garde malade, un fanatique et un agité (l'agité c'est moi) [2]. »

1911   Communication au Congrès international de philosophie de Bologne « Jugements de valeur et jugements de réalité » et rédaction de trois articles sur l'éducation pour le *Nouveau dictionnaire de Pédagogie et d'Instruction primaire* édité par Ferdinand Buisson.

1912   Parution du dernier grand ouvrage de Durkheim, dont les prémices ont été posées dès les mémoires des années 1900 : *Les formes élémentaires de la vie religieuse.*

1913   Parution du volume XII de l'*Année*, le dernier auquel collabora Durkheim.

V. LES ANNÉES DE DEUIL (1914-1917)

1914   Assassinat de Jaurès.

1915   Durkheim fonde un comité éditant diverses brochures concernant la guerre et en rédige deux : *Qui a voulu la guerre ? Les origines de la guerre d'après les documents diplomatiques ; L'Allemagne au-dessus de tout, La mentalité allemande et la guerre.*

---

1. Publiée in *Journal sociologique, opus cit.*
2. Cité par Philippe Besnard, article cité. On peut penser que le « garde malade » est Mauss et le « fanatique » Durkheim. Mais qui est alors le malade ?

Mort, lors de la retraite de Serbie, du fils de Durkheim, André, jeune Normalien, que la guerre empêcha, à l'été 1914 de passer l'oral de l'agrégation et jeta comme tant d'autres sur les champs de bataille. Son père qui choisit de rédiger sa notice nécrologique pour l'*Annuaire de l'Association amicale des anciens élèves de l'École normale supérieure* la commençait ainsi : « André Durkheim ne m'était pas seulement uni par les liens du sang. Pendant longtemps, je fus son seul maître et je restai toujours étroitement associé à ses études. Très tôt, il manifesta, pour les recherches auxquelles je me suis consacré, un intérêt marqué et le moment était proche où il allait devenir le compagnon de mon travail. L'intimité intellectuelle était donc, entre nous, aussi complète qu'il est possible. C'est pour cette raison que j'ai cru devoir me charger moi-même du soin, cruel et doux, de retracer ici sa vie courte et sa physionomie. C'est la seule façon que m'aient laissée les circonstances de lui rendre les derniers devoirs [1]. »

1916   Durkheim lance une série de textes consacrés à la guerre et intitulés *Lettres à tous les Français*. Il en rédige personnellement quelques-unes. Au Sénat, à la tribune de la Commission chargée de contrôler les permis de séjour, un sénateur n'hésitera pas à demander que soit examiné le cas de « ce Français de lignée étrangère, professeur à notre Sorbonne et représentant sans doute, on l'a du moins prétendu, le Kriegsministérium allemand [2] »...

1917   Le 15 novembre, à l'âge de 59 ans, meurt Émile Durkheim dont Georges Davy dira qu' « il fut lui aussi, hélas, quoique loin des champs de bataille, une victime de la guerre [3] ».

---

1. Publiées par Victor Karady in *Textes*, tome I.
2. G. Davy, « Émile Durkheim », article cité.
3. Citation rapportée par Jean Duvignaud, in *Durkheim, sa vie, son œuvre, opus cit.*

LE MOMENT ÉPISTÉMIQUE DES *RÈGLES*

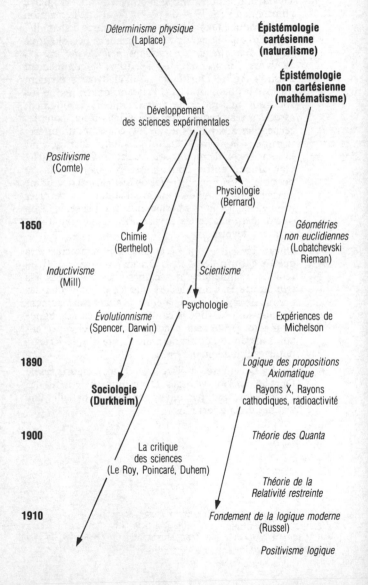

Déterminisme physique
(Laplace)

**Épistémologie
cartésienne
(naturalisme)**

**Épistémologie
non cartésienne
(mathématisme)**

Développement
des sciences expérimentales

Positivisme
(Comte)

Physiologie
(Bernard)

1850

*Géométries
non euclidiennes*
(Lobatchevski
Rieman)

Chimie
(Berthelot)

Inductivisme
(Mill)

Scientisme

Psychologie

Évolutionnisme
(Spencer, Darwin)

Expériences de
Michelson

1890

*Logique des propositions
Axiomatique*

**Sociologie
(Durkheim)**

Rayons X, Rayons
cathodiques, radioactivité

1900

Théorie des Quanta

La critique
des sciences
(Le Roy, Poincaré, Duhem)

*Théorie de la
Relativité restreinte*

1910

Fondement de la logique moderne
(Russel)

Positivisme logique

BIBLIOGRAPHIE

I. ŒUVRES DE DURKHEIM

a) Œuvres publiées de son vivant :

(Ces œuvres publiées à leur parution chez Alcan le sont de nos jours par les Presses Universitaires de France.)

De la division du travail social, 1893.
Les règles de la méthode sociologique, 1894.
Le suicide, 1897.
Les formes élémentaires de la vie religieuse, 1912.

b) Cours publiés après sa mort :

Leçons de sociologie, 1890 (édition 1950, PUF).
L'éducation morale, 1903 (édition 1924, Alcan).
L'évolution pédagogique en France, 1905 (édition 1938, Alcan).

c) Recueils de textes (extraits de cours, articles, comptes rendus...)

Éducation et sociologie (Alcan 1922)
Sociologie et philosophie (Alcan 1924)
Le socialisme (Alcan 1928)
Montesquieu et Rousseau, précurseurs de la sociologie (Rivière 1953)
Pragmatisme et sociologie (Vrin 1955)
Journal sociologique (PUF 1969)
La science sociale et l'action (PUF 1970)
Textes (Vol. I, II, III, Éd. de Minuit 1975)

Le volume III des *Textes* édité par Victor Karady comporte une bibliographie exhaustive de l'œuvre de Durkheim. On ne peut qu'inviter à se reporter à ce travail.

II. ÉTUDES CONSACRÉES À DURKHEIM

Les travaux consacrés à l'œuvre de Durkheim sont très nombreux. Pour une bibliographie systématique on renverra le lecteur aux ouvrages suivants, qui, par ailleurs, constituent des références fondamentales.

LUKES (S.) *Émile Durkheim : His Life and Work, a Historical and Critical Study*, New York, 1972.
Revue française de sociologie, À propos de Durkheim, 1976 (vol. XVII-2).
Revue française de sociologie, Les Durkheimiens, 1979 (vol. XX-1).

Pour le reste, nous retiendrons la sélection suivante :

ARON (R.) *Les étapes de la pensée sociologique*, Gallimard 1967.
DAVY (G.) *L'homme, le fait social et le fait politique*, Mouton 1973.
DUVIGNAUD (J.) *Durkheim*, PUF 1965.
FILLOUX (J.-C.) *Durkheim et le socialisme*, Droz 1977.
NISBET (R.-A.) *La tradition sociologique*, PUF 1984.

Signalons enfin que l'Institut de sociologie de l'Université Libre de Bruxelles a édité, depuis 1976 une série de *Cahiers Durkheimiens* émanant d'un groupe d'études présidé par Claude Javeau, tandis qu'un groupe semblable, à la Maison des sciences de l'homme de Paris édite, sous la responsabilité de Philippe Besnard les *Études Durkheimiennes* et coordonne des travaux qui ont notamment nourri les deux numéros de la *Revue française de sociologie* cités plus haut.

TABLE DES MATIÈRES

Achevé d'imprimer en Novembre 1998
sur les presses de l'imprimerie Maury Eurolivres
45300 Manchecourt

— N° d'Imprimeur : 98/11/67683. —
— N° d'Éditeur : FH119808. —
Dépôt légal : Septembre 1988.

Imprimé en France